# 刘少奇与中原局

中国中共文献研究会刘少奇思想生平研究分会
竹沟革命纪念馆 编

鲁金亮 主编

中共党史出版社

# 《追寻刘少奇足迹》丛书编委会

# 前　　言

1938年11月，党的六届六中全会确定了“巩固华北，发展华中”的战略方针，决定撤销长江局及王明的书记职务，在竹沟建立中共中央中原局，刘少奇(化名胡服)任书记，所有长江以北河南、湖北、安徽、江苏地区党的工作概归中原局指导。1939年1月18日，刘少奇途经西安、渑池、洛阳、南阳、泌阳抵达竹沟。以刘少奇为书记的中共中央中原局坚决贯彻执行党中央、毛泽东制定的大力“发展华中”的战略方针，高举抗日民主统一战线的旗帜，坚持独立自主的原则，放手发动群众，壮大自己力量，积极开展敌后游击战争，很快打开了华中抗战新局面，使竹沟成为我们党在中原地区发展的重要阵地和战略支撑点。同年3月18日，刘少奇奉命返回延安。

竹沟又是中原地区的革命摇篮。我们党在这里通过举办党训班和教导队等形式，培养了大批党、政、军干部和其他骨干力量。新四军二师一部、四师和五师的基干部队，都是从这里出发，汇合各地党所领导的武装力量而发展壮大起来的。

竹沟的重大革命作用，使国民党顽固派极端仇恨。1939年9月15日，刘少奇第二次抵达竹沟后，面对国民党第一次反共高潮即将来临的严峻形势，在作出中原局、鄂豫边区党委战略转移的重大决策，周密部署工作后，于10月9日率部东进。1939年11月11月，国民党反共势力以重兵突袭竹沟，原部队和人民群众奋起反击，终因敌众我寡，被迫撤离。敌人惨杀原部队和人民群众200余人，制造了震惊中外的确山惨案。

刘少奇东征后，途经汝南、界首等地，于1939年11月6日到达新四军游击支队司令部——安徽涡阳新兴集，检查了游击支队及豫皖苏边区工作，将淮河以北、陇海路以南党所领导的武装力量统一归彭雪枫指挥，并健全了豫皖苏边区省委，合力开辟苏北根据地。12月初，刘少奇抵达新四军江北指挥部三家黄，重申党中央东进皖东，建立皖东抗日根据地的指示，取得了周家岗反“扫荡”胜利，为创建皖东抗日根据地奠定了坚实基础。12月中旬，刘少奇在定远县瓦屋薛村召开了中原局第一次会议，研究解决了中原局组织问题和新四军发展方向问题。1940年初，刘少奇在定远县三家黄召开了中原局第二次会议，批评了项英的“华中特殊论”，明确华中地区的主要工作任务是：发动群众，发展武装，建立政权。同年2月，刘少奇在定远县大桥召开了中原局第三次会议，安排部署了反对国民党闹磨擦问题。之后，取得了定远自卫反击战和半塔集保卫战的胜利，巩固了向东发展成果。

1940年5月初，刘少奇抵达皖东北，重申了党中央制定的“向东发展，向西防御”的战略方针，为新四军江北部队的发展指明了方向。1940年6月初，刘少奇对皖东北工作作出具体部署后重返皖东，建立了八路军第四纵队和第五纵队，不断扩大津浦路东和津浦路西民主抗日根据地，粉碎了日伪军的“扫荡”，取得了郭村保卫战的胜利，开辟了淮保地区，建立了部分政权，使党的影响日益扩大。

发展苏北的战略确定后，江北新四军、八路军部队与国民党苏鲁战区副司令、江苏省主席韩德勤的冲突更加尖锐，通过成立黄桥军民联合办事处、教育释放韩德勤部被俘官兵、广泛开展统战工作，巩固了苏北抗日根据地。1940年10月下旬，刘少奇率部从半塔集到达阜宁，与黄克诚所部会师，11月5日到达海安与陈毅会晤，为巩固、发展华中抗日根据地，确立了巩固抗日民族统一战线，团结地方实力派及士绅；建立三三制政权；广泛发动群众，实行减租减息，合理负担；帮助地方建立和扩大抗日武装，肃清残余反动武装；做好发展党的工作，争取知识分子以及联络友军的方针，电示中央批准建立了由叶挺任总指挥，陈毅任副总指挥的八路军、新四军总指挥部，使八路军与新四军形成了战斗合力，取得了草甸战役胜利，强化了苏北抗日根据地政权建设。

1941年1月皖南事变发生后，刘少奇致电中央提出了重要建议，并通报国民党顽固派制造皖南事变的阴谋。1月20日，中央军委发布重建新四军军部命令，任命刘少奇为政委，陈毅代军长。5月，中共中央中原局完成了光荣的历史使命。

自前年以来，竹沟革命纪念馆负责《追寻刘少奇足迹丛书》中《刘少奇与中原局》一书，以记述刘少奇在中原局的不朽功绩。限于编者水平，书中不足之处还望广大读者批评指正。

编　者

2018年3月

# 目录

# 第一章　奔赴中原

党的六届六中全会确定了巩固华北，发展华中的战略方针，决定撤销长江局及王明长江局书记职务，建立中共中央中原局，刘少奇（化名胡服）任书记，所有长江以北河南、湖北、安徽、江苏地区党的工作概归中原局指导。以刘少奇为书记的中原局在竹沟，"坚决地贯彻执行了党中央和毛泽东同志的正确路线、方针和政策，高举抗日民族统一战线的旗帜，坚持独立自主的原则，放手发动群众，壮大自己的力量，大力开展敌后游击战争，很快打开了河南、湖北、安徽、江苏地区敌后抗日斗争的新局面。"此间，竹沟"成为我党在中原地区发展的一个重要阵地和战略支撑点"，为中原地区抗日游击战争的大发展做出了重大贡献。

## 1. 中共中央中原局的建立与豫鄂边区的战略部署

抗日战争进入相持阶段后，日本帝国主义在政治上实行"以华制华"政策，对国民党进行诱降，迫使蒋介石反共；在经济上实行"以战养战"政策，加紧掠夺沦陷区财力物力；在军事上则以主要兵力"扫荡"敌后根据地。美英法帝国主义因为忙于应付欧美紧张局势，开始酝酿制造"东方慕尼黑"，企图出卖中国以求对日妥协。在日本诱降与美英法等国的劝降下，蒋介石动摇，汪精卫公开投降并在南京建立伪政权。国民党召开五届五中全会，确定了"溶共""防共""限共"方针，做好对日妥协的准备，设立了"防共委员会"，秘密颁布了《异党问题处理办法》等反共文件，使投降分裂危机日趋严重。在武汉危急，华中战场发生巨大变化的严峻时刻，党中央在延安召开扩大的六届六中全会，毛泽东作了《论新阶段》的政治报告和会议总结，要求全党认真担负起领导抗日战争的重大历史责任。全会通过了《中共扩大的六中全会政治决议案》，批准了毛泽东提出的正确路线，高举抗日战争的旗帜，不断巩固和扩大抗日民族统一战线，用长期合作支持长期抗战。同时，批判了王明右倾投降主义错误，重申了全党独立自主地放手组织人民抗日武装的方针，把党的工作放在战区和敌后,大力巩固华北,发展华中。会议决定撤销长江局,设立中原局和南方局。

1938 年 11 月 9 日,中央政治局发出通知:“决定以胡服、朱瑞、朱理治、彭雪枫、郑位三为中央中原局委员。以胡服兼中原局书记,所有长江以北河南、湖北、安徽、江苏地区党的工作,概归中原局指导。”中原局建立后,刘少奇根据中原,尤其是武汉外围党的工作基础,人民抗日武装的发动情况和地理特点,决定撤销河南、湖北省委,建立豫鄂边、鄂中、鄂西北区党委及豫西、鄂豫皖、豫皖苏省委。明确规定,沦陷区党的任务是开展敌后游击战争,创建抗日根据地;未沦陷区党的任务是恢复和发展党的组织,发动群众武装,积蓄力量,准备抗日战争,支援敌后抗战。从而,在组织上、思想上基本纠正了王明右倾投降主义错误。

1938 年 11 月 23 日,刘少奇、朱理治、李先念、郭述申、谭希林等一行从延安出发,奔赴中原局所在地——竹沟。到西安“八办”后,朱理治、李先念、郭述申、谭希林先行出发,于 12 月 26 日到达竹沟。刘少奇与秘书栗在山、副官李拓带电台机要人员由西安转至渑池八路军兵站,向豫西特委传达党的六届六中全会精神,并将豫西特委改为豫西省委,刘子久任书记。1939 年 1 月初,郭述申到安徽金寨领导鄂豫皖地区抗日战争,谭希林去皖东加强新四军第四支队的领导。

朱理治、李先念等到达竹沟后,立即召开了河南省委扩大会议,传达党的六届六中全会精神。接着,具体实施了中原局关于撤销河南、湖北省委的决定,建立了豫鄂边区党委,朱理治兼书记,向明任副书记,李先念任军事部长,陈少敏任组织部长,王澜西任宣传部长,王国华任群工部长,危拱之任妇女部长,谢邦治任青年部长,郭启卜任秘书长,王盛荣、杨学诚、陶铸为委员。同时,召开了边区党委扩大会议。会议着重分析了豫鄂边区形势,讨论了对信阳工作的意见,认为在敌人第一次进攻已经过去,新的进攻将要到来的过渡阶段,党的工作方针,一面是向敌占区发展;一面加紧以竹沟为中心的敌未战区的准备工作,以便在豫鄂边区建立一个新局面。会议决定,加强对信阳地区党组织和信阳挺进队武装的领导,将原设在竹沟的豫南特委迁至信阳,王盛荣任书记。同时,为了加强对军事工作的领导,决定成立边区党委军事委员会,朱理治任主任,李先念、王国华任副主任。为了尽快打开武汉外围敌后抗战的光明局面,使豫鄂边区成为我们反攻武汉日寇的前沿阵地,成为蒋介石妥协投降不可逾越的障碍,李先念在竹沟北窑主持召开军事会议,成立新四军豫鄂独立游击支队,李先念(化名李威)任司令员,周志坚任参谋长的,下辖三个中队,谭子正任大队长。竹沟干群高兴地唱到:

你也看，我也看，
扶老携幼团团转；
谁要看见李先念，
好像金榜得状元！

1939年1月17日下午，豫鄂边区党委和竹沟干群在东门外广场举行欢送独立游击大队南下大会。天云低垂，寒风飕飕，锣鼓喧天，参加大会的群众蜂拥而至，人山人海。大会开始，陈少敏代表竹沟干群致欢送词："我们曾经欢送过自己的子弟兵，跟着林凯、周骏鸣同志奔赴敌后。两个半月以前，彭雪枫同志又带着部队誓师东征，现在在豫东打击日寇，他们都打得很好。今天，我们希望南下的同志们，克服一切艰难困苦迅速在武汉外围打开局面！你们要人，我们去人；你们要东西，我们支援。我们一定要加紧学习，努力生产，尽一切力量支援前方！"

即将出发的指战员身着灰军装，军容严整，威武雄壮。他们有的是经过二万五千里长征的红军战士，有的是中原人民子弟兵。在一片热烈的掌声中，李先念用铿锵有力的语调，向竹沟干群表示，坚决执行党的六届六中全会决议，统一豫鄂边区的抗日武装力量，大力开展抗日游击战争。这时，暮色苍茫，朔风凛冽，天空开始飘雪了。李先念一声令下，由60名干部，90多名战士组成的独立游击大队冒着寒风，踏着冰雪，开始了向武汉外围挺进的伟大征程。

第三天，独立游击大队抵达龙门新店，遇到了反共地主武装吴少华部的阻拦，大有一触即发之势。李先念只身一人，走进吴少华司令部，大义凛然，虎穴斥顽。他说明是奉命去敌后抗战的，希望以大局为重，团结抗战，把民族敌人赶出国土！吴少华心虚理亏，无言以对，只得解释"误会"。一时剑拔弩张化为平夷，吴少华随派副官护送李先念部走出警戒线。离开新店，李先念来到四望山，与豫南特委及信阳挺进队会师。李先念向他们传达了党的六届六中全会决议和刘少奇与中原局指示。指出，豫南党应该把组织和扩大抗日武装，保证党对军队的绝对领导，作为自己的首要任务。并同特委一道，对豫南敌后抗日游击战争，作了具体研究和部署，从而把豫南敌后游击战争，推向了一个迅猛发展的新阶段。在这里，信阳挺进队一个中队编入独立游击大队。李先念命周志坚、谭子正带领部队越过平汉铁路，插进大别山，到信罗边侦察，联系该地党组织及其武装。周志坚、谭子正率部一路上三战三捷，在新街镇找到地方党组织负责人，联系上"二七"平汉铁路工人破坏大队，仅用几颗手榴弹，就把紧挨铁路大队的伪军甘润民大队全部消灭。战斗后，周志坚、谭子正率部由原路返回四望山，途中伏击了一辆满载日军的卡车。第二天黎明，挨了揍的敌人又追上来，机枪小炮一齐向独立游击大队宿营的庙后打来。独立游击大队立即转移，选好地形，埋伏起来，在一个开阔地段，把沿公路的电线卡断。一会儿，30多个日本骑兵，带着器材赶来维修，部队一齐开火，毙敌3名骑兵，4匹战马，使敌人狼狈逃回信阳。春节前夕，李先念又命周志坚带队沿铁路西侧南下，联系应山地区党组织，在余家店遇到一队日军，周志坚决定用同日军作战的枪声联系当地党组织。战斗中，消灭日军20多人。果然，应山县委领导循着枪声同部队取得联系。战后，方圆百余里群众纷纷传颂："共产党的新四军，是真正的抗日军队！"李先念也鼓励大家："共产党的部队，就是要打日本侵略者嘛！不打，怎么能叫抗日？！"春节刚过，李先念率部挺进大别山，回到曾经战斗过的革命战场。在铁路东侧的新店，他会见了已经取得联系的信（阳）罗（山）边地方党和铁路破坏总队的负责同志，传达了党的六届六中全会精神，成立了信罗边中心区区委。在狮子口九里关，又与新四军第六游击大队汇合。他向罗（山）礼（山）（黄）陂孝（感）中心县委书记贺建华传达了党的六届六中全会精神，并要求贺建华把六届六中全会精神向新四军第六游击大队罗厚福、熊作芳等同志传达，"一定要向中心县委的同志传达到！"离开狮子口，李先念率部向大悟山挺进，向着日寇陈以重兵的武汉逼近，他命从信阳挺进队编入的一个中队回归原建制，只留由竹沟南下的原班人马。在毛集附近的周家畈，他同干部一起到群众中调查研究，将夏店区长李道怀部收编为独立游击大队特务大队。接着，部队转移到大悟山白果树湾。李先念不避艰险，只带一个警卫员，到蒋家楼子做国民党十九游击纵队司令蒋少瑗的统战工作，在群众中产生了很好的反响。不久，该部继续向南挺进，在大、小悟山的南大门—青山口与孝感中和乡许金彪（红军老战士）组织的湖北省抗日游击大队汇合。李先念向许金彪及大队干部传达了中原局关于发展敌后抗日游击战争的指示，提出了发展铁路以西和整编部队的任务。两天后，游击大队转移到铁路西侧的厉家店、孙家店一带，在这里，进行了一次"联曹打胡"的战斗，即联合与许金彪部有过统战关系的曹省三地方游击队，打击同日军勾结、无恶不作的地主武装胡翼武部。歼击胡翼武战斗结束后，湖北抗日游击大队除留后方机关和部分人员坚持中和乡抗日斗争外，主力随李先念进驻安陆赵家棚，两支部队整编为新四军豫鄂独立游击支队挺进团，许金彪任团长，周志坚任政委。在赵家棚，李先念以新四军豫鄂独立游击支队司令员的名义，召集附近国民党地方游击队司令、各区区长、开明士绅，和安陆、应山等县国民党县党部负责人开会，阐明共产党团结抗战政治主张，商讨合作抗战事宜。从此，党在鄂中地区，在武汉外围，树起了独立自主地领导敌后抗战的旗帜。

### 2. 刘少奇坐镇竹沟，指挥中原

越过千重水，
踏破万重山；
胡服同志到竹沟，
妙计定中原。

1939 年 1 月 28 日，刘少奇由渑池经南阳、泌阳，抵达竹沟。这天，雪后初晴，灿烂的阳光与桐柏山的积雪交相辉映，竹沟镇披上了节日的盛装，纪念十九路军淞沪抗战七周年的彩旗迎风飘动，抗战标语分外夺目。29 日，刘少奇主持召开中原局、豫鄂边区党委会议，听取了朱理治、陈少敏、王国华等关于豫鄂边区党委扩大会议及信阳挺进队组建情况的汇报，投入放手发展中原抗日武装的革命斗争。1 月 30 日，刘少奇、朱理治向党中央作了《信阳挺进队组织经过及人员任命》的报告，提出了李先念、郑位三所率两支新四军游击部队由平汉铁路两侧国民党不去之区域发展的活动方针。2 月 7 日，又根据鄂中、鄂东、皖北形势，进一步提出，在上述地区我们的武装工作均可大大发展，拟派新四军一个大队到应山，安陆以至应城附近开展游击战争。

在直接部署豫鄂边区创建一支强大的新四军主力部队的同时，刘少奇对中原各地党委组织群众武装，广泛开展敌后抗日游击战争的问题，也及时作出具体指示。2 月初，鄂中区党委书记钱瑛、鄂中特委书记杨学诚向他汇报鄂中搞起了武装。他听后非常高兴，“认为有光明前途”，决定派十多名干部，带一部电台，同他们一起去鄂中组织群众，发展抗日武装。并且指出，如果国民党反共，即把这批武装往敌后拖，改为新四军。钱瑛回鄂中后，召集了区党委扩大会议，详细检查了过去的经验教训，决定鄂中党的总方针是争取抗敌工作委员会存在，广泛发动抗日游击战争。这次，他派新兵队副队长徐达三等跟钱瑛、杨学诚去鄂中。临行前，他谆谆告诫徐达三：“要坚决贯彻党的六届六中全会决议，要争取时间，扩大武装力量，迅速打开敌后抗战局面。”徐达三等一到高城，就拜访当地联保主任，与国民党驻军一二七师政训处取得联系，积极开展群众工作，大力发展党的组织，在鄂北站住了脚跟。不久，为进一步扩大抗日武装，开辟更大的战略要地，鄂中特委派代表姜纪常到竹沟汇报。刘少奇对在桐柏山周围开辟战略区，对鄂中缺干部，特别是缺军事干部甚为关心。当即选调干部加强鄂中工作，甚至连自己的警卫员、秘书、医生、报务员、译电员也派到鄂中去了。

3月，日军攻占钟祥县城，进至汉水一线。刘少奇高瞻远瞩，立即电示鄂西北区党委："日寇将进攻汉水以西地区，目的截断巴山以东南北中国的交通，压蒋介石投降。鄂西北要迅速完成建党工作，部分地区要抓武装，准备打游击。"据此，鄂西北区党委书记王翰立即去荆(门)当(阳)远(安)地区，并在当阳召开的中心县委书记会议上传达这一指示，认真组织讨论。会议肯定了当阳县经过学习整顿，使大部分党员对抗日游击战争有了一定的准备的做法，总结了中心县委抓武装的经验，具体部署了打游击的准备工作。此间，刘少奇还给在安徽金寨的郭述申去电报，要他经常向竹沟汇报安徽地区政治、军事情况。

刘少奇在放手发动抗日武装的过程中，根据抗日战争进入相持阶段的形势，坚定不移地贯彻落实党中央制定的东进、向敌后发展的战略方针。他在中原局、豫鄂边区党委干部及党训班、教导队学员共五六百人的大会上，坚定地提出："向敌后发展，在敌后放手发动群众，放手扩大八路军、新四军，独立自主地建立抗日民主根据地。"他接着说："同志们，我们新兵队(党训班)、教导队的学员结业之后，我们在竹沟发展的武装部队经过短期培训之后，要向何处去？是到敌人后方去？还是坐在国民党后方？到敌人后方去！不入虎穴，焉得虎子！"他还批判了王明散布的精兵主义论调："我们不能自己捆着手脚，要独立自主，到沦陷区去打游击。"鼓励大家："虽然这是一种艰苦的斗争，但我们发展自己，战胜敌人的希望就在这里。"他又在中原局干部会上，发出了"组织十万武装向东挺进，迅速发展敌后游击战争"的号召。这样，使各级党委和广大干部对"深入敌后，向东发展"有了更加明确的认识。

3月，彭雪枫派刘玉柱到竹沟向刘少奇汇报豫皖苏边区政治、军事和作战情况。他听后，当即表扬了彭雪枫部的各项工作。指示游击支队的发展方向是向敌后发展，就是向津浦路以东发展。豫皖苏根据地的开创，要由小块到大块，由一块到多块，然后联系在一起。并对豫皖苏区党委和部队工作写了长达4000多字的指示信。根据刘少奇的指示，彭雪枫、张爱萍、吴芝圃、张震率部在10个月内，粉碎了敌伪多次"扫荡"，摧毁了大批县、区、乡政权，发展进步势力，最大限度地孤立反共亲日势力，使游击支队得以在淮北平原30个县境纵横驰骋。在津浦路西、陇海路南创建了永城、夏邑、涡阳、萧县、亳县为中心的豫皖苏抗日民主根据地；在蒙城、怀远、凤台等县的淮上地区，临近开封的睢县、杞县、太康地区及陇海路南侧的砀山南、邳县、睢宁、铜山地区建立了抗日民主政权。从而，使豫皖苏边区成为联系华北、华中各抗日根据地的枢纽，成为新四军向东挺进，开辟苏北的前进阵地。

刘少奇在竹沟，“把维护党的团结，纯洁党的思想，巩固党的组织看作是自己的最高责任”。针对中原地区党员思想状况，用党的六届六中全会精神统一全党思想认识，及时召开中原局、竹沟地、县委干部会议，作了《论党内斗争》的报告，对如何认识和开展党内斗争进行了精辟论述。“党内斗争是一件最严肃最负责的事，决不可草率从事。我们必须以最严肃最负责的态度来进行。党内斗争不能任其自流地发展，形成极端民主的现象的产生。在党内既不容许家长制的存在，也不能容许极端民主现象的产生。”他的讲话，使大家认识到，党内斗争不是为了削弱党的组织与团结，削弱党的纪律与威信，妨碍党的工作进行；相反，是为了加强党的组织与团结，提高党的纪律与威信，推动党的工作进行。此后，在《论党内斗争》思想指导下，中原各级党组织在坚决贯彻党的六届六中全会决议，肃清王明右倾错误影响的过程中，采取了严肃负责的态度，很快达到了思想上、行动上的一致，在党中央制定的正确路线上紧密团结起来。

随着中原抗战局势的蓬勃发展，大批青年涌到竹沟和各敌后抗日根据地，参加党和新四军，投身抗日政权建设，增加了党的新生力量。刘少奇清醒地认识到，刚入党的新党员，和过去分散在老根据地的一些老党员，在团结抗日的新形势下，思想水平都有待统一提高。要把中原地区的党建设成一个伟大的党，就要积极响应毛泽东提出的“来一个学习竞赛”的号召，提高广大党员的理论水平。

刘少奇还把党员的党性锻炼与修养作为党的建设的关键环节，亲自动手，抓紧抓好。他在辗转中原抵达竹沟后，就夜以继日地起草《论共产党员的修养》，写作的时间主要是夜晚。他时常傍晚到竹沟沙河河边散步，散步归来便是学习和写作的时间。他的案头除马克思、列宁、斯大林的著作外，还有毛主席的《论持久战》《论新阶段》，李达的《社会学大纲》、艾思奇选编的《社会学大纲》等，常常看书到凌晨一两点，写作到凌晨三四点，甚至东方破晓，有时看一会书，写一段字；或写一段字，再看一会书，偶尔凝神沉思。困倦时，就把若干个薄铁片串连的“镇脑器”套在额头上。警卫员目睹刘少奇不分昼夜工作，担心他的身体吃不消，但又怕打扰他的思路，只好在门外或窗前静静地站立，每隔一个小时左右去换一次茶。刘少奇专心写作，常常未发觉警卫员去换茶，茶凉了仍没有喝。刘少奇的四位警卫员都因无法催促首长休息而犯愁。有时，警卫员硬是打来洗脚的热水，告诉刘少奇该洗脚啦。他答应着身子却不动，全身心地撰写《论共产党员的修养》，提出了在建设与巩固党的基本任务面前，加强共产党员思想修养问题的重要意义，详细阐述了共产党员修养的各个方面和修养的方法，列举了党内各种错误思想认识，分析了产生这些错误思想认识的根源，提出了对待它们所应取的态度，给人们留下了深刻的印象，至今记忆犹新。在创作和完善《论共产党员的修养》过程中，他在竹沟吴庄树林里，在党训班礼堂里，在竹沟留守处、教导队俱乐部里，多次给干部、学员作《论共产党员的修养》等重要报告，极大提高了党员的马列主义水平。每次作报告，他都事前对《论共产党员的修养》进行反复修改，硬壳大本子上面写满了密密麻麻的钢笔字，许多地方不止一次经过增删。刘少奇就是这样坐镇竹沟，指挥中原，日夜操劳，呕心沥血，把马克思列宁主义的普遍原理和具体的中国革命实践相结合，修订完成了《论共产党员的修养》光辉著作。刘少奇还特别注意提高高级干部的马列主义水平，在辅导干部学习时，他用极其通俗的语言讲《论共产党员的修养》。由此，中原各地来竹沟请示工作的同志，许多从竹沟派往各地的干部、战士，把理论联系实际的学风传播开去，逐渐在中原各省、区蔚然成风。

1939 年 3 月底，刘少奇回到延安。马列学院原来由康生主讲的党的建设课程因故中途停讲，马列学院院长张闻天便邀请刘少奇把这门课讲下去。于是，刘少奇在 7 月 8 日、12 日分两次在马列学院作《论共产党员的修养》的报告，在延安反响很大，震动强烈。应张闻天要求，刘少奇将讲演稿修改整理成文，并由张闻天送给毛泽东审阅。毛泽东认为文章写得很好，“提倡正气，反对邪气”，力荐全党研读。于是，在《解放》周刊全文发表。接着，由延安新华书店出版单行本，敌后各抗日根据地纷纷把它作为党的思想建设的基本教材相继翻印，《论共产党员的修养》成为根据地党员必读文献之一。这个报告应全党要求出版发行，在竹沟，在中原，在全国普遍得到很高的评价。

刘少奇特别注意提高高级干部的马列主义水平。在二七大罢工 16 周年纪念日，他召集豫鄂边区党委会议，讲述二七大罢工的壮烈情景，讲述全国工人运动的形势，要求大家继承二七先烈遗志，为无产阶级革命事业奋斗到底。以后，他一再鼓励中原局和豫鄂边区党委负责干部，要结合学习党中央开展华中抗日战争的指示，系统学习毛泽东的《论持久战》《论新阶段》，学习李达的《社会学大纲》和艾思奇选编的《哲学逻辑》。提出要树立理论联系实际的优良学风，反对教条主义，面对实际，做什么学什么，从实践中学习，从经验中学习。

刘少奇十分关心党的宣传工作，明确指出，宣传部要印发一些宣传品，一份传单对人民就是一份重要的精神食粮，对敌人就是一个炮弹；交通和发行部门要想尽一切办法，把宣传品、出版物送到抗日前线去，送到群众的手中去，甚至送到敌寇占领的地区去。于是，在他的直接领导下，在竹沟西南25里毛家棚山寨建立了中原局印刷厂，齐光任厂长，刘志诚任支书。中原局印刷厂（对外称警卫大队），承担翻印《解放》周刊和抗日文件等任务。7月，他又从中央印刷厂要了一批熟练工人支援中原局印刷厂。中原局印刷厂工人团结一致，不怕酷暑，日夜奋战，终于在9月初印出了第一本书《挽救抗战的危机》。这本书以毛泽东著作、《解放》周刊和新华社社论为主要内容，印刷5000册，发行河南、湖北、安徽、江苏四省，在指导中原抗战中发挥了重大作用。刘少奇第二次从延安到竹沟时看到这本书，非常高兴，高度评价说："建立一个印刷厂等于建立一座兵工厂"。

刘少奇在竹沟，坚持广泛开展统战工作。从延安到竹沟的途中，刘少奇每到一地都及时解决在统战工作中存在的思想问题和实际问题。在洛阳八路军办事处，他听说当地有些同志被国民党顽固派暗地绑架的情况，便不顾个人安危，前往国民党第一战区长官部与卫立煌交涉，同国民党反共限共政策作坚决斗争。在南阳，他听取了王阑西关于豫西南统战工作的汇报后，用辩证的方法，分析存在的问题的原因，统一思想认识，交待具体工作方法。怎样才能巩固、发展抗日民族统一战线？工作做到什么程度叫好，什么程度不好？他提出并回答了这个问题。总的来说，进步力量大了，我们的力量大了，抗日民族统一战线就能巩固和发展。但在特定的具体时间、具体地点，就不一定是这样。相反，还会引起统一战线的倒退或暂时的破裂。他进一步指出：洛阳办事处有很少的警卫人员，可以存在。假如多了，搞一个营，一个团，国民党无论如何不能允许，就不能存在下去。在国民党统治地区，我们要开展工作，党员多了不一定好，少些能存在，多了就存在不了，反而不好了，群众团体也有类似问题，太红了就要受打击，存在不下去，反不如灰色些，发展放慢一些，能长久存在，能积蓄力量就好。刘少奇循循善诱的谈话。使豫鄂边区党委进一步明确了在国统区开展统战工作的方针、方法。同时，刘少奇又明确地提出了在友军工作中的对象和策略，开展上层军官中的统战工作，扭转了过去在白军工作中的单纯士兵路线。当他了解到驻南阳的十三军军长张轸愿同我们一起开展抗日游击战争，慨然支援200支步枪、60000发子弹时，坚决表示：不能要枪，枪上有号码，很容易暴露，要迅速向对方说明情况，可以换成钱，以解决我们的困难。后来，由于与十三军联合抗日和接受援助的方式的改变，使该部一直同我们党保持联系。到竹沟后，刘少奇还亲自派遣豫鄂边区党委统战部长刘贯一去泌阳六十八军部送交毛泽东致刘汝明的亲笔信，并前往襄樊第五战区司令长官部做李宗仁统战工作。他向刘贯一具体交代了任务：一要争取李宗仁同情抗战；二要争取李部协同八路军、新四军共同作战；三要建立李宗仁处与延安的秘密联系。刘贯一以党中央和毛泽东代表身份在襄樊半年时间，每星期六与李宗仁会面一次，向李宗仁宣传我们党抗日主张，商讨日军北犯桐柏山、大别山地区时，合作开展抗日游击战争问题。经刘贯一艰苦细致的工作，大大加强了我们党与李宗仁的统战关系，从中了解到蒋介石的动态，党中央及时揭露蒋介石阴谋。由此，以竹沟为中心的友军上层军官中的统战工作成效显著。中原局与豫鄂边区党委很快同国民党第一战区、第五战区长官部，周围驻军十三军军长张轸、三十二军军长商震、六十八军军长刘汝明，五十一军军长于学忠、七十七军军长冯治安、何基沣等都建立了秘密的统战关系。因而，竹沟能在众多国民党军队包围之中存在两年之久；在解放战争中，张轸协助程潜起义，刘汝明不向共产党进攻，都与当时中原局统战工作有一定关系。

此间，刘少奇与中原局丝毫没有放松开展国民党地方政权的统战工作。他反复强调，要争取县、区、乡、保、甲的合法政权，便于利用，搞合法斗争。中原局先后多次派王恩九、夏农苔等分别做汝南专员张振江、南阳专员朱久莹及附近各县政府的统战工作，与南阳、汝南、周口专员公署，确山、信阳、桐柏、泌阳、镇平、南召、西华等县政府及竹沟周围各联保处，都建立了统战关系。此外，刘少奇还注意团结上层知识分子中有影响的人物，首先请著名历史学家范文澜到竹沟讲学，又把从各地来的社会科学工作者邓楚云、经济学家裴济华、著名木刻家刘砚等都留在竹沟，安排了适当工作，充分发挥其业务专长，为抗战大业服务。范文澜带领河南战教团在竹沟编演抗战剧目，宣传抗日救国，开展统战工作，经常在《小消息》报上发表文章，鼓动全民抗战。他还将自己积累的薪水，慷慨资助统战部。因而，他受到各界尊重，在竹沟加入了共产党。

### 3. 竹沟变成了“小延安”

刘少奇十分注意抗日根据地的建设，他在豫鄂边区干部会上指出，游击战争要有根据地，没有根据地就不能长期坚持。有了兵，就要有个家，这个家就是抗日民主根据地。历史上的流寇主义，没有一个能成功的。"根据地就是地盘，地能生万物，没人有人，没枪有枪，没粮食有粮食。"因此，在刘少奇的具体领导下，竹沟抗日根据地不断发展壮大，成为我们党在中原地区发展的重要阵地和战略支撑点。1939 年 1 月，豫鄂边区党委决定建立竹沟地委，张旺午任书记，杨毅任组织部长，刘放任宣传部长，娄光琦任秘书长，姜宗仁任民运部长（兼竹沟县委书记），朱正传任青年部长，孟昭毅任妇女部长。竹沟地委辖竹沟、确山、信阳、泌阳、桐柏、汝南、正阳、遂平、唐河、舞阳等 13 个县。竹沟地委把重点放在竹沟、确山两县，巩固发展竹沟抗日根据地。

在刘少奇的直接领导下，中原局和豫鄂边区党委在竹沟扩大教导大队，办党训班，办各种训练班，培训各级党政军领导骨干。从 1938 年 3 月至 1939 年 10 月，先后开办教导大队四期，每期三个月，共培训学员 1400 余人，其中党员占一半。党训班（新兵队）六期，每期三个月，培训支部以上区县级干部 1000 余人。青年干部训练班三期，每期一个月，共 300 余人，党员占三分之二。地方武装干部训练班四期，每期一个月，共 200 余人，皆为党员。电台、机要、卫生、司号、供给、妇女等各种训练班，合计 200 人。总计经竹沟培训的学员 3000 人，党员 2200 人，为延安抗大选送了 220 名学员。其中除党训班学员部分回地方工作外，大部分到部队工作，大大充实了主力部队和地方武装的骨干力量。

在刘少奇的直接关怀下，建立了中原局党报委员会，曹荻秋任书记，齐光、吴祖贻为委员。从而，使豫鄂边区党委机关报《小消息》越办越好。《小消息》报前身为《消息》报。1938 年 10 月，由王阑西、陶阳、苏星用一台破收音机，一副钢板和一部油印机，收听新华社电讯，编印了《消息》报，在竹沟发行。这份油印日报，至 12 月底共出版 80 多期。豫鄂边区党委建立后，为了加强对所属各特委、县委和直属部门的宣传教育工作，又要与国民党省报作斗争，决定出版报纸不用报纸名称，将《消息》改为《小消息》，不注明出版机关和地址，也不公开发行，以蒙蔽国民党当局的耳目。《小消息》报主要是宣传抗战消息，传播全国及豫鄂边区当前任务和工作动态，反映边区军民抗日动向。同时，转载延安《解放》周刊、《新中华报》和边区党委负责人的重要文章。既有综合消息，也有特写、通讯；既有诗歌、散文，也有漫画、连环画；既以黑色油印为主，也有红兰套印。由于形式灵活多样，内容充实新颖，使中原地区第一份抗战报纸创办不到一年，就成了豫鄂边区军民欢迎的"文件"。1939 年五一节时，《小消息》报套红刊登了范文澜的长篇纪念文章，广大读者争相传阅。同年 10 月 1

日，彭雪枫、张震、肖望东在豫皖苏前线，给竹沟镇父老兄弟姐妹写信，纪念东征一周年。《小消息》报全文刊登了这封热情洋溢的来信，并加了编者按，“东征一年来在和敌伪大小六十次的胜利战斗中，在统一战线、民运工作的开展中，我们这一支队伍长大了。从敌人手里缴获了共计一千四百余支的轻重武器，唤醒和组织了三千万呻吟在敌人铁蹄之下的同胞。”竹沟军民看到这一振奋人心的消息后，感到极大的“欢乐与兴奋”，决心“变敌后为前线，积小胜为大胜”，配合前方打击日本侵略者。

随着《小消息》报的影响扩大，刊期、版面也由开始时的四开两版五日刊，扩大为四开四版三日刊。发行量也由最初油印的二三百份，逐渐增加到四五百份，直至1000余份。发行范围除边区党委所属各级党组织、群众团体和部队外，还通过各种渠道秘密、半公开的向国民党统治区发行，偶而送进南京、武汉敌伪心脏，使其为之震惊！同时，还采取零存整取的办法，送往豫皖苏、鄂豫皖抗日根据地，及时指导和推动中原各地抗日斗争健康发展。因此，国民党顽固派则诬蔑《小消息》报是非法的，责令不准出版。1939年10月，国民党唐河县向国民党河南省执委会报告：“确山县竹沟镇设有《小消息》报社”，发行革命报纸，向该县推销。国民党河南省执委会也慌忙向蒋介石报告，迫不及待地要“封闭该《小消息》报社，并严加查禁该项报纸”。

随着《小消息》报的创刊发行，和中原局印刷厂的建立，在竹沟大量印刷抗日书刊、文件；随着中原局与各地通信交通工作的建立，在竹沟发行了党中央在延安出版的《解放》杂志、《新中华报》《中国青年》等报刊，及马克思、恩格斯、列宁、斯大林、毛泽东著作。党中央从延安发出的指示通过红色电波传到中原各地；延安来的干部，马列学院、“抗大”、陕北公学、吴堡青训班、鲁迅艺术学院培训出来的干部，一批一批地分送到敌后去。从延安运来的一些大木箱，装满了马列主义书籍和枪支弹药，从这里分送到敌后各个战场。这些指示，这些干部，这些文件，在豫皖苏、豫鄂边、鄂豫皖、苏皖、鄂中，甚至在国民党统治区和沦陷区，对开展抗日游击战争都发挥了巨大作用。

竹沟人民在全力以赴地支持中国人民的伟大抗日战争，在创立中原抗日武装中做出了重大贡献。留守处要枪，他们则把所能收集到的枪支献给留守处；留守处要人，他们则把自己的优秀儿女送到留守处；留守处粮食一旦发生困难，他们则千方百计帮助解决。中原局、河南省委在竹沟不到两年时间，先后由竹沟向中原敌后派出14批基干武装，共计4000多人，在扩大部队过程中选送了约3000名党员。此间，留守处武装部队人员补充，除一小部分是尖山附近的青年和原红军游击队人员外，其余基本上是竹沟周围青年自愿入伍的，有不少童养媳、独生子踊跃参军参战，涌现出许许多多父送子、妻送郎、姊妹送兄弟可歌可泣的动人故事。有一次，瓦岗街就有30多个十六七岁的青年，由他们的父母送到竹沟，硬交给王国华。又一次，彭雪枫召开群众大会，散会时，两位老大娘捧着热茶到他面前激动地说：俺把孩子交给你，打日本鬼子去！竹沟镇寡妇张杨氏，仅有独生子张恩，刚刚18岁，正要准备娶媳妇，听说留守处部队要开上抗日前线，坚决拒办婚事，把儿子送到部队。

在刘少奇具体指导下，竹沟承担着党中央、中原局向中原各地输送干部及经费物资、交通联络等重要任务。竹沟在中原，像延安在全国一样，起着领导伟大抗日战争的作用，犹如一面穿云破雾的红旗，指引着人们前进的方向。

清晨，竹沟大沙河岸嘹亮的军号将人们唤醒，教导大队、党训班、机关干部、武装青年队员都聚集在东门外广场踏步、出操，进行军事训练。傍晚，一队队抗日健儿，又在这里打球、唱歌、游戏，《大刀进行曲》《延安颂》《送郎参军》等抗日救亡歌声，响彻街头田野。夜晚，业余识字班里，洋溢着一片读书声……总之，竹沟的一切已经延安化了。竹沟镇人民群众看在眼里，喜在心里，把竹沟街改名为延安街。他们情绪高昂地歌唱：

乌云之中见青天，
竹沟就是小延安；
一声号令震破天，
千军万马上前线！

就连国民党顽固派也不得不承认，王国华等“已将竹沟镇造成豫鄂皖等数省的”革命根据地，与陕北延安“遥相呼应”。刘少奇看到这里如火如荼，生机勃勃的大好形势，高兴地说：延安有党的领导，竹沟也有党的领导；延安有窑洞，竹沟也有窑洞；延安有抗大，我们这里也有党训班；延安有延河，竹沟有大沙河。这里真成了小延安！此后，竹沟则以“小延安”的美名传扬中原，传扬全国。至今，竹沟镇上的一些商店、照像馆仍然用延安街命名。

在竹沟抗日根据地党、军、群各项工作蓬勃开展的同时，竹沟、确山县委利用改造国民党政权，开展合法斗争。国民党确山县党部以统战名义，企图在竹沟恢复群众恨透了的联保政权，遭到竹沟人民的反对。经协商确定，由县党部提名，竹沟县委监督，民主选举联保主任。县、区党组织发动群众，审议候选人名单，去掉顽固的，选举共产党员和开明绅士。结果，竹沟县所辖联保主任基本上由共产党员担任，个别绅士也老实供职。冷水铺联保主任王国信完全按党的指示办事，动员参军，筹集军粮。竹沟联保主任张万如(绅士)不违抗留守处意愿，称赞“竹沟真是一个先进的抗日根据地。”

1938 年 10 月，经河南省委和竹沟地委批准，确山县委军事部长赵进先打入确山警察局任局长。接着，又派党员张国武、牛得胜、陈强华到警察局任职，建立了警察局党支部，在不到一年时间里，在警察局发展了韩国柱、朱富生、朱心宽、宋国鼎等入党。一时，使警察局成了共产党的天下，党支书张国武公开向警察教唱抗战歌曲，传达长王凤鸣至今还会唱张国武当时教的《大刀进行曲》。

赵进先任警察局长后，与县政府军事科长姚再力，共同向县长邵世桢提出：原有联保主任都老朽了，要刷新，更换青年；还要搞武装，设立联队副。1939 年 4 月，确山县政府开办了“联保主任训练班”和“青年集训队”。确山县委乘机把刘俊良、潘友歌、白光鉴、黄光甫、李则清、刘志彬、姜明德、张才臣、白光韦等一批党员和进步青年派进训练班、集训队。其间，党员秘密活动，启发青年觉悟，发展了一部分党员。经训练后，撤换了大部分反动的联保主任，由共产党员和积极青年接任，少数拥护抗日的联保主任继续留用。这样，杨店联保主任换成张明德，申河联保主任换成姜明德，双河联保主任换成白光鉴，普会寺联保主任换成李启文，马集联保主任换成渠景贤，刘店联保主任换成赵新成，十里河联保主任换成钱富卫，藏集联保主任换成杜厚州，胡庙联保主任换成常德修，三里店联保主任换成黄光甫，八里岔联保主任换成李则清，李新店联保主任换成夏俊明，顺山店联保主任换成郑章伍，何大庙联保主任换成何振刚……全县共有 57 个联保，确山县委一度掌握了 41 个联保的政权和武装，基本上成了共产党的天下，党员发展到 500 名。土地革命时期有名的魏楚何田“四大劣绅”，除田家的后代田谓台顽固反共外，其他的政治态度都发生了变化。头号豪绅魏家开始同情抗日了，国民党县党部的活动地盘越来越小。

#### 4. 豫南、鄂中抗日武装的统一与中原地区的反磨擦斗争

刘少奇在竹沟，夜以继日，运筹帷幄，对豫西、豫鄂边、鄂中、鄂东、鄂西北、皖北、鄂豫皖、豫皖苏各省区工作做出周密果断决策之后，于 1939 年 3 月 18 日奉命返回延安。他返回延安之前，在竹沟召开了一次临时会议。会上，他再次分析了最近的抗日战争形势，指出：在这几个月的相持阶段中，日本帝国主义开始对国民党当

局以政治诱降为主,军事进攻为辅;日寇的主要军事力量转向敌后对付八路军、新四军。在日寇引诱下,国民党蒋介石正在和敌人勾勾搭搭,并和我党我军进行磨擦。他们用尽一切办法限制我军的抗日活动,大家要提高警惕,准备对付国民党对我党我军的挑衅活动。继续大力发展我军在敌后的武装力量,加强团结各阶层的力量,进一步巩固和发展抗日统一战线。既要开展抗日游击战争,又要防止国民党顽固派对我党我军的挑衅和进攻。他的讲话,为以后豫南、豫中抗日武装的统一,开展中原地区的反磨擦斗争指明了方向。

刘少奇返回延安后,朱理治代理中原局书记。鄂豫皖、豫皖苏因有电台,直接用电报向刘少奇请示工作,朱理治则主要领导豫鄂边、鄂中、鄂西北地区,重大问题转报党中央、刘少奇。刘少奇在延安参与筹备党的七大的紧张工作中,时刻关注中原地区抗日武装的发展壮大,通过发往竹沟的频繁电报,及时指挥中原部队的组建和统一。4 月 30 日,中原局派陈少敏和中原局秘书栗在山率竹沟、信阳 4000 多人武装南下鄂中,与李先念部会合。5 月 1 日,刘少奇电告朱理治,敌人主力已向中原及西北进攻,河南将成为游击战区,鄂中将成为敌深远后方。兵力空虚之敌有从信阳沿平汉线北上郑州,从南洛公路北占洛阳的可能,黄河北岸敌军即将渡河配合。这种形势, 是我党在中原发展游击战争之最好的时机, 要万万不可放弃这种有利时机,大大发展游击战争,建立我们党领导的武装部队,确立我们党在中原长期抗战的巩固地位与基础。为在桐柏山脉建立根据地,要在这里建立新四军 1 万人以上的基干队伍。在建立部队开展游击战争的过程中,要很好地运用统一战线的策略,但对于顽固分子的进攻,必须给予坚决抵抗,必须不怕磨擦,以至到武装自卫的手段。5 月 5 日,王稼祥、刘少奇致电朱理治:在五战区李宗仁即不反对新四军在鄂中活动,而应城县长孙耀华又要求新四军前去的情况下,应即将信阳挺进队与李先念部合编为新四军游击支队前去鄂中活动。5 月 17 日,刘少奇又致电朱理治,指示豫鄂边区各地党委:“进行紧急战争动员和发动大规模游击战争, 以建立党领导下的武装部队为中心任务。竹沟附近部队一律称新四军,其他较远地区以组织独立部队为好。”

当时,日军占据明港,确山县政府惶惶不可终日,随即作了鸟兽散。朱理治、危拱之及时指示确山县委,组织抗日武装,发动武装斗争。据此,王景瑞、王治国在县南三区进行武装动员,在西王庄、李岗、大董庄召开党员和农民大会,很快组织了一百多人枪的抗日武装。杨安平、胡友禄带领刘店区几十人枪到任店赵庄集合,王新民、王庭义带领独山、普会寺一带几十人枪到赵庄会合,赵进先将警察局100多人枪拉了出来,也到了赵庄。县委又在中心区西至尚和店、陈门店、任店一带,东至邢河、狮子桥、黄山坡及新安店、李新店一带,又作了一次动员,人员、枪支迅速增加。同时,豫鄂边区党委又派竹沟留守处参谋王遵义带一个分队精干武装,会集赵庄,充任骨干。7月下旬,确山人民抗日游击大队在赵庄誓师成立,赵进先任大队长,王景瑞任政治教导员,王遵义任参谋长。计300多人,250支枪,编为两个中队,一个直属分队,一个宣传队。之后,这支确山人民子弟兵开赴淮河南岸龙井地区,整编为淮南支队三大队,转战豫鄂边区。

在刘少奇与中原局的正确领导下,豫鄂边区抗日武装日趋壮大,并得到统一整编。1939年6月初,李先念率新四军豫鄂独立游击大队联系了豫南、鄂东党组织及其领导的武装后,到达鄂中安陆赵家棚。6月6日,陈少敏也率部到达赵家棚。12日,鄂中区党委在京山养马畈召开豫南、鄂中党和部队负责人会议,李先念、陈少敏传达了党的六届六中全会精神,和中原局关于豫南、鄂中抗日武装整编与扩大等问题的指示。按照中原局决定,陈少敏任鄂中区党委书记。6月19日,刘少奇、朱理治电示李先念、陈少敏、杨学诚:“目前鄂中党的中心任务,是在最短时间内创立一支五千人以上的党直接领导的新四军。只有完成这一中心任务,才有可能应付各种事变,确立我党在鄂中之地位。鄂中顽固派正竭力打击‘应抗’,‘应抗’应立即编为新四军。只有统一新四军的指挥与编制,才能增加战斗力量。”根据这一指示和中原局的既定决策,会议决定统一整编豫南、鄂中党的武装,成立和扩大新四军豫鄂独立游击支队。李先念任司令员,陈少敏兼政委,周志坚、杜石公先后任参谋长,廖毅、郑绍文先后任政治部主任。从此,豫鄂边区开始有了人民抗日武装的主力军。这支部队一经建立,就指挥所属四个团队,在统一战略部署下,高举抗日旗帜,深入豫南、鄂中、汉水和淮河两岸敌后,广泛而勇猛地开展机动灵活的游击战,打击汉奸、伪军及零星日寇,树立了新四军军威,使豫鄂边区的抗日游击战争跨入了一个崭新阶段。

在豫南、鄂中抗日武装组建和统一的过程中,国民党顽固派恨得要死,怕的要命,极力破坏。1939年1月,国民党五届五中全会确定由抗日为主转为反共为主,颁发了《限制异党活动办法》等反动文件,反共事件不断发生。对此,中原局及时采取果断的应变措施,开展有理有利有节的反磨擦斗争。4月,中原地区的国民党顽固派向我党我军进攻,首先打击同情者。河南省政府下令撤去李德纯信阳县长职务，调任卢氏县长。李德纯接到命令后，向危拱之、刘子厚、王海山说："调我去卢氏是国民党的阴谋。我是信阳县长，不能丢下父老兄弟让敌人蹂躏，我坚决留在县境内坚持抗战。"豫南特委同意李德纯的看法，决定：一、拖延李德纯离职时间，争取继续发展的时间，布置民众代表到省府要求挽留；二、准备李德纯离职后独立发展工作，主力转移。同时，将上述情况报告中原局、豫鄂边区党委。根据朱理治指示，采取隐蔽办法，秘密护送李德纯到竹沟。李德纯在竹沟由朱理治、危拱之介绍，加入共产党。后来，改名朱毅，转新四军军部学习。

4 月 5 日，刘少奇致电朱理治："在适当的方式下给顽固敌人的进攻以坚决打击。必要与可能时，发动群众力量驱逐他们，削弱与瓦解他们的力量，坚决实行一切进步的办法创立根据地。"9 日，朱理治根据中原顽固派对我们的进攻，最主要是打击同情者，以孤立我们进步的专员与县长的情况，提出利用被撤进步县长、专员发表宣言、文告指责当局政策之错误，特别是要以被撤信阳县长李德纯的名义写出文章，历述维持信阳之功绩，指责打击进步势力之不当，在各报馆公开发表。同时，积极支援和发展我党抗日武装，派人携款 1500 元，给因广水、应山间敌我相持不易通过的鄂中武装作开拔费。又将信阳、应山、随县、桐柏四县边界完全在我们党领导下的七十七军工作团一个连、竹沟派去的一个武装分队及当地武装合编，立即建立 600 人的武装，创立与巩固这一根据地。6 月初，新四军六大队杨家店通讯处被围袭，中队长杨厚益被捕，礼山中心县委郑维孝不知下落；罗厚福部留守处被国民党鄂豫皖游击司令黄瑞华部包围，被迫把内部 200 余人撤至路西。朱理治清楚地认识到，此事变是五战区顽固分子向我们整个进攻计划的一部分，马上提出了积极的安置措施，秘密瓦解黄部，增加六大队武装力量，及时发表宣言，取得社会同情。7 月底，周口专员刘庄甫解决我们党领导下的西华县人民抗日自卫军的企图日益明显，副司令员胡晓初仍不愿率部立即东渡，该部大有被国民党顽固派并吞的危险。中原局立即派豫鄂边区党委副书记向明前去西华，协同西华特委，反复向胡晓初指明部队滞留西华的危险性，促其早下决心东渡黄河，并且要在不破坏任何民众利益的前提下，对顽固派予以打击。终于说服了胡晓初，甩掉了刘庄甫，西华部队 3000 人东渡黄河后编入彭雪枫部。8 月初，中原局指导了安徽地区反磨擦斗争，打开了皖北局面。凤台县长李武德亲自到新四军驻地区镇开会，不准供给新四军粮食，公开号召民众组织起来反对新四军。我们在群众面前揭露其阴谋，予以打击。怀远县长王苏阁受贿粮食资财被我们拿到证据，不敢公开反对。经过积极斗争，皖北形势好转。

新四军深入开展凤台、怀远、宿县工作,依靠有利的群众条件,在永城建立了强固的地方工作基础。

8月下旬,朱理治看到国民党反共高潮必然到来的形势,在竹沟召开豫鄂边区党委扩大会议,做出了应付逆转形势的决定:一、要坚决反对妥协投降,在政治上、思想上、组织上作好准备,以便应付突然事变;二、积极把握武装,随时准备开展游击战争;三、一般停止党的发展,注意巩固党的组织。会议选举了朱理治、王国华、危拱之、刘子久、王志杰、刘道安、张维桢、席国光、邵文杰、方德鑫、郭一青、苗树棠、张翼共13人,为出席党的七大代表,做了重要的人事调整:向明、王阑西、刘贯一调往豫皖苏边区加强敌后工作;任质斌任豫鄂边区党委副书记,曹获秋任宣传部长,王恩九任统战部长。9月1日,国民党鄂中游击总指挥程汝怀部1000多顽军倾巢而出,集中全部火力猛攻新四军第五大队,制造了震惊鄂东的"夏家山事件"。这次事件中遭到顽固派就地处决、活埋的医务、后勤人员40多名,五大队供给处长姚渠、中心县委组织部长张良卿以下100多人惨遭杀害。朱理治得知后,进一步认识到国民党反共高潮即将到来。为了避免我们党领导的抗日武装被各个击破,立即致电党中央、刘少奇,作了《关于统一豫鄂边指挥的提议》:"为应付目前顽固派进攻及建立豫鄂边根据地起见,鄂中、鄂东、豫南的武装有统一指挥的必要。"提议由李先念统一指挥。

### 5. 中原局、豫鄂边区党委实施东进战略

1939年9月21日,刘少奇率徐海东、刘瑞龙等从延安第二次来到竹沟。刘少奇到竹沟后,看了朱理治《关于统一豫鄂边指挥的提议》,表示完全赞同,并马上向党中央报告了豫鄂边区国民党顽固派接连制造反共磨擦的详细情况。9月17日,党中央电示鄂中、鄂东、豫南、竹沟各部队,提高警惕,充分做好战斗准备,在严格自卫的立场上,予敢于进攻我之国民党顽军以应有的反击,争取我军之存在与发展。第二天,刘少奇根据党中央指示与中原实际,立即作出创立鄂东、鄂中、豫南抗日根据地的决定。明确指出:鄂东、鄂中、豫南敌占区是今天我党开展华中抗日游击战争最重要的地区之一,创立最坚强的抗日游击队伍,建立几块抗日根据地,并使之打成一片,是鄂豫皖、豫鄂边、鄂中三个地区党委最重要的任务。他根据中原顽固派咄咄逼人的局面,决定将中原局一分为二,撤离竹沟。刘少奇去华中敌后领导豫皖苏、鄂豫皖及苏北地区;朱理治到豫鄂边领导鄂中、鄂西北区党委及河南省委。决定将

竹沟地委与豫西省委合并，恢复河南省委，刘子久任书记，机关仍设在竹沟，中原局印刷厂交河南省委代管。决定将鄂中区党委、鄂东地委并入豫鄂边区党委，朱理治任书记。

刘少奇在作出中原局、豫鄂边区党委战略转移的重大决策之后，根据鄂东新四军五大队在麻城夏家山遭到国民党顽军围袭及鄂东新四军六大队转移平汉路西的严重情况，马上派机要员马书年给六大队送去一部电台，使其能及时得到党中央指示，直接同中原局联系。马书年在安陆孙家店邮政代办所找到了罗厚福、张体学等，传达了刘少奇的重要指示，架设了中原局送到豫鄂边区的第一部电台。从此，党中央、中原局的指示便直接发到这里，使六大队在同敌伪顽的斗争中不断壮大。

在中原局撤离竹沟之前，刘少奇深入调查研究，掌握敌、友、我政治动向的第一手材料，他除了日夜找有关干部了解情况，分配工作外，还派秘书刘彬向张旺午调查竹沟地区、竹沟县、竹沟镇各阶层与党的关系，政治动向及顽固派政权、地主土匪武装情况。又亲自找姜宗仁了解竹沟县委所辖 7 个区委、30 多个支部及自卫队的情况，步行十多里去石滚河了解当地敌、友、我的政治态度，到 100 多里的遂平县潘庄区委了解周围几个县的社会动向。在掌握大量第一手资料之后，刘少奇召开了中原局、豫鄂边区党委、竹沟留守处及竹沟地委、竹沟县委干部会议，作了《国民党反共高潮必然到来，我们如何应变》的重要报告。他列举大量事实，分析了当前敌、伪、顽的动向和竹沟面临的形势，指出，党在两年中，广泛地开展统一战线活动，组织运送部队，为新四军八团队、豫东游击支队、豫鄂独立游击支队的建立打下了基础，有力地支援了中原地区敌后抗日游击战争。竹沟是白区中的一个红点，是延安通向华中的交通枢纽。但在军事上则处于国民党军队包围之中，随着国民党反共高潮的到来，它是呆不下去的。目前，竹沟的历史任务已经光荣完成，蒋介石密令第一战区汤恩伯，筹划进攻竹沟的阴谋。为了加强中原敌后的工作，根据逐步撤退的方针，把应变工作做具体，分期分批撤离竹沟。他告诫大家，在这种情况下，既不要惊慌失措，又不要有太平观念。要抓紧时间，在思想上、组织上做好充分准备。该去前方的去前方，该隐蔽的隐蔽下来，相机夺取武装，开展游击战争。总之，我们要有备在先，有理有利有节地同国民党的反共政策进行针锋相对的斗争。这次重要讲话，使各级干部进一步明确了形势和任务，有了坚决迎击国民党反共高潮的信心和决心。

1939 年 10 月下旬，刘少奇周密部署中原局、豫鄂边区党委主动实行战略转移之后，率领中原局及徐海东、刘瑞龙在内的干部大队、教导队学员等 300 余人武装，离开竹沟。临行前，他一再叮嘱王国华等：“国民党的地方部队要打你们了，我们应该做些准备。一旦有事，要注意东门的守备。”大家陪送他，一直过了大沙河，他向大家频频挥手告别。虽然大都不知道他的真实姓名，但都尊重他，热爱他，怀念他。直到现在竹沟地区还流传着这样一支歌：

青山情意深，
流水流不完；
胡服同志和人民，
生死两相连。

东进途中，他向党中央报告：“竹沟环境甚为严重，顽固分子在竹沟周围布置了反对我们的特务工作，五战区有命令给汝南八区行政专员，通缉朱理治要相机拿获法办。”刘少奇率部经确山、汝南、项城、沈丘，于11月上旬到达豫皖苏边区涡阳新兴集，下旬抵达新四军江北指挥部，胜利到达大江南北抗日斗争的最前线。

10月18日，朱理治率留守处司令部、政治部、教导大队等600余人武装，第二批离开竹沟，南下转移。11月中旬，朱理治、李先念、任质斌、陈少敏根据中原局和刘少奇的既定部署，在四望山召开了豫南、鄂东、鄂中党和部队负责人会议，研究了国民党顽固派进攻豫鄂边区的严重态势，传达了刘少奇的指示，讨论了党和军队的全面统一问题。会议调整、加强了豫鄂边区党委，郑位三任书记（未到职），陈少敏任副书记（代理书记），李先念任军事部长；会议决定豫南、鄂东、鄂中抗日武装统归边区党委领导，在豫鄂独立游击支队的基础上扩编为豫鄂挺进纵队，李先念任司令员，朱理治任政委，刘少卿任参谋长，任质斌任政治部主任。在组编豫鄂挺进纵队时，成立了朱理治任书记，李先念、陈少敏、任质斌、刘少卿为委员的军政委员会，统一领导边区的军事斗争和政治斗争，决定任免、调动军队中级以上干部，审定各种政治计划等。四望山会议，实现了豫鄂边区党和抗日武装的全面统一。豫鄂挺进纵队下辖六个团队及信应、鄂东总队应城抗敌自卫总队和随营军事学校（后为抗大十分校），共计9000余人，长短枪2400余支，轻重机枪28挺。党中央对这支在国民党顽固派发动的反共高潮中诞生的英雄部队，予以高度评价：“武汉附近新四军挺进纵队的创造，是一个伟大的成绩。这次经验证明了一切敌后地区，不论在华中或华南，我党均可建立起自己的武装部队，并且可以存在和发展。但其先决条件是地方党应有组织武装的坚强信心与工作布置，有不怕顽固派磨擦的勇气和意志。”至此，豫鄂边区李先念、朱理治领导的新四军挺进纵队，津浦路东西徐海东、罗炳辉、周骏鸣领导的新四军四、五支队；豫皖苏边彭雪枫领导的新四军六支队，成三足鼎立之势，雄踞中原大地。在刘少奇和新四军江北指挥部的直接指挥下，几路大军协同作战，成为坚持华中抗战的主力部队。

刘少奇、朱理治率中原局和豫鄂边区党委撤离竹沟后，1939 年 11 月 3 日，刘子久到竹沟主持河南省委工作，继续坚持斗争，并准备第三批撤离竹沟。

### 6. 竹沟惨案

国民党顽固派企图取缔竹沟新四军留守处蓄谋已久。1939 年 2 月 14 日，国民党河南省执委会第四次会议决定，务于 12 月全部驱逐竹沟留守处。接着，密令确山县党部妥为防范，调派"抗敌工作团前往工作，并与县府协商清除办法"。10 月，国民党中央政府下达了用武力除掉新四军第四支队第八团队竹沟留守处的反动命令，交河南省政府和第一战区司令长官卫立煌督办。第五战区则密令河南八区行政专员张振江，"将中原局组织部长兼豫鄂边区党委书记朱理治拿获法办"。卫立煌三次电令六十八军军长刘汝明派部进攻竹沟，刘汝明拒不执行。后来，卫立煌则命令三十一集团军司令汤恩伯执行这一任务。汤恩伯接到指令，随派丁参谋到竹沟密探，亲自制定进攻竹沟的方案，任命少将参议耿明轩（确山人）为进攻竹沟的总指挥。汤恩伯对耿明轩传授反共密诀"要抓得紧，打得狠"。并让耿明轩转告确山、泌阳、信阳三县县长，各县得的枪支归各县，消耗弹药由本集团军补发；不要俘虏，杀、放在他们。

耿明轩受命之后，一行 5 人由南阳骑马到泌阳，与县长陈法春商定进攻竹沟的时间、兵力。第二天，耿明轩等从泌阳经竹沟到确山。当夜，邀确山常备大队长孙星南，同见县长许公超。许公超表示，有关"进剿"竹沟事宜，要竭尽全力而为。接着，耿明轩照例到信阳和县长马显扬面商。11 月 7 日，耿明轩在确山新安店签发了进攻竹沟的命令：一、确山县常备队抽调六个中队，由孙星南率领，务于 10 日晚到达准备攻击位置瓦岗，次日拂晓向竹沟进攻，先行消灭河东岸之敌，继续攻占竹沟东寨门楼及两侧炮楼。二、泌阳县常备队抽调八个中队，由张虎臣率领，于 10 日晚到达准备攻击位置，11 日拂晓，以两个中队由毛家棚山西攻占山顶，与信阳团队会合，以三个中队占领竹沟西寨门楼，向镇内进攻。其余部队控制竹沟，以西高地，防止突围之敌流窜。三、信阳县常备队抽调两个中队，由张明太率领，于 10 日晚到达攻击位置。11 日拂晓，由毛家棚山东攻占山顶，与泌阳团队取得联络，并相机防止南窜之敌。四、在进行战斗时，本人同确山团队行进，希各部随时派员前来联络，报告战斗。确山、泌阳、信阳三县常备队共1800余人，接到耿明轩的手令后，按指定时间、位置进驻竹沟周围，进攻竹沟的指挥部设在河东黄岗村。

尽管敌人行动十分诡秘，但竹沟留守处获悉了来自各个方面的情报。河南省委做好了应付突然事变的准备，指示竹沟地委、竹沟县委进行除奸，杀掉了特务分子杨九杰等，竹沟镇联保主任张万如闻风逃跑。10日晚，省委召开紧急会议，作出决议：一、保存党的重要文件；二、派干部下乡组织各区群众武装；三、从寨外调回部队。当夜，王景瑞、姜宗仁三次向省委报告敌情，王国华三次检查竹沟东寨门哨所，干部、战士严阵以待。但是，留守处参谋长李仁杰借口夜黑阴雨，迟迟不采取军事行动。竹沟县委派出联络的姜骏山，走到西王山被敌人抓获。由于各区联系中断，竹沟镇兵力非常薄弱，寨内仅有一个警卫连、尖山区委一个班及竹沟青年队武装，河东一个新兵连，共计有步枪150支，土造枪30支，机枪1挺。

11日拂晓，河东岸的新兵连照例起床出操，寨内部队由于昨夜过度疲劳，打开寨门后开始休息。这时，孙星南率部分匪徒，诈称六十八军壮丁队，越过河滩，循着寨墙向南走，后继部队约50人突然闯进东寨门，留守处哨兵刚刚上前盘问，阻止其前进，壮丁队则拔出暗藏手枪将两名战士打死。东门楼上一班战士闻听枪声，尚未来得及还击，这帮匪徒窜上门楼，抢先开枪，全班战士壮烈牺牲。与此同时，确山常备队包围了河东三中队新兵连和招兵处，因猝不及防，驻在东寨门门楼上的一班战士和招兵处干部、战士，只有一人脱险。三中队在指导员朱钫和一排长王俊生指挥下与敌人展开白刃格斗，杀出一条血路，绕到西寨门增援寨内。新兵连因缺乏战斗经验，大部冲散或牺牲。其中驻在教导大队部附近的两个班全部被俘，遭集体枪杀。

敌人占领东寨门楼后，顺着街道蜂涌进寨，深入到留守处门前。炊事班长王大印正在做饭，听到枪声，知道情况不妙，顺手抓起一支步枪，瞄准敌人弹无虚发，一口气打死十几个。炊事班战士利用房屋封锁街道，阻敌不能前进。警卫连长刘世耀指挥战士全部登上房顶，居高临下，与进寨之敌展开逐屋逐院的争夺战，并迅速派出突击排关闭了东寨门，切断敌人增援，双方在寨内展开激战。

战斗打响后，刘子久、王国华、危拱之、王恩九、谢邦治立即在西寨门楼组成指挥部，迅速组织全镇军民奋起反击。张旺午、周庆鸣往来东门、北门指挥战斗。省委、地委领导王景瑞、杨毅、朱正传、李九令、向润英等都投入了战斗。在此严重时刻，竹沟镇上青壮年群众扛起土枪土炮，积极协助部队守卫寨墙。妇救会员碾枪药，运石头，送水送饭，支援亲人，激励战士。不少妇女掂着馒头、鸡蛋送给守寨的战士。战士推辞不吃，她们说："难道让保安团打进来抢去吃，你们才乐意呢？"战士们掉下激动的眼泪，才接受吃饭。就这样，竹沟军民众志成城，打得敌人退守东寨门下，不能前进一步。

东寨门被火力封锁后，敌人企图从北寨门豁口攻入寨内。耿明轩调确山团队二、三中队和部分地方联队400人，在几挺机枪掩护下，轮番攻击。二连指战员顽强战斗，打退敌人一次又一次进攻。王国华、张旺午、周庆鸣、郭欠恒亲自到北寨墙碉保里，指挥唯一的一挺苏式转盘机枪，一会在北寨墙射击，一会转移到东北炮楼射击，使敌人摸不清寨内火力虚实。王国华哪里紧急哪里去，向伏在寨墙上的战士说："我们是毛主席的队伍，决不可向敌人屈服！他们拿的是枪，我们拿的也不是烧火棍！"战士们一个个怒不可遏，望着一片被打死的敌人说："这些国民党顽固派太可恶了，见日本人象耗子见猫一样；打共产党，欺负老百姓都来劲头了。这回打死他们活该倒霉，让他们知道新四军不是好惹的！"从拂晓到傍晚，在留守处部队的猛烈反击下，打退敌人一次又一次的进攻。入寨之敌士气低落，后援不济，被迫仓皇逃出东寨门。北寨墙外之敌屡攻皆败，也收兵撤退。在一天寨内激战中，一连指导员、二连副连长、两名排长及红军战士赵楚国等20多人壮烈牺牲。

12日，耿明轩重新调整了部署，派张明太率信阳常备队200人进攻毛家棚中原局印刷厂，其余团队继续围攻竹沟。上午8点，齐光发现张匪所部以小跑速度包抄毛家棚小寨，他根据昨天一天竹沟方向激烈的枪声判断，是敌人进攻，立即下达了突围的命令，所有职工携带武器、被子、米袋，由总务科长李卓章率领首先突围。警卫队长周植带25人枪占领南山制高点掩护撤退。只几分钟时间，全部人员统统撤出。当突围的职工刚刚爬上寨南一座山梁时，敌人就开枪射击了。职工们立即跑下山梁，循着山腰前进。这时，工务科长孙继库因疟疾发作掉队，被敌俘虏，惨遭杀害。正当徒手职工进入敌人有效射程之际，齐光和警卫员走在最后，卧倒还击，阻止敌人前进。警卫队25支步枪凭借高山岩石为隐蔽，猛烈向敌人射击，敌人猝不及防，惊慌失措，停止追击，中原局印刷厂全部职工、战士得以脱险。中午，到达龙窝与留守处医院同志会合。

12日，敌人将竹沟团团包围，以密集的火力轮番射击。竹沟军民同仇敌忾，英勇守卫竹沟，敌人除丢下无数尸体外，未能再越寨墙一步。两天一夜的战斗，竹沟部队弹药消耗很大，电台失灵，联系中断，加上原先撤离竹沟的计划，省委果断决定午夜突围。当晚，寨墙上挂满灯笼，司号员吹起集合号，给敌人以固守待援的假象。省、地、县委负责同志分头进行动员，焚毁了文件，调整了武器、弹药，规定了行军路线和口令，把行走困难的伤病员和小孩安置在群众家里。竹沟镇内妇救会组织妇女，突击为突围部队赶制棉衣、干粮，一切准备工作在有条不紊地进行。12点过后，省委把干部、战士集中在西寨门内。大家要离开竹沟，离开这块养育他们成长的英雄乡土，每个人心头都象压上了石头，沉甸甸的。王国华沉着坚毅地向大家讲话："同志们，我懂得大家的心情，我的心情同大家一样。我们两个连，敌人一两千，硬着头皮拼下去，没有什么好处，胜败不在一城一地的得失。我们必须突围，我们还要到李先念同志那里去，继续反击国民党反动派，打日本鬼子。新的战斗任务在等待着我们，我们必须前进。现在咱们撤出去，将来咱们再回来。竹沟将来一定是我们的！"

"现在咱们撤出去，将来咱们再回来。"省、地、县委和留守处干部、战士500多人，默念着这句话，含着依依惜别的热泪，从西寨门冒雨分三批撤离。姜宗仁与留守处参谋穆学礼带两个班与竹沟镇青年自卫队掩护干部、战士出寨后，在北寨墙丢了三枚手榴弹，声东击西，以告诉竹沟人民，子弟兵安全撤离。西寨门外是泌阳团队防地，该团队中队长段常显、徐中学、陈子爵均为地下党员，已接到省委通知，先行后撤，突围部队未遇战斗。

13日上午，竹沟突围部队到达桐柏龙窝，与中原局印刷厂职工会合。同志相见欣喜若狂，热烈握手，相互问候。接着，刘子久、王国华等召开了省委临时扩大会议。会议决定：一、由中原局印刷厂提交2500元经费，拨给各单位使用；二、刘子久、危拱之去豫西洛阳工作；三、王国华、张旺午、周庆鸣率竹沟突围部队坚持在竹沟外围活动；四、齐光率省、地、县委机关及后勤非战斗人员400余人去豫鄂边区党委分配工作；五、竹沟、石滚河、焦老庄3个区委武装编为一个连，周春鸣任连长，姜宗仁任指导员。会后，吃罢午饭，各部深情话别，分头行动。齐光所部途经信阳高梁店、随县草店、天河口、宋家大店、应山浆洗店之间的山溪小路象电闪流星一般，闯过国民党六十八军、随县返乡团及吴抱奇支队防区，到达四望山，与豫鄂边区党委汇合。王国华率部经回龙寺时，又与追击之敌激战，给敌人以严重杀伤，之后到达四望山。战斗中，穆学礼沉着迎敌，不幸中弹牺牲。

13日6时，泌阳县常备队首先涌进竹沟，进行大肆抢掠。9时，耿明轩、孙星南率确山常备队进入寨内依然到处搜刮。竹沟镇上广大人民所受损失无法数计，真是十室十空。匪徒们不但抢钱、抢粮、抢布，甚至连农具，桌椅锅勺都不留下。有一匪徒竟然把一家纺线的一斤多棉条装在怀里,可见抢劫之甚达到何种程度。与此同时,耿明轩、孙星南忠实执行了汤恩伯不要俘虏的指令,惨杀因抗日受伤的干部、战士及其家属200余人,制造了震惊全国的"竹沟惨案"(也称确山惨案)。确山常备队抓到一名新战士,耿明轩亲自下令处决。卫生队女护士熊香被拖至荒郊,活活饿死。中原局印刷厂工务科副科长张潮音、女工武桂花等20名重伤员均遭杀害,后勤机关掉队30余人被俘后集体枪毙。竹沟青年队副队长王林及群众郝妮、孔凡生、张进才等亦被杀害。据耿明轩供认,在他"由河东岸经东寨门沿途发现被杀尸具有百余"。尤为可惨者,寨内北后墙,有病尸三具,骨瘦如柴,被枪杀后,"身边滴血未流"。此外,耿明轩、孙星南之流又在瓦岗西尖山屠杀新四军家属20余家,周骏鸣之家产亦被抄没。河南省委统战部长王恩九奉命前往确山与县长交涉,被确山常备队曹懋臣部逮捕,押至孤山冲桑树庄。王恩九向敌人晓以大义,共责抗日,曹懋臣毫无人性,当夜将王恩九拉到桑树庄后山活埋中又乱枪射杀。临刑前,王恩九从容不迫,执笔向党写了报告,为妻子孤女写了遗嘱,告诉她们永远跟共产党走。夜空里,他高喊:"我是王恩九!""中国共产党万岁!"

竹沟惨案发生后,激起了全国抗日军民的极大愤慨;对国民党顽固派的倒行逆施立即揭露和抨击,并积极采取了善后措施。11月18日,刘少奇、彭雪枫向党中央报告了竹沟惨案的情况,并向卫立煌提出抗议。当天,刘少奇电示朱理治:"派部增援竹沟突围部队"。20日,朱理治向党中央、刘少奇作了《竹沟事件经过的报告》,派一个武装大队绕黄龙寺东压迫信阳县长,以使四望山与竹沟打成一片。并给王国华送去4000元经费,让其在信阳、确山一带收集地方武装,扩大宣传,争取群众,整顿地方党组织。21日,刘少奇致电朱理治,作出《关于竹沟惨案交涉的指示》,要求"严惩凶犯,对信确泌三县长撤职查办,并处罚率部进攻竹沟的长官"。27日,刘少奇、徐海东再电朱理治:组织部队回竹沟附近活动,部队番号仍称"新四军留守部队""以王国华出名"。张云逸亦电示王国华,"派留守处交际副官王恩九同志率少数武装去确山与县长交涉"。12月1日,刘少奇又作出《竹沟事件一切行动原则,为着争取交涉胜利》的指示,要求竹沟部队应积极行动,收缴竹沟附近敌人的零星武装。信阳部队除支援竹沟,收缴竹沟至信阳的顽固武装外,应配合王国华部占领一二山头作据点。"一切行动原则,以争取交涉胜利。在政治上占取优势,不被顽固派籍口为主要目标。"此间,党中央对竹沟惨案十分关心。12月25日,朱德、彭德怀将平江惨案、确山惨案通电全国。1940年2月1日,毛泽东在延安民众讨汪大会上严正指出:“对于那些敢于闹平江惨案、确山惨案的人,对于那些敢于破坏边区的人,对于那些敢于打击进步军队、进步团体、进步人员的人,我们是决不能容忍的,是必定要还击的。”《新中华报》《抗敌报》《拂晓报》等先后发表社论、文章,抨击国民党顽固派的反革命行径。

# 第二章　移师豫皖苏

## 1. 千万不要发生磨擦

刘少奇从竹沟出发时，竹沟留守处派二中队一个排一行和警卫班护送刘少奇并通过地方统战关系，对途中安全作了安排。在离开竹沟的当天，夜宿汝南县城南关小南海（现汝南园林学校一带）。当时，汝南县长得知是新四军竹沟留守处部队，十分嚣张，立即派保安团荷枪实弹把刘少奇所部包围起来。这时，刘少奇一再镇定的嘱咐，千万不要发生磨擦，一旦发生，一定要有理、有利、有节，不要先开枪，不然就破坏了党的统一战线和国共合作政策。色厉内荏的保安团喳呼了一阵，见没什么动静，只得托着枪监视着。当天夜晚，刘少奇一直未合眼，屋里屋外不停地走动，不时去检查一下部队的警卫情况。第二天部队出发时，保安团站在城外大路两旁严密监视，虎视眈眈，老百姓上前围观，夹道欢迎。新四军部队迈着整齐的步伐，高唱着《三大纪律、八项注意》《大刀向鬼子们的头上砍去》《红缨枪》等歌，雄赳赳、气昂昂的通过了汝南县城。刘少奇、徐海东、刘瑞龙率干部队经过项城、沈丘去豫皖边。途中，刘少奇抓紧时间做了大量调查研究，了解华中敌后敌伪顽我力量的对比。随刘少奇到中原工作的刘瑞龙，过去在江苏省委工作，曾到过苏北、皖北一些地方。刘少奇向刘瑞龙询问了由中原地区向东至海，走哪些路比较方便？刘瑞龙按淮河南北一般情况，作了回答。刘少奇还不满足，要刘瑞龙把几条路线的难易、利弊，加以比较。刘少奇还了解了苏皖地区的社会阶级关系、物产、交通、民情、风尚，和过去白区工作的基础，这时，刘少奇的眼光已经扫向东海之滨，谋划着一个关系中原全局的重大决策。

在半个多月的行程中，刘少奇的话题十分广泛。向同志们谈论了马列主义、党员修养、党的历史等许多重大问题。在品评过去党内一些领导人物的时候，他说“陈独秀这个人，大革命后期犯了错误，大革命失败后又犯了很大的错误，但他在党的路线正确的时候，对党内人和事的处理，还是比较讲道理的。他认为对一个人的评价，应该进行历史的辩证的分析。”刘少奇语言朴素,寓理于事,娓娓谈来,深刻动人。

10月底,刘少奇一行到了豫皖边界的界首(今安徽界首县),彭雪枫派来的接应部队已在等候。竹沟护送部队转回时,刘少奇又专门接见了他们,说:你们这次圆满地完成了任务,我们已安全到达目的地,你们马上就要回竹沟了。由于国民党顽固派极力破坏抗战,十分仇视竹沟,也许竹沟现在还在我们手里,也许已落在顽固派手里,但是总有一天竹沟还会回到我们手里,因为我们一定会胜利的。现在,每人发给你们两块现洋,回去路上用,大家要多保重。他们接过银元,一个个激动地流下了眼泪。从界首向东不远,逐渐接近张村铺。行至太和以东,刘少奇等开始在黄泛区中跋涉,过了张村铺,才踏上了干燥的土地。

### 2. 欢迎胡服同志

1939年11月16日,刘少奇一行到达新四军游击支队司令部所在地——安徽涡阳新兴集,检查游击队及豫皖苏边区工作。

这天,各机关、学校、连队把街道打扫得干干净净,内务布置的整整齐齐,同志们激动地等待着那幸福的时刻。新兴集南门外,支队直属机关、警卫部队、省委、随营学校、群众团体,数千人整齐地排列在通往涡阳的大路两旁。嘹亮的歌声,响彻原野。

正南方向,出现一个墨点,逐渐地看出是一行队伍,大家凝神注目,抬头南望烟尘翻滚处,一彪铁骑飞驰而来,为首的是司令员彭雪枫以及行署主任吴芝圃、参谋长张震、政治部主任肖望东等。部队与地方首长簇拥着身穿皮夹克短衣、神采奕奕的刘少奇跃马而来。

欢迎人群里,沸腾起来。刘少奇、徐海东下了马,微笑着同彭雪枫、吴芝圃、张震、肖望东一一握手。这时掌声、口哨声交织在一起,欢乐而热烈。

“欢迎胡服同志!”

“坚决执行党中央的指示!”

“坚决抗战到底,坚持游击战争!”

“创建豫皖苏敌后根据地!”

刘少奇频频向欢迎的人群招手,进入新兴集,住在东街门向北一座比较宽敞的院子里。

晚上,在小剧场举行干部欢迎大会。彭雪枫同志陪同刘少奇登上主席台,向大家作了介绍,会场上响起暴风雨般的掌声。那时,绝大多数干部还是第一次看到中央领导同志。大家以尊敬的目光，望着台上的刘少奇，修长的身材，穿一件褐色的鹿皮夹克，打一副整齐的绑腿，线袜布鞋，朴素庄重。他目光深沉，眉宇微颦，显出马克思主义理论家、无产阶级革命家的气度。

在同志们的期待中，彭雪枫热情洋溢的致词，欢迎刘少奇代表党中央深入敌后来指导游击队的工作，关怀豫皖苏边区，表示一定要克服一切困难，以更大的胜利回答党中央的关怀……接着，刘少奇讲话："我代表党中央、毛主席，看望大家来了！"

刘少奇向大家敬礼，台下掌声如雷，许多同志激动地流下了眼泪！

新四军游击支队从河南确山县竹沟出发深入敌后，整整一年了。杜岗会师，窦楼战斗，回师睢杞太，挺进豫皖苏，进军淮上，开辟路东。春天挖野菜卖马度荒；夏天，穿着棉衣行军。同志们走过多少艰苦的路程，经历过多少激烈的战斗！汗水湿透征衣，鲜血染红大地，从没有畏缩，从没有叫苦。而今，中共中央代表刘少奇来了，亲切问候游击支队，怎不叫人感动？

刘少奇在讲话中分析了形势，阐明了中共中央方针和中原敌后斗争的任务以后，强调巩固和扩大抗日根据地，必须建立和改造政权，开展统一战线，猛烈扩大武装，号召部队向敌人后方发展，东进！东进！游击支队的干部听了刘少奇的指示，眼界开阔了，思想明确了，对刘少奇直接领导中原地区的抗日斗争，充满了胜利的信心。

### 3. 参加十月革命节部队检阅

彭雪枫等游击支队领导人，确定借助庆祝十月革命节 22 周年的机会，召开欢迎刘少奇大会。11 月 7 日前夕，新兴集东北角的广场被精心布置成大会会场，庄严的主席台设在会场的一端，"庆祝我国十月革命节""热烈欢迎胡服同志""祝胡服同志身体健康"等各色大幅标语，把整个会场装饰的绚丽多彩。

这天，刘少奇检阅了新四军游击支队。薄薄的晨雾，笼罩着阅兵场，三个主力团、警卫部队和机关、学校的代表，整齐地排列在场地上。这样大的队伍，肃穆站立，没有一点声音，只有联络参谋不时地在队列前走动。

战士们背着背包，手持步枪。各种火炮、轻重机枪架在队伍的前列；战马、炮骡整齐地排在队伍的后面。一年前，这部武装还是一只 370 多人枪的游击队，现在已是南征北战，驰聘敌后的正规部队了。

事前，各部队首长对阅兵准备工作，亲自做了检查。战士们一律新的棉军装，风纪扣、皮带、瓷碗、臂章、绑腿、鞋袜，穿戴的整整齐齐。背包打的有角有棱，大小、厚薄、绳距完全一致。各种武器擦得一尘不染。队列训练,严肃认真,步伐整齐。战士们满怀革命豪情,带着战斗的胜利和祖国的荣誉,接受中共中央代表刘少奇的检阅,兴奋、激动,在他们那朴实的心中荡漾。

上午8点,刘少奇、徐海东等由支队领导人彭雪枫、吴芝圃、张震、肖望东陪同,来到阅兵场。司令部号长艾达生向全场发出号令。“哔”的一声,全军立正。队伍齐如一条线,全场静的像空无一人。阅兵指挥、二团团长滕海清,跑步向刘少奇报告,请刘少奇检阅。刘少奇走到队列前面,彭雪枫轻轻地向他介绍:“这是一团。”

刘少奇站定,向指战员问好:“同志们辛苦了!”

“为人民服务,不辛苦。”部队气势威武,回答整齐。

“祝同志们身体健康!”

“祝胡服同志身体健康!”

刘少奇向二、三团和支队直属队广大指战员一一问好,登上检阅台。

晨雾消散,一轮红日喷薄而出,淡淡的阳光洒在阅兵场上。场地四周是横幅红布大标语,巨型彩画。南边的阅兵台上,围有皱褶皱褶短幔,上面装饰着黄色的麦穗、镰刀图案,宽大的阅兵场雄伟庄严。

分列式开始,30把军号齐奏进行曲。部队成方阵队形,合着军乐,齐步前进。各团团长、政委并肩走在前面。炮兵扛着迫击炮,机枪手抬着重机枪。战士们挺起胸膛,甩开臂膀,步起步落,整齐划一。场上一片“唰唰唰唰”的声音。纵队成列,横队成行,行距间距,像一幅图案。部队走近检阅台,一声号令“向右——看!”闪电一般,战士们一齐面向检阅台,正步走,向刘少奇致敬。刘少奇举手向部队答礼。

检阅以后,纪念十月革命节大会开始了。

彭雪枫向刘少奇敬礼后,站在台中央,简要地叙述了十月革命的意义,然后兴奋地说:“在这盛大的节日里,党中央的代表,我们的胡服同志,检阅了我们的部队,这是对我们的爱护、鼓舞和教育。现在,请胡服同志给我们讲话。”

刘少奇开头就说:同志们!我代表党中央向坚持敌后艰苦奋斗了13个月的同志们致敬!向为民族流血受了伤的优秀儿女致崇高的敬礼!接着他说:同志们!在有伟大历史意义的十月革命节的大会上,我们见面了!我喜欢,大家也喜欢。22年前的今天,俄国穷苦大众在党、列宁、斯大林领导下,推翻了反动的统治阶级,建立了苏维埃,人民得到了解放,用布尔什维克的顽强性战胜了敌人和困难。

同志们,你们挺进豫皖苏地区,打了很多胜仗,解救了沦陷区的人民,发展壮大了部队,开辟了抗日根据地,你们辛苦了。我代表党中央、毛主席向大家致以亲切的慰问!

刘少奇向大家敬礼,会场上掌声雷动。刘少奇说明了抗战形势,指出顽固派投降妥协的阴谋。他说顽固派要妥协投降,必定要反对坚持抗战的共产党,分裂抗日民族统一战线,镇压一切进步力量。党中央针对这种情况,提出了"坚持抗战,反对投降;坚持团结,反对分裂;坚持进步,反对倒退"三个政治口号,与顽固派进行坚决的斗争。同志们,只有通过斗争,才能制止妥协投降的危险,才能把中华民族引向争取解放的道路!

会场上呼起了响亮的口号,手臂如林,声震四野,情绪热烈高昂,显示出中国人民的伟大力量。刘少奇接着说:"中国抗战进入了一个艰苦的阶段,我们要粉碎敌人的'扫荡',打破敌人的进攻,扩大与巩固抗日根据地,发动起千百万群众,把侵略者陷入中国人民抗战的火海!"

刘少奇强调到敌人后方去,把敌人的后方变成消灭敌人的战场。他号召部队:东进,东进,全力东进,直到海边!

口号声响彻云霄,会场上充满了战斗的激情。

"到敌人后方去!"

"巩固与扩大抗日根据地!"

"把日寇埋葬在中国人民的火海里!"

"中华民族解放万岁!"

休会,阅兵场上唱起了雄壮的《新四军军歌》:

光荣北伐,武昌城下,
血染着我们的姓名;
孤军奋斗,罗霄山上,
继承了先烈的殊勋......
东进,东进,我们是铁的新四军!
东进,东进,我们是铁的新四军!
东进,东进,我们是铁的新四军!

### 4. 发展华中的指示和决策

刘少奇到新兴集以后,工作繁忙。他听取了彭雪枫关于豫皖苏工作的汇报和吴芝圃、张震、肖望东的补充汇报。在汇报中，刘少奇作了一系列极其重要的指示。他根据中共中央的方针，十分强调深入敌后，开创华中抗战的新局面，反复说明中共中央这一战略意图的重要意义。将来华中根据地南扼长江，北倚陇海，东到海滨，西抵平汉线，可以造成威胁宁沪，逼近武汉、徐州之势，对中国抗战的全局，发挥重要的作用。

刘少奇要求豫皖苏地区，首先创建永城、夏邑、肖县、宿县四个县城连成一片的根据地。同时，在睢杞太和商亳鹿柘建设两个小根据地，将来把他们连成一片。刘少奇要求巩固与扩大部队，加强军事建设，准备在一两个月内，向津浦路东发展。

当时豫皖苏发动群众，在中心地区才刚刚开始，规模不大，也不充分。刘少奇针对这一情况，强调放手发动群众，把千千万万的人民组织起来，作为坚持敌后抗战的主要依靠力量。只有这样，才能打破封建势力在农村的统治，改造政权，把抗日和反顽固的武装斗争深深扎根于广大群众中。党要在先进分子中发展党员，建立农村党支部，成为基层的领导核心。刘少奇说，要充分发动群众，必须实行减租减息，改善雇工待遇，增加工资，在征收中实行合理负担。

对于抗日民族统一战线，那时候豫皖苏还只是着重处理与友军的关系，做一些上层开明士绅的工作。刘少奇指出，党的抗日民族统一战线政策，是坚持独立自主的政策，坚持无产阶级领导权的政策，必须又团结又斗争，以斗争求团结，它的核心是发展进步势力，争取中间势力，孤立与打击顽固势力。在国民党顽固派发动反共高潮的时候，我们在统一战线中应强调斗争，不应该强调统一，只有坚决反磨擦，击退顽固派的武装进攻，统一战线才不会破裂。在反共低潮的时候，应强调团结。在统一战线中只有采取以进对进的方针和有理有利有节的策略，才能使我们立于不败之地。

刘少奇对豫皖苏根据地的政权建设非常关心。当时豫皖苏虽然已建立几个县的抗日政权，但基本群众没有参加政权管理，民主制度还不完善。他根据这些情况指出，我们的政权应该成为真正的抗日民族统一战线政权，成为包括所有抗日阶级层联合的民主政权。因此，根据地内政权的改造不能只是换掉几个人就算了事，必须把千百年来封建阶级统治人民的政权机构彻底改造，使它成为广大人民群众管理与掌握的政权机构。刘少奇说，根据地政权的彻底改造，是工农基本群众对封建地主阶级在政治上、经济上一场严肃的斗争。虽然由于日寇侵略中国，民族矛盾上升为主要矛盾，但农民与地主的阶级矛盾仍然存在。我们对地主阶级，既要打破它在政治、经济上的垄断，又不是推翻他们，只是经过斗争，使基本群众成为根据地的统治阶级。刘少奇强调，下层（区、乡）政权的改造，应树立农民基本群众的政治优势，把基层政权牢牢地掌握在共产党和进步分子手中。

刘少奇对党的工作指出，要建设一个与群众密切联系的、在思想上、政治上、组织上完全巩固的党，根据地的各项工作才有保证，斗争才有坚强的堡垒。

刘少奇的讲演没有一点强加于人的味道，完全是从理论上论证的，态度诚恳，语调亲切，逻辑严密，极富说服力，对干部们教育很大，大家心情愉快，精力饱满，投入到伟大的争取民族解放的斗争中。

1939 年 11 月 11 日，刘少奇就彭雪枫部已逐渐正规化致电中共中央书记处并朱德、彭德怀、张云逸：

来到连日听取报告，阅读文件，并在十月革命节大会上检查彭雪枫部之大部，所得情况印象如下：

（1）雪枫基干部队 7 个团、1 个总队、直属队，共有 7369 人，枪支共 4395 支，轻重机枪 70 挺，马 165 匹。

（2）由地方党组织及收编之地游击部队用新四军番号者，有两个独立大队（独立营），约 2000 人，枪支够用。

（3）基干部队已经开始走向正规化，部队各种制度与组织均已建立，服装整齐，情绪很好。团结、紧张、活泼、严肃及艰苦奋斗的作风，已具有老部队的各种优点，而弱点则更少一些。雪枫及此间同志，对部队进行了极艰苦的教育改造与组织工作，他们有很好的改造土匪部队的经验。

（4）部队纪律好，统一战线工作好，与民众关系好，且常能作战，已获得许多胜利，但相当大规模的战斗尚未经验过。部队还是新素养，连以下干部缺少战斗经验。

（5）此间局面尚有大开展之可能，给养完全有办法解决，无须延安及军部供给。只要有干部，在年内扩大雪枫部 2 万至 3 万人完全可能做到。

（6）请王（稼祥）、谭（政）、滕（代远）从抗大学生中从速派两百人，参谋训练班学生 30 人，通信、卫生学校若干人来此，以便加强并扩大部队。团、营、连级之老干部，务请设法派些来。

（7）你有何意见，望指示。干部能派来若干？望复。

同日，刘少奇向朱德、彭德怀建议：在淮河以北、陇海铁路南党的领导的一切武装部队，统一彭雪枫指挥。

11月19日，中共中央书记处复电刘少奇："同意11日两电对游击支队及豫皖苏边区今后工作的布置，并重申整个江北新四军应广泛猛烈的向东发展，一直发展到海边去的指示，要求在此广大区域内发展抗日武装5万至10万人枪。同时，责成北方局及'抗大'拨出学生700人送往彭雪枫处。"刘少奇根据中共中央指示和彭雪枫、吴芝圃等汇报的情况决定：淮河以北、陇海路以南党所领导的一切武装，统归彭雪枫指挥；集中力量创造永城、夏邑、肖县、宿县根据地，健全豫皖边省委，发展地方党；加强部队的正规化，继续巩固扩大主力部队；抽调一部分干部到津浦路以东地区，创造苏北根据地。

### 5. 演讲共产党员在组织纪律上的修养

在新兴集，刘少奇曾多次给干部讲话，针对当时广大青年干部的思想问题，讲《自由与必然，强迫与愿意的统一》。刘少奇首先用通俗的语言，严密的逻辑，辩证地论证了党组织是怎样的一个充满矛盾的统一体，论证了为什么党必须实行民主基础上的集中、集中指导下的民主这样一种民主集中制的原则。他说，人的行动都是由客观条件决定的，当人们对于决定他的行动的客观条件没有正确认识的时候，他的行动虽然是自愿的，但又是被迫的，处于被动状态，往往犯错误。当人们正确认识了客观条件的时候，他的行动就主动了，自由了，错误就少了。他通俗地解释说，工人做工，农民种田，我们参加抗日战争以及做各种工作，都是被迫的，但又是自愿的。大家参加抗日是迫于日本帝国主义的侵略，但是大家到新四军来受共产党的领导，又是自愿的。难道是谁强迫你们找共产党、新四军的吗?这就是强迫与自愿的统一。接着刘少奇又说，各种工作都是需要人做的，党在分配工作的时候，当然要考虑到个人能力和专长，征求个人意见。但是，当某一件工作急需人做的时候，就往往直接命令你去做，不管你愿不愿意了。在这种情况下，个人必须无条件的服从组织，不服从的话党就给你纪律处分。那么，怎样去解决个人愿望与组织决定之间的矛盾呢?唯一的办法就是把一切具体工作提高到政治任务的水平。在遇到这种矛盾的时候，个人应当首先考虑党的需要，革命的需要，民族解放事业的需要。这样，你就会努力学习，做好这项工作。当你掌握了这种工作的规律的时候，你就自由了，就会做出成绩，从而热爱这一工作，为中华民族解放事业做出贡献。恩格斯说"自由就是对必然性的认识。"农民有种田的自由，因为他掌握了水的规律；共产党有抗战的自由，因为毛泽东同志把握了抗日战争的规律。

刘少奇在寒风里，讲了一整天。讲话的时候，不时回头转向主席台上坐着的领导同志，用商量的口气问他们，你看，是不是这样的呢？这样的说法对不对呢？有的时候甚至问起坐在桌边做记录的同志来了。由于刘少奇是经过调查研究，针对当时的思想问题讲，态度那么诚恳，语气那么亲切，大家反映“真解决问题”。

刘少奇在新兴集还给游击支队直属机关的同志上了生动的党课。那时候已是初冬季节，天气逐渐寒冷起来。新兴集这个偏僻贫穷的农村，遇到国民党连年搜刮破坏，村子里已很少有像样的院落和房屋。刘少奇讲课的课堂，设在宣传部西边的一个破落院子里。这个院子三面是草屋，一面是残垣断壁，院子的四周是参差的杂树。这个院子长不到十米，宽不到七八米，可是在新兴集就算是仅有的条件较好、较大的院子了。一张破方桌上放着一只盛了开水的搪瓷碗，这就是会场课堂的基本设备。他习惯地站在桌后讲话。给他设置的一条板凳，他是从不坐的。那碗为他准备的开水，他也始终没喝一口。就这样，他连续上了近三个星期的课，从头到尾讲了一遍《论共产党员的修养》。这期间，大家席地而坐，聚神听讲，虽然初冬的北风寒意袭人，但大家坚持听讲，专心做记录，从来无人早退离场。有一次，敌机飞来侦查，刘少奇丝毫不予介意，从容讲课，大家也仍聚精会神听讲，无人离动，一直听完了刘少奇的党课《论共产党员的修养》。

在讨论的时候，刘少奇轮流到各组深入讲解和解答问题。当有人提到“受到委屈时应如何从思想上解决问题”时，刘少奇说：“这问题应从党的总体利益出发去认识解决，为了党的利益，个人受点委屈不算什么。”在讨论到受到大委屈时如何解决这个问题时，刘少奇说：“同志们！委屈总是委屈，不要专门为此去计较大小了。若论委屈，我比你们所受的委屈要大些。有些意见，为了党的总体利益，至今我仍保留意见。”

刘少奇还给游击支队干部讲了国内外形势，特别讲了国民党制造了平江惨案、太和惨案之后，还会制造更大的磨擦和武装冲突，要大家做好一切必要的准备。他表扬了豫皖苏边区的工作开展的很好，赞扬了彭雪枫领导的新四军游击支队全体同志坚持了红军艰苦奋斗、英勇牺牲的优良传统。他对彭雪枫书案店卖马解决部队的菜金问题，从而在群众中博得“天下闻名第一军”的荣誉称号，特别加以表扬。他又赞扬了同志们艰苦奋斗的作风，自力更生，坚守铁的纪律，不拿人民一针一线的革命精神……他指出：我们新四军和人民的关系是鱼水不能分离的关系，是水乳交融一体的关系，搞好这个关系，方可战胜日本帝国主义及一切反动派……

刘少奇的一次次讲话给大家以很大的鼓舞、鞭策和胜利的信心。

刘少奇在新兴集视察时，还十分关怀《拂晓报》，亲自到报社指导工作。

当彭雪枫陪同刘少奇来到拂晓报社时，他热情地与同志们一一握手，关切的翻阅《拂晓报》，从创刊号一直看到最近一期报纸，同时听着彭雪枫给他介绍各个版面的不同特色，以及刻制各版的同志们。他认真仔细的看着报纸，并为《拂晓报》题词："为抗战的正确路线而斗争。"他以非常兴奋的心情说：报纸办得好，很出色，是一份敌后我党我军中办得很好的报纸之一。这个报纸我们不仅要拿到延安去展览，而且要拿到国外去展览，拿到莫斯科去展览，同志们干得好，要继续努力把党的宣传工具《拂晓报》办得更好！又说：我们党在敌后根据地办了不少出色的报纸，办的各有所长，如晋察冀、晋西北、华东，等等，大家开展个兄弟地区的宣传竞赛好不好？刘少奇严肃认真亲切的谈话，给报社同志们增添了巨大的力量，留下了难忘的印象。

### 6. 初具规模的豫皖苏根据地

在刘少奇临离豫皖苏之前，游击支队还在新兴集十字街口路北的一个小院子里开了一次干部会，他在会上做了重要讲话。讲话的主要内容是人民的军队、人民的政权、人民的干部要为人民服务。毛主席是我党久经考验的领导人，是我党的领袖。毛泽东思想是指导我党取得胜利的法宝，号召大家要努力学习毛主席著作。华中对敌斗争的方针，应背靠大海，求得后方，向内发展；扩大抗日武装，建立巩固的根据地，关键是发动群众，建立人民政权。

刘少奇到华中时的形势是很严重的。日军已占领了华中大片国土和南京、上海、武汉等大城市，控制了水路主要交通线。国民党蒋介石消极抗战，积极反共，早在他划定的新四军活动区域的周围设下了重兵。苏浙皖有顾祝同，皖中有李品仙，豫皖苏有汤恩伯，苏北有韩德勤，各拥有数十万大军，经常伺机蠢动，妄图"围歼"我军。更严重的情况是，当时在新四军领导内部存在着受王明提出的"一切经过统一战线，一切服从统一战线"的影响，把自己束缚于国民党的管辖之下，不扩大武装，不发动群众，不建立根据地的右倾错误思想。他针对这种情况，反复提出背靠大海，求得后方，向内发展；扩大抗日武装，发动群众，建立抗日政权，为新四军和华中地区对敌斗争制定了战略方针与政策。

在刘少奇的指导与关怀下，豫皖苏根据地迅速发展壮大。11 月豫皖苏边区参议会成立，吴芝圃任参议长，耿蕴斋任副参议长。不久，召开了豫皖苏边区各界人士代表大会，成立豫皖苏边区政权的最高领导机关——豫皖苏边区联防委员会，选举吴芝圃为主任，刘庞光为副主任，领导肖县、永城、夏邑、宿县四个区及睢杞太游击区部分政权。同时健全了豫皖苏边区党委，充实和加强了领导力量，吴芝圃任书记，刘瑞龙任副书记，并设置了组织、宣传、民运、保卫等部和秘书长等职，先后建立的豫东特委，睢杞太特委、皖北地委、豫皖地委。

12 月，西华县共产党领导的第一战区自卫军七路由向明率领进入豫皖苏边地区，编为新四军第六支队第二总队，总队长胡晓初，政委向明，下辖两个团。同时萧县游击支队和宿县大队合编为第六支队第三总队，总队长耿蕴斋，政委谭友林，下辖两个团。在路东活动的赵汇川等部编为第六支队第四总队，总队长兼政委张爱萍，下辖两个团。为了向东发展，创建苏北根据地，第六支队派张太生第一团和党政干部 120 人开赴皖东北地区，在张爱萍领导下开展工作。此时，全支队 3 个主力团，1 个特务团，4 个总队，3 个独立营，计 17800 人。活动地区东抵津浦路东，西至新黄河（既贾鲁河、颍河），北达陇海线，南跨涡河。到 1939 年底，豫皖苏边区抗日民主根据地已初具规模。根据地军民为了坚持持久的抗日战争，创造性的解决了“地形不利”的困难。每开辟一个地区，地方党组织立即动员广大民众，协助武装部队开挖“抗日沟”。根据地中心区域及周围游击区，开挖了纵横交错的“抗日沟”，所有的道路全部挖成沟，一切道路全在沟底，沟沟相通，村村相连，便于抗日武装及广大民众的隐蔽和疏散，困阻敌军车辆骑兵的通行。“抗日沟”的开挖，为根据地军民坚持抗日战争创造了有力的条件。

# 第三章 巩固皖东

### 1. 新四军江北指挥部

1939年11月19日，党中央发出江北新四军向东海边发展的指示："整个江北新四军应从安庆、合肥、怀远、永城、夏邑之线起，广泛猛烈的向东发展，一直发展到海边去，不到海边，绝不停止。军部应指导张云逸、徐海东、周俊鸣诸同志，使他们明确了解上述任务。"为尽快实施党中央的战略部署，刘少奇到豫皖苏驻地不到一个月，决定前往新四军江北指挥部。

根据当时各根据地的分布情况和国共两党的关系还没完全破裂的形势，到江北去的路线，有很长一段要经过国民党统治区。为保证刘少奇、徐海东以及随行的数十名干部们的安全，彭雪枫决定游击支队特务营去担负护送任务。为加强护卫力量，也确定教导队随其前往。教导队这期受训学员多是从地方团队调出的排、连、营干部，而且届临毕业，盼早日回部队工作的思想已有流露，当获知要参加护送刘少奇时都非常高兴。纷纷表示说，这次护送任务光荣，责任重大，要以百倍的警惕，保证刘少奇一行的安全。但是，既感到高兴，又觉得在担负党交给的这次护送任务中担子很重。11月下旬的一天，特务营（共四个连）在程致远营长、罗杰副营长率领下，从游击支队驻地——新兴集出发，按预定路线，跟随刘少奇踏上了向江北指挥部的征程。

11月下旬的豫皖苏，天气已经开始转冷。当时物质条件非常困难，部队出发时还没有发棉衣，临走时才给每人赶制出一件棉上衣，连棉裤都没能穿上就出发了。虽然如此，可大家的精神非常愉快，每日行走百十里，没有一个叫苦叫累的。出发前，宿营时，都要唱起那雄壮悦耳的抗战歌曲。

路上，一望无垠的淮北平原，新播种的冬小麦已是一片青绿，呈现出一派生机。走三天，到达阜阳、颍上之间一个叫回流集的颍河岸边上的小镇，住了一夜。在此，刘少奇决定由步行改为乘船南下。在部队登船时，随首长驮东西的马匹不习惯上船,战士们便帮助赶马上船,不料竟被马撞下河去。待上岸以后,一个战士的衣服已经全湿透,冻得直打哆嗦。刘少奇看到这种情景,就急忙脱下身上穿的棉大衣,叫他的警卫员送给战士穿,并嘱咐给这个战士搞点热汤喝,以防生病。战士们目睹刘少奇给予的这种关怀,不知如何是好,只是以敬仰的目光望着刘少奇微微发笑。

部队登船后,张蓬扬帆,沿颍河而下,至余晖西下时,船到了一个叫江口集的镇子。部队在这里住了一夜,第二天又继续航行,黄昏时分船到颍上县码头。本拟在此稍事休息即连夜续航,但在这时突然来了一群国民党政、警人员,以检查护照为名进行刁难,妄图迟滞开船时间,寻机制造事端,虽多次与之交涉,他们仍执意不肯放行。就在这个时候,刘少奇挺身走出船舱,对国民党县政府负责检查的官员严厉斥责说:我是中共代表,有要事南下,你们一再延误开船时间,阻挠友军行动,这是有害国共合作抗战的行为。如再延误,我要向你们的上级发报,一切后果由你们颍上县负责。经刘少奇一番说理斗争,那个为头的人员觉得势头不对,便迅速地跑上了岸。大约过了半个小时,从岸边的那群负责阻拦检查的人员中间,传来了准许开船的喊叫声,随之开船继续航行了。第三天下午,船驶到正阳关西边码头靠岸,部队迅速地下船通过正阳关市区,在淮河南岸附近的村庄住了下来。

刘少奇一行从正阳关启程又开始了步行,沿着板桥集、三义集、保义集、瓦埠湖路线,以后转向东朝着定远、滁县地区前进。在护送部队到达淮南铁路附近的罗家集时,夜幕已经降临,夜空的寒星在闪闪发光。已经走了一天,还没有吃晚饭,又累又饿的战士们见看到前面有一个较大的集镇,都感到非常高兴,想在此多休息一天。部队进集镇后,即在北街号房住下,休息做饭。当部队正在吃饭时,营部通知说镇南街住有桂系部队一三八师一个营,作为友军已互相进行过礼节性的走访,令各连在战士们休息时提高警惕。夜间 1 点左右,刘少奇指示,要战士迅速起床,立即肃静的出发。各连接通知后都立即悄悄的喊起了战士,迅速集合出发。到天亮部队已走出 30 余里路,才又得到就地进村休息做饭的通知。战士们对半夜启程不理解,吃早饭时,营首长向各连解释说,这是少奇同志考虑同桂系部队住在一起,怕有所变,才提前出发了。战士们恍然大悟,异口同声地说,首长警惕性真高呀!部队又走了两天,到了安徽定远县境内的得胜集、太平集、藕塘地区,同江北指挥部取得了联系,到达了目的地。张云逸、邓子恢、赖传珠遂迎接刘少奇、徐海东以及随行的干部到指挥部驻地三黄家。指定游击支队特务营驻得胜集,四连驻得胜集西的陈家庄。至此,游击支队完成了护送刘少奇的光荣任务。

**2. “不要小看四、五支队”**

1939 年 12 月初的一天下午,天气分外晴朗。新四军江北指挥部所在地三黄家突然热闹起来。村西头打麦场上搭起了由幕布围护起来的露天讲台,台上正面上方挂着红色横额,横额上面写着杏黄色的八个大字“热烈欢迎胡服同志”。村外道路两旁的欢迎队伍,有来自敌后抗日的人民,有从前方回来的抗日英雄,还有穿着整洁棉军服的警卫战士和机关干部。他们一个个脸上堆着兴奋的微笑,怀着无比激动和喜悦的心情,期待着刘少奇的到来。

突然,掌声雷动,欢呼声震天,原来是刘少奇已经走进了欢迎队伍。他穿着一身洗的发白了的灰色棉中山服,整洁、朴素、慈祥而严肃的脸庞带着微笑,显得精神十分饱满。跟在他后面的是中原局的工作人员刘彬、薛舟浩,以及报务人员和警卫人员。张云逸、邓子恢、赖传珠等走向前同刘少奇亲切的握手,刘少奇向他们和欢迎队伍连声问好,向欢迎队伍热情的频频招手。他那炯炯有神的目光,把中共中央的温暖送到了每个欢迎者的心坎上。

刘少奇长途跋涉,真够劳累的了,但他一刻也没有休息,就在欢迎会上作起了抗战形势的报告。他讲话带点湖南乡音,有条有理,头头是道,大家听了受到一次深刻的时事政策教育。作了报告以后,又接着听取了指挥部的工作报告。他从汇报中得知:5 月 5 日,新四军江北指挥部在庐江县东汤池成立后,叶挺、张云逸、邓子恢等立即召开四支队干部会议,重申中央东进皖东,建立皖东根据地指示,由叶挺军长命令四支队限期东进皖东, 张云逸、邓子恢又深入对四支队干部做说服教育工作。四支队的广大干部表示坚决拥护军部决定。这样,四支队的七团、九团、特务营均东进到了青龙厂一带。

为了组织东进,扩大敌后游击活动范围,建立皖东根据地,张云逸立即着手整编和训练部队,对四支队的领导进行了调整。6 月 15 日,中共中央军委决定任命高敬亭为江北指挥部副指挥兼第四支队司令员(徐尚在延安,未到任),戴继英(后郑位三)任政委,林维先任参谋长,下辖第七、九、十四团,4000 多人。同时以原八团为基础,加上十五团、挺进团,组成第五支队。7 月 1 日第五支队正式宣布成立,罗炳辉任司令员,郭述申任政委,周骏鸣任副司令员,下辖第八、十、十五团,共 2000 人。

部队整编后,张云逸反复动员部队,扩大我军敌后游击活动范围,迅速发展我军队伍,发动群众,建立根据地,当时有的同志受王明右倾错误的影响,怕新四军扩大,会引起磨擦。这时桂系也加紧了对新四军的限制,因而磨擦、纠纷事件也多了起来。对此，张云逸说："我们扩大武装就是为了抗日，而国民党始终是想限制和消灭我们的力量。我们要求得生存，磨擦是一定会产生的，我们不怕磨擦，要敢于反磨擦。我们现在之所以有磨擦，是国民党欺辱我们力量太小，什么事情都还要向廖磊请求，如果我们的武装发展到10万人，那时，国民党就不敢与我们磨擦了，什么事情还要反过来请求我们，不然他的省主席就当不成。"在张云逸的动员、教育下，广大干部的认识迅速提高，部队的战斗情绪日益高涨。

张云逸经过同指挥部其他同志和鄂豫皖区党委研究后对根据地的开辟和各部队的任务作了如下部署：五支队挺进津浦路东，以来安县的半塔集为中心，开辟津浦路东根据地；江北游击纵队和地方党委坚持以舒、桐、庐、无地区为基础的根据地的开辟，都必须以武装部队配合地方党委，放手发动群众，建立党的群众组织，努力进行统一战线工作，坚决打击日寇，消灭土匪和地方反共顽固派武装，扩大我军力量，努力将区、县政权掌握在党和进步分子手中。各部队根据张云逸这一部署，都行动起来了。

8月下旬，罗炳辉和郭述申率领五支队的司令部及八团、十五团，进到了津浦路东。接着，十团也于10月进到了路东。五支队到路东后，以来安的半塔集为中心，分兵于来安、天长、扬州、盱眙、嘉山、六合等县，配合大批干部和战地服务团人员组成民运队，深入农村，发动群众，宣传党的统一战线政策，建立各种群众组织，扩大部队开展游击战争。9月、11月日军两次攻打来安县城，新四军取得了反"扫荡"的胜利，开辟了以半塔集为中心的津浦路东根据地。

江北游击纵队在孙仲德司令员和黄岩政委的领导下，扩充了自己的队伍，坚持在巢县、无为地区抗战，坚持皖中游击战争，保持与皖南军部的联系，一部分进到和县、含山地区开展游击战争，和地方党委坚持以舒城、桐城、无为、庐江地区为基础的根据地。

四支队以藕塘为中心，迅速开展工作，游击活动地区扩大了，部队也扩大了，群众也进一步发动和组织起来了，张云逸于8月间率领江北指挥部及直属部队，从庐江东汤池挺进到定远县大桥镇附近。

汇报会夜以继日，连续开了几天，刘少奇孜孜不倦的倾听着，边听边研究，蜡烛点了一支又一支，刘少奇一支接着一支地抽烟。他全神贯注地听取汇报，有时烟蒂烧着手指也不知觉，常常天快亮了，他还不肯休息。张云逸、邓子恢恐怕他累病了，多次催促，他都不答应。后来，指挥部首长说他们都要去休息，他才去睡觉。

刘少奇听取汇报后，在指挥部召开的干部大会上，传达了中共中央指示。他说，党中央和毛主席要求江北部队向敌后发展，放手发动群众，放手扩大部队，独立自主的建立敌后抗日根据地。他肯定了华中的同志过去做了不少工作之后指出，我们在大别山区给别人“抬轿子”，不努力扩大自己的部队是不对的，结果我们站不住脚跟，被人家赶出来了。他意味深长地引用了湖南的一句歇后语说：“木匠打枷枷自家”，这个教训要很好记取。接着，刘少奇正确的分析了淮南与华北平原的异同，指出：淮南除了国民党顽固派势力比较雄厚，控制了大片土地政权之外，其他和华北相同。因此符合毛主席提出的建立根据地的条件。至于不利条件，经过努力是可以克服的。现在的当务之急是建立敌后抗日根据地。刘少奇在这里强调指出了扩大新四军部队对敌后抗日根据地建设具有极其重要的意义。他说：不要小看四、五支队，什么地方有我们的部队，我们就在什么地方占优势，哪怕是一个团，住一个村子，这个村子就归我们所管，就可以独立的开展抗日游击战争。如反共顽固派要来干涉我们，我们就实行自卫，把他们打垮，这样根据地就可以建立和发展。他对张云逸等贯彻中共中央东进敌后方针所进行的工作进行了充分的肯定。还诙谐的问大家“游击战争到哪里去打呢？是到敌人后方去？还是坐在国民党后方？不入虎穴，焉得虎子。”他号召所有江北部队要以实际行动实现中共中央提出的东进方针“向东发展，一直到黄海边；不到黄海边，一分钟不停止。”并强调说要抗战，一是要有枪杆子，二是也要有家——根据地，只有这样才能把群众发动起来。

在三黄家，刘少奇通过红色电波和中共中央、毛泽东密切地联系着，指挥着中原地区的新四军部队和辽阔抗日根据地的工作以及在国民党统治区地下党的工作。此间，刘少奇在各种会议和同各地负责同志的谈话中特别强调三点：一、积极扩大抗日武装力量，广泛开展抗击日本侵略者的游击战争。二、坚持独立自主的扩大与巩固抗日民主统一战线，团结一切抗日阶层和力量，反对国民党顽固派对我党我军的摩擦和进攻。三、发展党的组织，加强党的建设，建立和发展抗日民主政权。并指出，这三项重要任务的执行和完成，都要以发展抗日群众运动为中心，要尽量把工会、农救会、青救会、妇救会……都建立起来，甚至少年、儿童组织都要建立起来。刘少奇和邓子恢都用很大的力量抓抗日群众运动，还在淮南地区召开了地方党委、军队政治部的各级干部参加的民运工作会议，明确大力开展民众运动的方针、政策和方法，建立各级抗日群众组织。由于会议精神迅速传达到各个地区各级党组织，使各地的群众运动蓬勃开展起来。同时江北指挥部及所属部队，坚决贯彻执行了刘少奇的指示，在很短的时间内都得到了迅速地发展。五支队挺进津浦路东，在来安、盱眙、嘉山、六合等地区打游击，一度打下了来安城，给日伪军很大的杀伤，鼓舞了路东人民抗日情绪。仅 3 个多月时间，四、五支队在津浦路东西两侧，就由原来的 5000 多人扩大发展为 1 万人的部队。

### 3. 激战周家岗

皖东抗日根据地的建立和发展，引起了敌人的畏惧和憎恨。1939 年 12 月 18 日，侵华日军第六师团长谷寿夫纠集了南京、明光、蚌埠等地的日伪军 2000 余人，麇集于滁县、沙河集、全椒等地，分三路从东南北面“扫荡”全椒县周家岗。

盘踞全椒之日伪军，一路千余人于 19 日夜 11 时出动，经东旺集于 20 日拂晓进至大马厂。另一路 300 多人于 21 日晨经石沛桥、枣岭集窜犯周家岗。驻滁县之日伪军 700 余人于 20 日晨分两路出巢，一路经赤湖铺、关山店、珠龙桥窜犯施家集。另一路经官庄窜入施家集，两路会合后，攻击周家岗。这次“扫荡”之敌，配有九二步兵炮和山炮 10 余门，运送炮弹的骡马辎重紧紧随后，并有骑兵配合。敌人仗其优势装备，非常疯狂，以密集的炮火开路，见人就杀，见房就烧，见东西就抢，实行灭绝人性的“三光”政策，广大人民群众陷于日本法西斯的铁蹄蹂躏之下。

为了配合全椒、滁县的日伪军对周家岗地区的“扫荡”，巢县的日伪军 21 日出动近千人，经含山和程家市侵入古河镇。驻扎在该镇的国民党安徽省第五督察专员兼第十游击纵队司令李本一，虽然拥有兵力 5000 人左右，但被日伪军的嚣张气焰吓得丧魂失魄，没有打几枪就丢了古河镇，一口气跑到和县善口集躲了起来。

日伪军闯进古河镇后，到处烧杀抢掠，全镇一片火海，被烧毁的民房 700 多间，被杀害的群众 100 多人，农民童严发被日军用刺刀活活捅死。没有遇到国民党军队抵抗的这股敌人，侵占古河后，即配合北路周家岗之敌疯狂的“扫荡”。

张云逸、徐海东研究决定，把四支队全部兵力调上去反击敌人的“扫荡”。在战术上采取诱敌深入、敌进我退，敌驻我扰的方针。反“扫荡”由张云逸统一领导，徐海东在前线具体指挥。徐海东根据敌情和刘少奇、张云逸关于“避敌锋芒、击其弱翼，精心捕捉战机，充分利用有利地形，出敌不意在运动中给以歼灭性打击，以缩小“扫荡”范围，缩短“扫荡”时间，减少人民的损失”的指示精神，从滁县太平集支队部迅速赶到七团团部，进行作战部署，决定由七、九两个团打好这一仗。以七团三营的七、八连，在周家岗西北之常山岭大邵家一线占领阵地，防备施家集之敌向西进犯位于太平集的四支队司令部。以七团一、二营和九连，在周家岗西南山地设伏，占据有利地形，以逸待劳，对从周家岗南下之敌实行侧击、追击和伏击。以九团主力在周家岗以南的复兴集、玉屏山一带构筑阵地，阻击大马厂之敌北进。

21 日拂晓，由全椒出动的大马厂之敌北窜，企图进攻周家岗，被九团在玉屏山的一连、九连阻击，敌即退缩复兴集，以炮兵轰击掩护大队继续伸进。九团三连当即在复兴集附近与敌激战 7 个小时。敌人遭到打击，被阻于大道上，伤亡较大，遂退回复兴集、大马厂一带，不敢向周家岗前进。

当天上午，由滁县进至施家集之敌与全椒另一路敌人合击并占领周家岗后，于下午 4 时半，开始向复兴集方向运动，企图接应大马厂之敌。七团二营两个连尾追敌人，边走边打。当敌先头部队到达山根曹，后续部队离开西魏村时，便进入七团预设的伏击圈。在这里设伏的是七团一营，其前身是当年徐海东率领的鄂豫皖红二十五军七十四师一支以打硬仗著称的英雄部队，战斗骨干多是红军老战士。

当大队敌人沿山路缓缓而来时，设伏在陈郢山头上的七团一营，放过了日军前卫部队，待后边随行的骡马辎重和伪军刚一露头，即以猛烈火力给以突然打击，随即发起冲锋，战士们如虎下山，冲入敌阵，顿时将敌截为数段，首尾不能相顾。已经通过的敌人不敢回援，急忙占领了两座小山头盲目开炮。被截断的多数伪军，有的被打死，有的夺路逃窜，有的举枪投降，辎重、弹药等物资丢弃满地，骡马东奔西突，四处逃散。押运弹药的一个日军小队长，膀粗腰圆，被五六个战士包围，头被刺刀挑破，鲜血直淌，仍不肯放下武器继续顽抗，3 个战士猛扑上去，将其生擒，押下阵地。

敌人遭到伏击，伤亡惨重，前不敢进，后不敢退，龟缩于山根曹、西何家等山庄，据险固守，不敢妄动。七团一营趁夜扑下山来，偷袭该敌。一连打得十分顽强，反复冲击 10 余次。一排长壮烈牺牲，三排正副排长都负了伤。子弹打完了，战士们就用刺刀拼，打的日伪军狼狈不堪，损失惨重。22 日，当这股敌人由西何家逃往复兴集时，又遭到七团部队伏击，被消灭一部，其余逃到复兴集会合。当夜，九团又伏击了复兴集。连日，各路日伪军屡遭打击，接连受挫，携带的弹药所剩无几，不得不于 23 日上午开始撤退。七团、九团随即跟踪追击。回窜巢县的一路，被九团沿途追击，予以杀伤，即乘势收复了古河镇，并从河里捞起了不少李本一部队丢弃的掷弹筒和枪支。回窜全椒的一路，途径小尚村和东刘村时，遭预伏的七团部队猛烈阻击。敌且战且退，当退至大小童的中心时，又遭到十几挺机枪和无数手榴弹的打击，惊魂未定的日伪军无力还手，夺路逃命，七团追击敌人直到谭墩才胜利收兵。

经过三昼夜的激烈战斗，粉碎了敌人的三路“扫荡”。七团、九团共毙伤俘敌160余人，其中击毙日军中队长毛高千穗，生俘敌分队长1人，还缴获了大量的武器、弹药和军用物资。

周家岗反“扫荡”的胜利，收复了周家岗、复兴集、大马厂古河镇等地，扩大了共产党、新四军的政治影响，打开了皖东敌后抗战的新局面。由此，新四军第四支队威震皖东，在津浦路西站稳了脚跟，为创建皖东敌后抗日根据地奠定了坚实的基础。

国民党李本一部闻听新四军已收复了古河镇，也随后返回。他们要求归还他们失去的“防地”，为团结对敌，从抗日民族统一战线的大局出发，九团奉命主动让出古河镇，移驻大墅街一带整训。反“扫荡”结束后，群众们纷纷返回家园，大小村镇一片欢腾，人们奔走相告，颂扬新四军为国为民打了大胜仗，立了大功劳，部队干部、战士眉开眼笑的说“胡服同志和徐司令一到，四支队就翻身了。”

皖东军民在欢庆胜利的气氛中迎来了新的一年。部队所到的每个村子里，锣鼓声、鞭炮声响成一片，群众从四面八方拥来，欢迎自己的队伍。小学生们排着队，手执小红旗，唱着临时编好的歌曲“欢迎新四军，欢迎新四军，打鬼子，呱呱叫，呱呱叫……”慰劳部队的群众络绎不绝，有的挑着大米，有的赶着肥猪，有的送布鞋，比赶集还要热闹。七团驻地周家岗的街道上，燃放鞭炮的纸屑积了厚厚一层，大墅街九团团部门前，被慰劳的群众挤得水泄不通。

当人们尽情享受胜利的喜悦时，徐海东却在思索着这次战斗的前前后后，筹划下一步如何更多的歼灭敌人。为让部队打一仗前进一步，他又亲自深入基层，和干部、战士座谈，总结这次作战的经验教训，准备召开营以上干部大会，对反“扫荡”战斗进行总结。由于紧张的战斗和连日的劳累，徐海东的身体有点支持不住了，但他却以顽强的毅力，抱病坚持工作。就在干部大会召开的前一天晚上，他和江北指挥部及四支队领导交换了意见。等别人睡定了，他还独自坐在木炭火盆前，思索着次日大会上的讲话。

1940年1月28日，四支队营以上干部大会在太平集一所学校的大教室里召开。在一片肃穆的气氛中，徐海东走上讲台，向同志们打过招呼之后，以他那一贯洪亮的声音，讲述了周家岗战斗的经过，总结了这次作战的经验教训。他提醒大家不要满足此次作战的胜利，并提高嗓门说：“这是四支队挺进津浦路西后第一次较大的战斗，我们要认真吸取这次作战的经验教训，准备粉碎敌人以后的“扫荡”。为了发展华中，党中央、毛主席要我们不断的向东，向东，我们一定要……”突然一口鲜血从他嘴角涌了出来，他晕倒在桌子旁边。一位历经艰险、屡建奇功的战将，不幸病倒在皖东抗日前线，从此卧床不起。刘少奇非常关心徐海东的病情，多次前往看望，并一再嘱咐徐海东一定要遵照毛泽东的指示“静心养病，天塌不管。”

### 4. 三次中原局会议

1939 年 12 月 23 日，《中共中央书记处对时局的指示》中明确指出：“在华北、西北、中原一带，凡遇军事进攻，准备在有理又有利的条件下坚决反抗之，极大地发挥自己的顽强性，绝不轻言退让。”

12 月 14 日，刘少奇向中共中央报告：

(1)我到皖东已数日，情况大体了解。海东已去四支队兼司令，戴继英任政委兼主任。四、五两支队减员很大，人数均不充足。地方工作薄弱，建立根据地观念甚微。

(2)我近胃病大发，尚未开会讨论和报告。国民党则在反攻津浦路口号下，调集相当大的兵力向我压迫，命令我们过江南。

此间详情，以后再电告你们。

12 月 19 日，刘少奇根据中共中央指示和华中地区实际向中共中央详细报告了华中地区形势和工作部署：

(1)皖东情况已电告。在武汉失守前后，大约有好几个月时间，使我们完全有可能建立相当完满的皖东抗日根据地，我们是失去了历史发展这种特殊的窘迫。如果敌情及全国大局没有大的变化，目前我们在皖东只求得某种有限的发展，而有大发展希望的地区是在江苏北部。

(2)苏北情形我们尚不完全明了，大约韩德勤的基本地区是在淮阴、盐城以南，苏北部队主要者有八十九军三十三师、一七师共六个团，前驻盐城、兴化、阜宁一带，现大部到盱眙。税警总队两个团，渠上警察队一个团及几个常备旅，各县警备团，还有一些收编的游击支队，战斗力均不强，内中有少数对我们尚同情。在淮阴以北韩德勤之部似不多，而在直贯苏北的两条公路上又有敌人。

(3)(黄)春圃率山东纵队已到皖东北，张爱萍亦在。我们在灵璧、泗县、宿县及洪泽湖边，已建立相当的基础。

(4)目前在整个华中，我们有大发展希望地区如下：1. 汉口附近汉阳、京山、黄冈南李先念部活动，我们已令他在半年内发展至两万人枪。2. 豫东即彭雪枫活动地区，尚有发展三四万人枪可能。3. 江苏北部我们都没有正规部队及党的机关去活动,亦无地方党,而这又是有最大发展希望地区。因此这是我们突击方向,应集中最大力量向这方面发展。

(5)目前依靠皖东四、五支队活动地区向苏北发展有以下困难:

1. 韩德勤已有六个团,在盱眙、天长一带堵滞我们,如我们东进,他们亦可向东跟随。2. 安徽当局在皖东限制压迫我们,我在皖东不能建立巩固的根据地与后方重要机关及数百人至千人的学校,教导队又不太好办,给养亦困难。3. 如四、五支队扫敌东进至苏北,则后方难联络,皖东即会失去,且对苏北地区不熟,不一定能立足,太冒险。

(6)因此,以依靠豫东、皖东北雪枫、爱萍地区向苏北发展最好,并可与山东联系。

(7)因此,我对工作布置的意见如下:1. 留四支队七团及五支队八团与无为游击队(均合法的)在皖东津浦路两侧活动,江南六团只到扬州、六合活动。目前皖东游击队统归七、八两团收编,每团约可扩至3000人枪上下。我们任务是准备加强皖东原来基础,与江南、淮北建立联系。2. 其余第九团、第十团、第十四团、十五团未渡过淮河,皖东北整理后即配合雪枫不向苏北大发展。并云逸、季英、骏鸣诸同志留皖东,我与海东、炳辉、郭(述申)、谭希林、邓子恢诸同志并中原局及指挥部下一部干部均去淮北。在淮北办理大的学校。筹给养。如有可能雪枫亦需人帮助,山东工作亦可多少帮助。由于皖东的不稳固, 中原局与东南局联系以致打成一片恐不可能。3. 我们在淮阴以北发展,立定脚跟后,可向南发展,即可配合七、八两团及江南部队向东、向北发展。

(8)为了上述布置,已派谭希林率一个团去凤阳津浦路东西侦察淮河沿岸情况,渡河技术及建立根据地,如我们确定北游时,并可要雪枫南下。

(9)上述意见,我只和子恢、云逸商量过,他们同意,尚未正式提出讨论,如中央及项英同志同意,请速电复,以便布置,并请秘密。

12月26日,中原局向中共中央及山东分局并彭雪枫、张爱萍,通报了成立苏皖边军政委员会的情况:

(1)陇海路南、津浦路东、皖东北及苏北地区,因过去没有党的组织,各方派人去该地区工作是必要的,但因此也造成了该地区党与军事工作指挥不统一现象,这种现象在今天必须迅速停止。

(2)该地区现经中央划归中原局管理,且指定为新四军发展的主要方向,故在该地区活动之八路军部队及其他一切党所领导的部队，如黄春圃纵队等，须统一归彭雪枫指挥。

（3）党在该地区成立苏皖边区军政委员会，以张爱萍为书记，金明、黄春圃等诸同志参加，以统一党与部队及民运、统战工作等领导。

（4）津浦路东之新四军部队及党所领导的地方武装某些成份数量，拟即合编为新四军游击支队第四总队，以张爱萍为总队长兼政委。以后，该地区党所组织之武装一律用新四军番号。

（5）上述各项，请中央即通知山东分局及徐向前、朱瑞转知黄春圃、金明注意。中原局并决定从雪枫处派一个团及军政、地方干部百余人，由张爱萍率领回去，以加强该地区工作。

12 月 27 日，中共中央致电刘少奇、项英和北方局做出《关于华中及江南工作的指示》：

（1）形势估计，见中央电示。

（2）在华中方面，以淮北之皖苏地区为主要发展方向，从四、五支队酌抽部队过淮河是很对的，中原局宜靠近彭雪枫部，在淮河以南地区则在巩固原有武装及阵地外，绝不放松一切机会去求发展。因此，应从江南酌派部队及干部去增强之，以便胡服能从四、五支队抽四个团过淮河。但在江南部队未到达以前，胡服处不宜抽的太多。由华北过陇海路以南的部队及陇海以南之地方党，似宜由中原局指挥，以免不统一之弊。请北方局具体考虑，通知山东方面。

（3）在淮南方面处境是困难的，我们有以下意见：1. 立即在部队中进行必要的解释工作，提高警惕性，以防局部突然事变。2. 军部各机关减缩非战斗人员的成分，加强其防御能力。3. 皖南方面抽一部分干部，要武装过江北，发展和巩固津浦路南段地区。4. 陈毅方面抽有力部队过江，发展扬州以东。5. 东南局地方工作皖、浙、赣三省边区。6. 这样，才能使在将来极不利局面下，有江北及皖、浙、赣三省边界的两条退路。你们应坚决执行这一计划。

（4）应付磨擦方针已见中央过去各种电报，但在华中及江南应根据不同的地区采取不同的办法。在淮北可激进一些，一般的与山东地区相同，除发展军队外，还应建立政权，如武装磨擦则应以武装还击之。在淮南应有严正的态度对付一切磨擦，在有理有利的条件下应给武装进攻者以反击，绝不轻言退让。在江南方面，过去采取谨慎的态度是必要的，但不应向战区多作报告，不应向他们经常请示，许多问题应相应不理。如遇武装冲突,有利时则反击之,不利时则应转移被攻击之部队至有利地区,再讲对付。同时,大肆宣传,以争取中立分子之同情,以孤立反共最积极的分子。

12 月 31 日,刘少奇就中原局和前委组织问题致电中共中央,请决定后复电:

(1)中原局委员现在皖东者,有我及位三、述申 3 人,我提议增加云逸、海东、子久 3 人为中原局委员。

(2)此间原有前敌委员会,在中原局到达皖东后,前委是否需要存在?如存在,则前委与中原局关系怎样?

4 日后,中共中央书记处致电中原局和项英:"同意增加云逸、海东、子久 3 人为中原局委员。前敌委员会改成皖东军政委员会,以统一党、军领导,属中原局指挥。"

根据中共中央指示和中原地区实际,1939 年 12 月中旬,刘少奇在定远县瓦屋薛村召开了中原局第一次会议,出席会议的有刘少奇、郑位三、徐海东、郭述申、张云逸,时间一天。这次会议的议题之一是要"解决组织问题"。

中原局成立时,根据中共中央政治局通知,组成人员为刘少奇、朱瑞、朱理治、彭雪枫、郑位三五人,当时的工作重点在平汉路两侧。但是,在日军攻占武汉之后并没有继续深入内地,而是将主要兵力转向敌后抗战战场,对八路军和新四军进行疯狂的"扫荡"。这样,华东地区就变成了敌后抗战的主要战场,中原局的工作重点因而也就必须移向华东。而在华东,中原局只有刘少奇、彭雪枫、郑位三 3 位委员。在这次会议上,中原局首先将新四军江北指挥部指挥张云逸、副指挥徐海东、和河南省委书记刘子久等同志吸收为中原局委员,从而增强了中共中央对于这些地区抗战的领导。

这次会议的另一个议题,是新四军的战略突击方向(当时提作"发展方向")问题。由于中共中央的正确路线受到了王明右倾机会主义的抵制,当时不仅整个华中的抗日工作不是从积极地深入敌后打算,就是新四军的几支游击支队,除一部分深入苏南、皖东、皖东北敌后外,其余还徘徊于我们和国民党统治区的边沿地带,背靠国民党的大后方,依赖国民党,而不是积极地深入敌后。而且江南的新四军已处于被顽军包围的态势,江北的新四军则来自各方,各有自己的发展计划,有的主张向西,有的主张向北,项英则又要求江北部队过江南。这个问题如不解决,新四军不要说是大发展,就是获得稳定的立足点也不可能。所以,中原局组织健全后,刘少奇首先便将这件大事摆上了议程。在会上他传达了中共中央在抗战以后的正确路线和中原局的行动方针，指出：新四军不是向北，不是向西，更不是向南，而是按照党中央、毛主席的战略意图向东发展。他指出，在华中存在着三种力量，三种地区，即日伪的力量、国民党顽固派的力量、共产党领导下的人民力量；敌占区、国民党统治区、我们占领区。我们坚持抗战就要消弱日伪力量，缩小敌占区，发展共产党领导下的人民力量，扩大我们的占领区。他说，豫皖苏及皖东地区都面敌背顽，如果我军向西发展，不仅会受到国民党第一、第五战区的很大限制，而且易于引起中间派的疑惧，政治上极为不利。苏北地区辽阔，全属敌后，顽固派韩德勤一贯暗中勾结敌伪，积极反共，破坏抗战，早为广大人民所不齿，其内部矛盾重重，互相倾轧，且又孤悬敌后，国民党要增援接济也十分困难，我军又创造了进取苏北的有利态势。因此，我军全力向东发展，既有理也有利。解决苏北问题后，我军即可背靠山东，凭江据海，依托水网，开展华中抗战，放手建立巩固的根据地，壮大人民革命力量。如果而后日军继续大举向西进攻或国民党敢于公开投敌，我军便由东而西，配合八路军，发展中原，坚持抗战，争取最后的胜利。因此，苏北是我们的发展方向，应该号召部队集中力量，冲破国民党顽固派的限制，向东，一直发展到黄海边，一分钟也不停止。由于刘少奇循循善诱，中原局委员经过充分讨论，一致确定发展苏北的盐城为东进的联络点，这个英明的决策为新四军胜利发展奠定了可靠的基础。

这次会议，还确定了派兵支援张爱萍部所在的战略地位十分重要的皖东北(后在执行时情况有所改变)，同时致电中共中央，建议从华北调八路军一个纵队，越陇海路南下东进，命令在皖北活动的新四军与南下的八路军同时东进。命令江南的新四军陈毅、粟裕所部渡江北上。会后，刘少奇将大家的意见整理成文，正式报告中共中央：目前整个华中可能大发展的地区有三处，一是鄂豫边区李先念部活动区，二是豫东彭雪枫部活动区，三是苏北地区。其中最有发展希望的是苏北，应大力发展。因此，计划四、五支队一部去皖东津浦路西侧活动，稳步发展，一部北渡淮河，配合豫东、皖北彭雪枫、张爱萍部向苏北大发展。

1940 年 1 月初，刘少奇在定远县三黄家召开了中原局第二次会议。刘少奇在会上指出：抗战以来，有些同志强调江南“情况特殊”，而没有坚决执行党中央的战略部署，丧失了发展的大好时机。他说，应该知道哪个地区都有它的特点，有不同于其他地区的特殊情况，但是各个地区也有一个“共性”，这个“共性”就是在日寇的武装占领之下，这是我党我军在抗日战争中行动和发展的基本依据。任何政党，只有在战场上,在抗日武装斗争中,表现出自己最大能力时,才能巩固与发展自己。只提“个性”而忽视“共性”强调情况特殊而不执行党中央的正确指示,是错误的。事实证明,是对形势发展极为有害的。

在这次会议上,刘少奇还报告了目前严重的形势,指出了共产党、新四军面临的危险及华中党过去工作中的缺点错误,提出了今后的工作任务。他批评了过去长江局所执行的“苦力政策”,指出不发动群众,不发展武装,不建立政权,做国民党的工具是极端错误的。

在讲到统一战线中的独立自主原则时,刘少奇批判了“一切经过统一战线”的错误口号,强调放手发动群众,壮大人民力量,独立自主的建立抗日民主根据地。他说:一切经过统一战线,国民党不同意怎么办?发展抗日人民武装,壮大人民的力量,他不可能同意。一切经过统一战线就是一切经过国民党,这样就把自己的手脚捆起来了,严重地影响了淮南地区抗日力量的发展。

第三次中原局会议于 1940 年 2 月下旬在定远县大桥镇召开,到会的主要是刘少奇、张云逸、徐海东、邓子恢、郭述申等。

自新四军挺进华中敌后以来,国民党反共顽固派便处处限制新四军的抗日活动,阴谋制造了一系列的反共事件,企图挑起反共高潮,达到消灭新四军的目的。他们在 1939 年 6 月制造了平江惨案,7 月制造了太和惨案,9 月制造了鄂东事件,11 月制造了竹沟惨案,12 月又制造了镇江惨案。1940 年春天,华中的顽军又在统一的部署下,大张旗鼓的准备反共进攻,皖东桂系部队磨刀霍霍,派第一三八师越过淮南路向新四军江北部队进逼,其先头部队配合地方顽军第十、十二游击纵队分头围攻位于大桥一带的第四支队和定远以南的新四军江北指挥部。同时还以两个团的兵力向无为的江北游击纵队进犯,形成东西夹击的态势,严重的威胁了江北抗日根据地的发展和建设。这次会议,刘少奇根据中共中央指示,针对这一严重情况,作了周密布置。

刘少奇首先提醒大家:国民党要闹磨擦,我们必须提高警惕。对于顽固派的进攻,只有敢于针锋相对的反磨擦,敢于争取反磨擦的胜利,我们才能求得生存与发展。反磨擦就能有大发展,反磨擦就是要把顽固派赶走。赶走了顽固派,我们才能有大发展。刘少奇还根据毛泽东电示,具体的规定了斗争策略:要以淮南路为界,铁路以西,承认是桂系地盘,不要在那里反磨擦,否则他们要说我们不执行统一战线。但在铁路以东,要坚决反磨擦。对于华中的桂军、川军、西北军、东北军等中间势力,应予和缓。但对韩德勤绝不是和缓，也不能和缓，必须采取坚决消灭方针。刘少奇指示，除命令江北部队充分做好反击准备之外，还应向桂系提出团结抗战的呼吁，做到分区抗日，我不向西，彼不向东，以此为条件进行谈判。

刘少奇在皖东主持召开的三次中原局会议，进一步传达了中共六届六中全会精神，积极贯彻中共中央的正确路线，解决了皖东军队和根据地建设上的一系列重大问题，为江北部队发展壮大和皖东抗日根据地的创建做出了决定性的贡献。

2月3日，刘少奇、张云逸、徐海东、邓子恢致电中共中央并项英，报告李先念部近况：

（1）最近国军大规模向信阳、平汉路及钟祥、应城公路敌人反攻，我先念部配合行动，已收复钟祥、仙桃镇及信阳东侧之游河镇、黄龙寺等处。

（2）我先念部已大部整理就绪，已于元旦集中两团以上兵力向路东两面派武装攻击，准备争取礼山县，南下大悟山，建立根据地。

（3）先念部近有扩大，已达9000人，给养完全解决，在安陆、云梦、孝感、应城等地已获得政权，建立根据地，计划在4月以前扩大至1.5万人枪。

（4）由于大的国军向信阳反攻（大部是孙连仲、刘汝明部）前派到竹沟附近游击之部队，不便在国军后方，决已退回信阳，因此案件成为悬案搁置。

1940年1月3日，刘少奇、张云逸等就豫南、鄂中、鄂东部队统一整编为新四军豫鄂挺进纵队及组织领导等问题致电朱理治、李先念：

（1）所有在鄂中、鄂东活动皆党所领导的部队，统归你们指挥节制，部队番号改称挺进游击纵队。

（2）由纵队首长组织纵队委员会，以理治、先念、质斌、少卿诸同志为委员。纵队中层干部任免，部队行动及一切重要军事、政治计划，均需经纵队委员会讨论后执行，这是纵队党的最高领导机关。

（3）中央早有决定，凡属党所领导的部队，团级以上干部之任免，须经中央书记处批准，营级以上干部任免，须经八路军总部或新四军军部之批准。望你们即将整理就绪之部队团级以上干部报告我们以便转报中央，营级以上干部亦请陆续报告。

（4）你处一、二、三团系由何种部队改编而成？四、五团原系何种部队？望告。

根据中原局指示，豫鄂挺进纵队当天在湖北京山县八字门正式宣告建军。纵队下辖5个团和3个总队。一团由四、五、六大队合编组成，罗厚福任团长，方正平任政委；二团由原独立支队一团和挺进团合编组成，周志坚任团长，黄春庭任政委；三团由原独立支队二团和信南三团合编组成，肖远久任团长，钟伟任政委；四团即原独立支队四团，李人林任团长，周志刚任政委；五团即原独立支队三团，蔡松荣任团长，杨焕民任政委；信应地方武装编为信应游击总队，张裕生任总队长，刘子厚兼政委；鄂东及应山地方武装一部编为鄂东游击总队，熊作芳任总队长，程坦任兼政委；应城独立总队番号不变，徐子威任副总队长，；竹沟教导大队、独立游击支队教导队合并为随营军事学校，李先念兼校长。同时豫鄂边区军政委员会成立，朱理治任书记。3 月，朱理治回延安，任质斌代理书记和挺进纵队政委。中共中央书记处听取了朱理治等有关上述情况的汇报后，致电刘少奇、李先念给予高度评价："武汉附近新四军挺进队的创造，是一个伟大的成绩。这次经验证明了一切敌后地区，不论在华中或华南，我党均可建立自己的武装部队，并且可以存在与发展。其先决条件，是地方党应有组织武装的坚决决心与工作布置，有不怕与顽固派磨擦的勇气与意志。"中共中央还对挺进纵队的活动方针，及时作出指示，挺进纵队是一个有重要意义的独立战略单位，一时还不能与八路军、新四军取得地域上的联系。因此，必须努力扩大自己，务求扩大到四万人枪。主要发展方向是鄂东，要加强根据地和游击队的工作，建立民主政权，分别建立农民、青年、妇女的救国会，尤其重要的是建立自卫军，还要发展党。军队工作必须发展与整军交替进行，要在武汉等敌后区建立秘密党的堡垒，要加强对周围国民党军队的统战工作。从此，这支新四军万人主力部队坚决贯彻党中央指示，在进行强有力的武装斗争的同时，根据地建设迅猛开展，为豫鄂边区武装在武汉外围敌后抗战的战略开展，为反击国民党顽固派的反共高潮打下了坚实的基础，使中原敌后抗战形势发生了历史性的转折。

### 5. 定远自卫反击战

1940 年春节后，桂系军阀李品仙主力一三八师在津浦路西向新四军进攻。接着，江苏省主席、国民党嫡系二十四集团军总司令韩德勤，也调集十个团兵力向津浦路东新四军进攻，一时皖东上空乌云翻滚。对此，刘少奇指出："现在局势逆转，国民党准备投降，我们要坚决揭露他们的反共阴谋，他们就一定要打我们。因此，我们不但要打日本鬼子，还要准备反磨擦。现在磨擦是非反不可，否则，我们就要犯极大的错误。如果不在反磨擦斗争中取得胜利，敌后就没有我们的地位，就没有我们的抗日根据地，抗日民族统一战线就会遭到破产。"

同年 1 月以后，国民党皖东专员李本一在立煌县参加了李品仙召开的反共会议。回来后，马上召集县长会议，要攻打新四军。他写信给张云逸，胡说新四军江北部队要奉命开调江南，还指责新四军向民间勒派粮款，不尊重地方行政系统，组织扩大游击队，阻碍征兵，等等。对这些无耻诬蔑，张云逸在2月23日复信给李本一予以驳斥，并坚决拒绝了要新四军南调的无理要求。张云逸明确指出，我军上级并无南调之命令，而且当此抗战相持阶段，敌后抗战实为胜负关键，皖东地处要冲，我军奉命坚持皖东游击将近两年，与敌大小数百战，伤亡巨大，用战士头颅热血保障了皖东国土，攻克了来安、盱眙两县城，从日寇手中夺回了周家岗、古河等要地，发动民众，给敌人以有利大打击。而且当前敌人时刻准备进犯，正需全力坚持游击，以保皖东国土，断不能南调。我军第四、五支队均是大别山及豫南两淮健儿，现在大别山及豫南均有敌人，应该保卫自己家乡及根据地，如果不让我军在皖东立足，当然为我军将士所不允。张云逸在复信中，义正词严的揭露了皖东国民党顽固派的许多反共行径，要他命令制止。但是桂系顽固派李品仙、李本一竟置之不理，接二连三的在皖东挑起了一系列反共磨擦和大规模的对我军发动军事进攻，妄图切断新四军与八路军的联系，把新四军江北部队完全消灭，使江南新四军处于孤立境地。

2月底，国民党滁县县长樊公纯带领常备队数次向新四军第四支队第七团进犯，抢走枪支十余条，捉去战士十余人。事件发生后，张云逸派戴季英前去交涉，要求樊公纯退还被捉去的战士和抢走的枪支，几次谈判，都无结果。

李本一部还公然捕杀新四军数十人，地方优秀青年数百人。仅以合肥梁园一地就有青年数十人被捕，有的被杀害。他们还丧尽天良地绑住女青年裸体游街示众，罪名是这些青年参加了共产党和接近新四军。他们抄没新四军的财物，捕杀新四军官兵家属。桂系顽固派的军事挑衅一再升级。

3月6日，新四军江北指挥部召开了附近各团连以上主要干部参加的动员反顽斗争会议。刘少奇在会上作了反顽斗争动员讲话。他高声讲道：军队嘛，就要打仗，人家来打你，你也要打人家。有些人不是这样想，等人家打上门来，就把部队拉出去打游击，这是被动挨打的观点。能够搞几个根据地，不比打游击好吗？一旦国民党投降，磨擦仗打起来，我们没有根据地，力量又比他们小，不能克服投降派，也谈不上抗日了，那还有什么游击可打呢？刘少奇针对部队的思想情况，把抗日民族统一战线中团结与斗争的道理，讲得清清楚楚。大家听了刘少奇的动员报告，真是顿开茅塞，心明眼亮了。

3月7日，李本一纠合了桂系顽军，分三路包围进攻江北指挥部所在地定远县大桥镇。他指挥本部第十游击纵队千余人,以“护送点验官”为掩护,由南至北经广兴集进犯大桥镇南面的界牌集,由皖北行署主任兼第十二游击纵队司令颜仁毅率部千余人从西面来,由定远县县长吴子常率领五六百人从北面来,妄图三面合击,将驻大桥镇的新四军江北指挥部、第四支队司令部及后方机关一举消灭。他们行动诡秘,沿途封锁消息,当新四军发现时,从西向东进攻的颜部尖兵已迫近池河西岸,与新四军江北指挥部仅一水之隔了。

当时,新四军第四支队各团分驻于各地,有的还比较远,十四团驻定远以北的红心铺,七团、特务团分别驻在大桥镇东南面的周家岗、大马厂,九团驻王子集,八团和第五支队驻在津浦路东,驻在大桥镇指挥部的只有一个特务营,四支队处境困难。与此同时,在大别山的桂系五路军已向皖东开进,李品仙命令一三八、一七二师越淮南路向第四支队进逼,在苏北的顽军韩德勤也正忙于调动兵力准备向津浦路东的第五支队进攻。这一切,都极其严重的威胁着新四军在皖东的生存和发展。

刘少奇、张云逸胸有成竹,胜利在握,迅速调兵遣将作好了军事部署:首先集中第四、五支队主力于津浦路西,反击威胁最大而战斗力较弱的地方顽军,以巩固路西根据地;然后挥戈东向,击破韩德勤顽军的进攻。在大桥镇方面,命令特务营迅速抢占池河东岸有利地形,修筑坚固工事准备坚守待援;同时派干部连夜动员群众过河,欢迎开来的国民党部队同新四军一起团结抗日,枪口一致对外,避免磨擦,顽军发动进攻时,坚决予以反击。

刘少奇、张云逸立即给谭希林发出“万万火急”电报,命令十四团迅速增援大桥镇。十四团团长谭希林、政委李世焱策马赶到江北指挥部,只见刘少奇、张云逸、郑位三、赖传珠等围坐在火盆边,举止安详,谈吐自如。刘少奇、张云逸对谭希林、李世焱说:现在敌人向我们进攻了,这次磨擦是顽固派挑起来的,非打不可。如何打,要研究一下。仗一定要打好,要坚决打退敌人的进攻,消灭敌人的有生力量。你们打了胜仗,我们就有理可讲了。刘少奇还说:如何打呢?可以采取调动敌人的办法,你们不曾经要求打定远县城吗?现在决定你们团强攻定远县城。你们一打定远县城,颜仁毅必然回师北返,救援定远县城。这样,我们就可以在运动中歼灭他,将顽固派的进攻彻底粉碎。

刘少奇等在部署这次战斗的干部会议上说,现在顽固派向我们进攻了,这次磨擦仗非打不可,要打就一定要打得好,要打退顽固派的进攻,才能使顽固派不敢压迫我们,实现团结抗战。他们的沉着镇定感染着全军指战员,大家都充满信心地投入战斗。

北路攻打县城，调动颜顽，在运动中歼颜仁毅部；南路则给予桂顽杀伤，将其击退，粉碎桂顽与颜顽会师大桥镇的企图。同时又布置地方干部连夜动员群众，过池河要求五路军抗日，重申大义，要求他们以国家民族利益为重，目的是牵制顽军，争取时间。

次日天刚亮，池河西岸已经锣鼓喧天，彩旗簇拥，成千上万的抗日群众，拥道高呼要求五路军抗日的口号。这样一来，弄得顽军愕然相顾，一时不知所措。有人说，刘少奇这一招真高，赛过了诸葛亮的空城计，使我军争取了时间，集结了主力。

当天，新四军主力七团击溃了南路桂顽一三八师的进攻，把他们赶回古河；由罗炳辉所率东路五支队主力及陶勇所率苏皖支队，打开了滁县施家集，打掉了国民党滁县常备队；北路主力十四团攻占了定远县城，赶跑了顽固县长吴子常。这时颜仁毅得到求援报告后，从其张桥据点倾巢北上，增援定远。在方塘铺与新四军接触。新四军遵照刘少奇指示，从抗战大局出发，对地方实力派仍作了最后的争取，劝告颜仁毅说，吴子常在县长任期中，为非作歹，破坏抗日，我军接受人民一致请求，正在改组县政府，希望你们要迅速返回原防，准备抗日，不要寻衅，滋生事端。颜顽哪里肯听忠告，动手就打。十四团与九团坚决反击，一举予以歼灭，先俘顽军纵队副司令以下数百人，颜仁毅仅带了几个马弁，狼狈逃往寿县。至此，在刘少奇正确领导下，津浦路西反顽斗争，历时九天，取得了完全胜利。

几天之后，五支队又打开了滁县城和凤阳，地区扩大了，随后成立了定远县、凤阳县、滁县三县办事处。五支队通过抗日民主政府，开展了税收工作，又招兵，又买马，成立了地方抗日自卫队。有了共产党领导的抗日政府，五支队从此才有了自己的“家”——抗日根据地。在刘少奇正确领导下，后来又进一步实行减租减息，改善了抗日根据地的人民生活，调动了人民群众踊跃参加抗日的积极性。四、五支队主力不断壮大，皖东抗日根据地得到了迅速的巩固和发展。

### 6. 魏文伯当县长

1940 年 3 月 17 日，淮南地区第一个抗日民主政权——定远县抗日民主政府成立，魏文伯任县长。两天前，魏文伯正在永宁集附近一位老乡家休息，刘少奇派秘书刘彬通知他“要你去做官——当县长。”魏文伯见到刘少奇、郑位三后，刘少奇问郑位三“他行吗？”郑位三说“行。”于是，刘少奇伸出三根指头对魏文伯说，你当县长后，要办三件事。第一，向群众宣传建立人民政权的重要性，告诉群众，有了民主政府，我们的军队才有依靠，才有物质基础。第二，要迅速建立各种群众组织，如农会、妇联、青年、民兵武装等，一切为支前。第三，建立一套税收制度，取消旧的苛捐杂税，征粮征款，保障军队供给。魏文伯说："我一定努力完成任务，但是经验不足，一要请首长经常指导，二要求首长配齐干部，三要经费。"刘少奇笑着说，你的要求嘛，早就准备好了。郑位三、谭希林、孙仲德三同志将给你提供100多名连排干部，足够你建立县、区、乡三级政府的需要。郑位三向魏文伯主要谈了红军建立根据地的经验及如何帮助人民认识抗日民主政权的问题。接着张云逸以江北指挥部名义委派魏文伯任定远县县长。之后，魏文伯就带着两个警卫员到了定远县城。

"指挥部派县长来了。"这个消息引起了前线的欢腾，谭希林立即策马前去迎接华中第一位抗日民主县长的来临。一路上，谭希林反复地吟诵决定打定远时刘少奇对他讲的一段话。

谭希林问"把吴子常打跑了，国民党会有好县长派来吗？""自己派嘛！"刘少奇说：省长我们也能派出来。我们有一个县，派县长；有几个县，就派专员。

"人家承认吗？"有的人问。

"要谁承认？党承认你，人民承认你！"刘少奇斩钉截铁地说：在这革命高潮的时刻里，我们一定要大刀阔斧的工作，发动群众，扩大武装，建立我们的政权。如果不把政权掌握到手，建立根据地是不可能的。

谭希林、彭康为魏文伯解决了一些经费和给养，还给他做了一套兰士林布制服。彭康指示魏文伯：一、发动群众，召开大会，敲锣打鼓欢迎我们的县长上任，会后举行宴会，邀请各界代表和士绅参加。二、县长上任后，县政府的一切开办费用暂由十四团团部供给。三、抗日民主政府成立之后，要揭露国民党顽固派制造磨擦的阴谋，宣传我党我军的抗日主张和方针、政策，宣布各级抗日政权的组成是"三三制"。

县政府成立那天，召开了由中心区部分群众代表和城内开明绅士参加的大会，宣布定远县抗日民主政府正式成立，同时揭露了国民党顽固派制造磨擦的阴谋及压迫群众、勾结日伪的种种事实，宣布共产党的抗日方针和政策，即新的县政府是抗日民主政府，是为人民服务的政府，希望大家多献计献策，共同参政，把政府建设好，并发展和巩固它。定远县抗日民主政府成立后，紧接着召开了全县群众和士绅代表会议，讨论了彭康的三点指示，历时三天，圆满结束。

继定远县抗日民主政府成立后，中原局和江北指挥部领导皖东军政委员会及路西、路东省委抓紧在安徽省滁县、凤阳、来安、嘉山、天长、盱眙、以及江苏省的仪征、六合、交邮(运河西部)、宝应(运河西部)等县建立了抗日民主政府。并于4月中旬,建立了津浦路东各县抗敌联防委员会办事处和路东联防司令部。魏文伯兼任定凤滁办事处主任。同时,中原局决定,将从大别山撤出千余名干部派往各县,加强县、区、乡的党和政权建设。

### 7. 半塔集保卫战

1940年3月,在取得周家岗、大桥镇反顽斗争胜利后,刘少奇、张云逸按照中共中央对顽固派有理、有利、有节的斗争原则,再次呼吁和平,团结抗战。然而,桂系李品仙部和苏北韩德勤部两顽企图从东西两面夹击,消灭皖东新四军。这一形势严重的威胁着新四军的生存和发展。中原局和江北指挥部决定集中主力于津浦路西,先反击威胁最大的桂顽,以巩固路西根据地,然后再挥戈向东击破韩顽的进攻。根据中原局指示,罗炳辉和陶勇分别率领五支队和苏皖支队赶赴路西参战。邓子恢和郭述申、周骏鸣、赵启民、方毅、张劲夫留在路东,同留守部队一起坚持原地斗争。在五支队主力离开路东不久,韩顽即趁虚而入,于3月21日发起了以来安半塔集为重点的全面进攻,妄图一举歼灭路东部队,占领路东根据地。

半塔集位于天长、仪征、六合、来安、嘉山、盱眙诸县之间,西逼津浦铁路,南扼长江,北据淮河,山重水复,易守难攻,是皖东抗日根据地的中心。它是东西短、南北长的小镇,镇内驻五支队教导大队,镇西南是五支队的领导机关所在地苏郢,西北的光山是半塔集的制高点,东及东北是一片乱坟岗和小树林。

韩德勤部在路东地区的兵力部署是:独立旅三个团驻半塔集东及东南方向约40华里的汊涧、东王庙、马集一线;盱眙县长兼常备旅旅长秦庆霖部两个团,驻半塔集北及东北方向约90华里的盱眙城、河稍桥、马坝一线;一一七师两个团驻半塔集东北约40余华里张公铺一带。另有六合县常备团、国民党特务武装忠义救国军和嘉山、来安、天长、仪征等县的常备大队。韩顽在路东地区的总兵力万余人,武器装备精良。

留守在路东的五支队后方机关、部队及地方游击队仅有2000余人,其部署是:邓子恢、郭述申和周俊鸣率五支队司令部、政治部和部分留守直属分队驻苏郢和冯郢,教导大队驻半塔集,十团团部及两个营活动于仇集、涧西一带,十五团两个连活动于竹镇、雷官集一带,特务营一、四连及机枪连一部活动于四十里桥、西高庙一带，三连（刚改编的地方游击队）驻半塔集南边的高山集。

3月21日，中共中央书记处发出《关于动员全体军民，巩固皖东根据地的指示》："你们的决心及布置均是正确的，望坚决执行。在这种坚决方针下，发动新四军全部官兵的积极性，发动凤阳、定远、合肥、无为、含山、全椒、和县、滁县、嘉山、来安、盱眙、天长、江都、大合、江浦等15县数百万民众的积极性，肃清反共势力，建立民主政权，争取中间势力，争取一切进步的及中间的国民党，并极力讲究作战方法，就能各个击破反共势力的进攻，并在这种艰苦斗争中巩固这个战略上极端重要的抗日根据地。"这一指示，为巩固皖东根据地斗争指明了方向，极大地鼓舞了皖东军民胜利开展半塔集保卫战。半塔集保卫战分为两个阶段，3月21日为防御阶段；从3月29日开始，为全线反击阶段。

21日凌晨，东方刚刚发白，人们还没有离开甜蜜的梦乡，韩德勤部一一七师从半塔集东北方向偷偷地向教导大队接近。哨兵发现敌情后，立即报告正在查哨的教导员唐克。唐克立即派通信员报告了大队长黄一平。黄、唐二人各率一军事队迅速进入阵地，另一军事队和学生队也随后进入阵地。顽军抱着侥幸心理，妄想一举偷袭成功。他们哪知新四军将士早已做好迎战准备，在顽军进到离阵地百把米远时，反击的子弹和手榴弹像雨点般落入顽群。顽军死的死，伤的伤，在慌乱中缩了回去。但被打退了的顽军并不死心，紧接着又发起进攻。这次进攻除死伤外，同样一无所得。两次进攻告吹，顽军指挥官既焦急又恼火。中午，又集中两个连的兵力，在密集的炮火掩护下，先抢占半塔集西北制高点光山，接着将半塔集紧紧包围起来，并以重机枪火力封锁半塔集和苏郢间的通路，企图全歼半塔集守军，攻占半塔集全部阵地。在这十分危急之时，周骏鸣当机立断，决定首选夺回制高点，以解半塔集之围。他亲自率领特务营二连从光山后面隐蔽接近顽军，并命令坚守半塔集的教导大队从正面配合。在两面夹攻之下，占领光山之顽军慌忙逃跑，没来得及逃跑的纷纷跪下，叩头哀求"新四爷饶命！"顽军的狼狈相，使人好气又好笑。21日，击退顽军三次进攻，牢牢地控制了半塔集周围所有制高点，保住了半塔集和苏郢的通路。

当日，十五团两个连，在韩顽独六旅十八团重兵进攻之下，退出竹镇，在石涧子构筑工事，抗击顽军。次日拂晓，发起反击，俘顽军数名，并缴获敌十八团团长石左明的皮包一个，内有图章、信件及偷袭新四军的电话记录。下午2点，顽军投入十八团全团兵力，并以十六团作预备队，向石涧子发起进攻，因众寡悬殊，十五团完成任务之后撤出阵地。占领四十里桥之顽军两个营和盱眙之顽军四个营，分两路向西高庙进攻。企图攻占西高庙之后直取半塔。为了牵制顽军兵力,特务营顽强抵抗,英勇战斗,守住了西高庙阵地。

抗击韩顽的战况,当日即电报中原局和江北指挥部。根据战场情况变化,五支队命令教导大队坚守半塔集的同时,调整了作战部署,主要是命令半塔集外围部队向半塔集靠拢, 将撤出石涧子的十五团两个连和当地两支游击队调至竹镇和苏郢之间,相机袭击进攻半塔集之顽军,以保证半塔集和支队部右翼的安全;命令在涧西、仇集一带活动的十团(两个营)星夜赶至古城待命。

22 日,中原局和江北指挥部电示"动员和组织一切力量,坚守半塔,待路西主力挥戈东援,歼灭韩顽。"五支队领导接电后,立即开会决定:一、由赵启民迅速向守半塔集的部队传达上级指示,要求部队固守七天,以待援军;二、命令已到古城的十团(两个营)赶至西高庙,接出特务营,向半塔集靠拢。

当晚,赵启民进入半塔集,向教导大队传达了上级指示和支队部调整部署的决定,研究了如何坚守半塔集的问题。采取措施是:一、发扬吃苦耐劳连续作战的精神,并动员自卫队(民兵组织)参战;二、节省弹药,由特等射手(包括自卫队中的猎手)组成射击小组,有效的杀伤顽军;三、严禁部队随意打枪,配齐大刀、长矛和手榴弹,准备近站;四、夜间派出若干小组袭扰顽军;五、加固工事;六、把女生队、少先队接到支队政治部,担任救护任务;七、开展政治攻势,号召顽军枪口对外。

21 日,赶到古城的十团,根据支队部的命令,配合古城游击队击退了顽军嘉山县周少藩的常备大队和秦庆霖常备旅一部对古城的进攻,歼顽军一个排,并于 23 日清晨赶到西高庙。配合特务营击退西高庙顽军后,随即撤出阵地赶到半塔集,作为支队的机动部队。他们驻半塔集东北,特务营驻半塔集西南的高瓦房,与半塔集南面的十五团两个连相呼应,对进攻半塔集之顽军形成了南北钳击的态势。

战斗进入第三天,占领竹镇之独六旅十八团又向半塔集东南 19 华里之乔王村进攻。乔王村驻民运组及当地游击队仅 40 多人。战前,顽乡长及其家属突然借故离开乔王村,民运组长兼游击队指导员刘洁(女)派专人到支队部汇报了这个情况。郭述申当即抽调 100 发子弹送去,嘱咐其提高警惕,准备战斗。刘洁根据郭述申指示精神进行了动员,并组成战斗小组分守 4 个炮楼,因子弹少,又准备了许多石头,决心与阵地共存亡。白天他们击退了顽军多次进攻。夜间,顽军把浇上汽油的公鸡,点上火扔上炮楼,一个用草盖顶的炮楼起火了,他们不顾烟熏火烤,一面组织救火,一面抗击顽军。拂晓前,顽军见久攻不下,又闻对方援军将到,慌忙撤退。乔王村一天一夜的战斗,牵制了顽军一个团的兵力。

十团离开简溪,仇集一带驰援半塔集之后,23 日,顽军以一个营的兵力包围了白米岗十团卫生队。当时卫生队仅有医务人员、勤杂人员 10 余人,加上伤病员 50 余人。他们在卫生队长赵峰带领下,用两支长枪、一支短枪、一门土炮机智勇敢的同顽军战斗了三天三夜,后在十团一个连和嘉山游击队的配合下将顽军击退。

经过 3 日激战,顽军屡遭失败,锐气大减。新四军五支队调整部署后,对顽军南北钳击之势也已形成。从 24 日起,半塔集地区作战的主动权操于新四军之手。为了等待援军歼灭大量顽军,仍固守阵地,不主动出击。各阵地的射击小组,只要看到顽军探出头来,即送他们上"西天",打得顽军白天不敢出来活动。夜晚,派出若干战斗小组,袭扰顽军驻地,搞得顽军不得安宁。

在战斗间隙里,新四军积极开展政治攻势,不断向顽军喊话"我们是抗日的新四军!""中国人不打中国人!你们是中国人,为什么打我们?""弟兄们,调转枪口,留着子弹去打日本鬼子吧!"在军事打击和政治攻势下,顽军士气更加低落。

江南指挥部指挥陈毅获悉韩顽围攻半塔集后,立即电令叶飞率挺进纵队前来增援。挺进纵队于 3 月 23 日从苏中吴桥地区出发,西渡运河,横跨天扬公路,日夜兼程,急援半塔集。他们过天扬公路时歼灭一日军小队和几十名伪军。24 日,又歼灭顽军忠义救国军行动总队大部。27 日,在马集(竹镇东十多华里)附近与韩顽独立六旅十三团、十六团遭遇,激战三个多小时,歼其一个营。挺进纵队行动迅速,作战勇猛,连打三个胜仗,对顽军震动很大。

将近一周的战斗,韩顽在半塔集和其他地区均无进展。新四军不仅守住了半塔集,而且给以重大杀伤。韩顽为转变其不利局面,又从三河北岸调来常备十旅,妄图再次发动进攻。但此时叶飞率领的挺进纵队已到达六合县境内马集一线,直接威胁着进攻半塔集顽军的侧后;路西回援的部队,在张云逸、罗炳辉率领下,也于 27 日到达张山集(半塔集西南 40 华里)。韩顽见新四军援军云集,以对其形成夹击之势,乃仓皇撤退。

3 月 29 日,毛泽东、王稼祥电示刘少奇、项英等:在华中武装磨擦中,应以淮河、淮南铁路为界,在此线以西避免武装斗争,在此线以东地区,则应坚决控制在我手中,先肃清地方顽固派。对韩德勤部在有理、有利、条件下,即当其进到我军驻地时,坚决消灭之。

遵照中共中央指示,在中原局和江北指挥部的统一指挥下,各部于即日开始,全线反攻。

在中路，罗炳辉率五支队主力、陶勇率苏皖支队，直插半塔集东北王店集、莲塘、张公铺一线，追击从半塔集溃退之顽军。他们在莲塘、岗村一线，与前来掩护半塔集顽军撤退的常备十旅激战，将其击溃后，一直追到三河南岸观音寺以西。

西北路，十团追歼顽军秦庆霖部至涧溪，与其主力洪营激战，全歼该营营长洪端以下 300 余人，攻取涧溪，并乘胜占领秦顽巢穴盱眙城。从路西东返的十团第二营四十里桥击溃周少藩、秦庆霖两部，秦部向东溃逃。

东北路，四支队七团越过铁路后，直插盱眙县马坝。在马坝以北截着顽军，俘顽军 50 余名；接着，攻占永丰镇，俘顽军需处长以下 10 余人，并向铜城方向追击顽军至金沟镇。

东南路，叶飞率领挺进纵队从六合县马家集发起追击，十五团二营的两个连与游击队在竹镇消灭六合县常备团一部，占领竹镇。接着，同返之一、三营会合，攻打浮山，顽军狼狈溃逃，全团向铜城方向追击至三河岸边。

以保卫半塔集为中心的路东反顽作战历时 20 天，共歼灭顽军有生力量 3000 余人，缴获大量武器弹药和军事装备。韩顽主力逃往三河以北，路东土顽全部歼灭，顽政权一扫而光，反顽作战胜利结束。

半塔集保卫战胜利后，4 月 1 日，刘少奇、张云逸、赖传珠等率中原局、江北指挥部由津浦路西启程经滁县曲亭、盈福寺，4 日从嘉山县张八岭附近过津浦路东到达来安县复兴集。5 日，到达半塔集与第五支队司令部会合。

4 月 10 日，刘少奇向党中央报告了粉碎韩德勤部进攻新四军的情况：(1)韩德勤部在我全体官兵英勇反击之下，已全部退过淮河北岸，我已扼守淮河各个要点，本地顽固武装已大部退走，淮南运河以西、津浦路东之顽固武装已不多，再加肃清，即冲开了建立民主根据地之大道。

(2)此次韩部来攻我者，有韩之主力独立第六旅两个团，一一七师两个团，常备第十旅两个团，泗阳常备团及常备十三团与六合、盱眙常备队等。顽军伤亡千余人，我缴获枪约千支；我亦伤亡数百人，五支队参谋长谭文(赵启民)、第十团团长成均负轻伤。

(3)从磨擦以来，我已增加枪支约 4000 支，机关枪约 60 挺，损坏及损失步枪数百支、机枪十余挺，现在又有枪无人背。

(4)韩部溃退如此之快，主要是政治原因，他想伐无名，不能提出讨伐新四军与共产党的口号，干部士兵均不愿打，屡次叫部队冲锋亦无人来冲。围攻半塔各敌，在受到坚强抵抗后，愈攻愈使他丧失战斗意志。

（5）一月来打磨擦仗的经验证明，在今天进行内战是大家反对的，是极不容易的，在开始时，要在军事上进行坚强的防御战，然后才能在政治上打击顽固军，丧失顽军战斗意志与提高我军战斗意志。

（6）现在正加紧建立根据地，并准备令六团、七团、四团主力回师路东。

毛泽东收悉刘少奇电报后，对这次自卫反击战作了充分的肯定，于5月4日致电刘少奇等："四、五支队反对韩德勤、李宗仁向皖东进攻的自卫战争……是绝对必要和绝对正确的，而且是使顾祝同不敢轻易的在皖南、苏南向你们进攻的必要步骤。"陈毅说："半塔集保卫战是固守待援的范例，在华中先有半塔，后有郭村，有了半塔才有黄桥。"

4月16日，刘少奇在半塔集向江北指挥部和地方党政干部作了抗日民主政权建设问题的报告。19日，项英屈从国民党当局的无理要求，主张将江北新四军部队南调。此意见被中共中央否定后，仍要将叶飞领导的挺进纵队、陶勇领导的苏皖支队南调。刘少奇从发展的战略全局出发，于19日、24日两次致电中共中央并项英，坚决不同意新四军江北部队南调。

# 第四章　抵皖东北

### 1. “必须独立去发展自己的力量”

1940年2月7日，中原局向彭雪枫、张爱萍、江华、金明发出《关于建立苏北、皖东北根据地的指示》:(1)八路军、新四军及党的组织在苏北及皖东北目前的总任务，是争取该地区成立党组织下的抗日反奸的根据地。

实现这个任务的中心一环，是猛烈发展八路军、新四军及党所领导的一切武装部队。而争取政权组织与发动群众，建立和发展地方党，肃清汉奸，打破投降派与顽固派对我们的阻碍，都是实现这个任务的必要条件。而这个任务的实现，即在全国加强了抗战的力量，加强了争取时局好转和克服投降危险的必要条件。

(2)八路军、新四军及党的组织，必须独立去发展自己的力量，独立自主的去组织游击队，自卫军和民众，不必等待任何人的允许，不必与任何人商定所谓共同纲领，应完全依照我党历来的主张，独立的去进行。对于盛子瑾(安徽省六行政专署专员)、李明扬(国民党鲁皖苏区游击总指挥)及其他一切进步分子加强统战工作，目的是求得他们暂时不反对我们去进行工作和我们力量的发展，并尽可能求得他们对我们的某些帮助。我们决不能去依靠他们，绝不能放松自己的工作和发展去和他们妥协，绝不能拘束自己在他们允许的范围内，绝不要帮助盛子瑾扩大武力。对于任何阻碍我们发展的东西，有理有利的条件下须坚决克服之。

(3)一切党员及八路军、新四军部队，都必须团结一致，在统一的领导和指挥下，为实现上述任务而共同奋斗，不应该分出彼此，都是党的领导与党的部队，都应该发展，必须肃清一切分出彼此及不团结现象。为了统一部队和党的领导，即须召集八路军、新四军及地方党高级干部会议，除讨论一般工作外，须决定苏皖军政委员会人选，组织八路军、新四军统一的指挥机关(八路军部队的番号暂时不要变更)。

(4)在今年6月底，要在苏皖边建立与发展党所领导的武装至3万人枪，组织不脱离生产的自卫军30万人，普建农抗、公抗、青抗、妇抗，并须注意部队困难及筹措给养与自卫军的训练。为此，必须建立我们相当安定的后方，以便有计划的进行工作及训练干部（党的、部队的、民众的、自卫军的干部）。

（5）上述各项，望你们讨论电复。

同年初，国民党安徽省政府对安徽第六行政区专员、保安司令盛子瑾与共产党合作抗日如鲠在喉，下令免去盛子瑾职务，并派第十四游击纵队司令马馨亭率部进驻泗县大柏圩，准备取而代之。2月，中共苏皖区党委决定“援盛打马”，集中主力一举攻下大柏圩，马馨亭率残部仓皇逃回津浦路西。随之，安徽省政府正式撤销盛子瑾职务，并明令通缉，盛子瑾被迫出走。盛子瑾走后，共产党即在皖东北建立抗日民族政权。3月24日，在泗县青阳镇召开了皖东北第一届各界人士代表大会，成立皖东北专署，推选陈粹吾（后为刘玉柱）为专员。3月28日，为巩固皖东北蓬勃发展的抗战局势，刘少奇致信张爱萍、江华、刘瑞龙等提出建立皖东北根据地的方针和政策。

目前，苏皖地区（习惯称皖东北）党与八路军、新四军总的任务是：争取在整个苏皖地区（淮河、宝应、盐城以北，陇海路以南之苏皖地区）成为我党与进步势力管理之下的巩固的抗日反汉奸的根据地，建立统一的抗日民主政权及统一的抗日军队，统一的民众团体，坚持抗战。为了达到这个任务，必须迅速发展我党领导之下的武装部队，迅速扩大八路军、新四军，在半年内须达到3万人枪以上，并须注意部队的巩固与整训。必须坚决的建立政权，派遣最好的干部（如省委、县委的委员等）去作县长、区长。必须建立广大的自卫军，必须建立有真正广大群众参加的农民救国会，工人、青年、妇女等救国会，必须发展党，建立强大的有领导能力的各级党部。必须实行各种进步的抗日政策，以便能发动广大群众革命积极性，解决部队的给养及斗争中的各种任务。

刘少奇在信中指示，为了要使我们能够顺利的去进行上列工作，首先必须打破苏皖地区一切汉奸、投降派、顽固派、反共派对我们的阻碍，不坚决击破他们的阻碍，我们上述的任何任务就不能完成。因此，望你们坚决的大胆的扫荡苏皖边区一切汉奸、投降派、顽固派、反共派的势力。对于顽固派的武装，首先是各级政府的常备队等，必须给予坚决的消灭；对于各级顽固派政府的人员，如专员、县长、区长等，必须给予坚决的驱逐（但绝对禁止逮捕伤害国民党的行政官及党部负责人员，绝对禁止采取报复手段，只有汉奸、叛徒、托派除外）；并在这些斗争中扩大自己的武装，建立起新的廉洁的(每月薪水在20元以下)民主的抗日政权。

关于对盛子瑾及其他方面的统一战线工作,刘少奇明确指示,特别值得你们注意的是,不要在统一战线中忽视自己独立力量的发展,不要丧失自己政治上、组织上、工作上的独立性。就是说,你们完全要根据自己的计划、自己的方针去打击顽固派,扩大与组织我们的武装,建立民主的政权,进行群众运动,而不要等待任何人的允许,顾及任何人的反对和不满意等等。凡是反对我们这样做的,都不是进步分子,都没有和我们合作的可能,而且我们必须反对他。在敌人后方,只有不反对我们这样做的人,并且赞成以及和我们一道这样做的人,我们才与其合作,否则,就没有合作的可能。

刘少奇在信中提出了在扫荡顽固势力的斗争中应注意的问题,正确评价了皖东北党组织过去的工作,最后,对皖东北组织上的机关具体问题,提出如下意见:

(1)目前在你们那里急需建立党的军事的行政的群众的统一领导机关。党的领导机关已有区党委,再建立军政委员会,以刘瑞龙、江华、张爱萍、金明、田文扬为委员(谭希林如到,亦参加),以刘瑞龙为书记,成立苏皖军区,建立军区司令部,政治部,由你们讨论后在电报中解决。至于统一的政府和统一的群众团体,目前应该积极地准备。

(2)关于八路军、新四军部队的番号,现在没有必要变更。以后成立地方部队,使用八路军或新四军的番号均可。各地方部队编入正规军,由军区司令部及军政委员会统一筹划解决。总之,八路军、新四军都是党的武装,都需要扩大,不应该分彼此,不应该为这些问题来争论,应该好好的团结。

(3)凡是进入苏皖地区活动的所有党的一切武装,均须受军区司令部的指挥。给养上、经济上,建立严格的统筹统支的制度,建立统一的经济委员会与供给部,所有各部队一切的收入,均须向经济委员会报账,各部队的开支,制定预算,交经济委员会批准,向供给部支领,不得乱来。此外,请注意向我们,向彭雪枫,向山东建立交通联络。注意办一个干部学校,出版报纸,建立一个小兵工厂。其余的问题,由金明同志面达。

1940年3月29日,中共中央军委发出关于目前华中军事策略的指示,指出华中之皖东、淮北、苏北成为顽方必争之地,目的在隔断八路军、新四军的联络,陷新四军于危境。我们完全同意朱德、彭德怀之决心,将三四四旅调陇海路南增援华中。三四四旅应速开动,其电台即与刘少奇联络。顽方在华北磨擦受到严重失败后,加之我又增兵陇海路南，磨擦中心将移至华中。同时指出，新四军在华中武装磨擦斗争中应当注意，以淮河淮南铁路为界，在此线以西避免武装斗争，在此线以东地区，则应坚决控制在我手中，先肃清地方顽固派，对桂军力求缓和，对韩德勤部在有理有利条件下，即当其进到新四军驻地时，坚决消灭之。将来八路军到达华中后，则应坚决争取全部苏北在共产党手中，陈毅都应当立即向苏北发展。这一指示，坚定了中原局和刘少奇巩固皖东、发展苏北的信心和决心。

### 2. 初到盱眙

为了贯彻中共中央关于在敌后放手扩大人民武装，放手发动群众和独立自主的建立抗日民主根据地的总方针，1940 年初夏，八路军山东纵队陇海南进支队，在司令员钟辉率领下，由邳县出发，穿过陇海铁路，长途跋涉来到皖东北，与张爱萍部汇合，扫除了泗县、宿迁、泗阳边区和洪泽湖西岸的敌伪，解放了广大村镇，很快创建了皖东抗日新区。

这时，反共专家韩德勤调动了八十九军的二十三师和保安第三纵队，西渡运河，向洪泽湖西岸进犯，制造分裂，破坏抗战，妄图扼杀刚刚创建的皖东北抗日根据地。面对顽军的武装挑衅，是针锋相对，还是畏缩退却？在此关键时刻，刘少奇及时来到皖东北，具体指导反顽斗争。

1940 年 4 月 21 日，刘少奇携秘书刘彬等离开半塔集。第二天，刘少奇派人通知《抗敌报》社总编辑王澜西到路东南沙湾。王澜西到后，刘少奇立即要他汇报报社的战备情况，并指示报社如何迎接反“扫荡”，如何在反“扫荡”中出临时报纸，怎样宣传等。他正在和王澜西谈话时，警卫员突然进屋说：对面二三里地的村子起了火，老百姓说是鬼子到了那个村庄，要我们赶快离开南沙湾到南边的村子躲避一下。刘少奇却非常镇静，没有中断和王澜西的谈话，直到要谈的问题告一段落，警卫员又进屋来催促，刘少奇等才骑马加鞭往南走去。约走了四五里，到一条大河前，河水不知深浅，河面约有半里多宽，这时鬼子已到了南沙湾，在村里放了火，又有机枪声，正在警卫员着急渡河伐船的时候，刘少奇一扬手说：“澜西，记得当年刘备跃马过檀溪吗？我们骑马过河吧！”于是在刘少奇的率领下，刘彬、王澜西和警卫员们骑马下河了。马一涌一涌前进，他们紧紧伏在马上，虽然身上溅了不少水，经过约 20 多分钟便渡到对岸。下马后，刘少奇和大家都笑了，日军到南沙湾，见那里没有新四军，便放火烧了村子回去，没有再向河这边来。

下午2点，刘少奇问了一下里程，便向着东北的盱眙县城前进。刘少奇途经汉涧，到达盱眙县城，检查了新四军五支队第十团和盱眙县委工作。刘少奇分别找了十团和盱眙县委、县政府的领导同志，座谈了解情况。当了解到大家都很关心的吃饭问题还没有解决，还在靠募捐和打资敌过日子，现在青黄不接，搞到的粮食多是黄豆、绿豆，而且很难搞到的情况，就和大家深入交谈，边谈边思考，最后提出靠税收来解决部队供给的办法，并说募捐、打资敌很容易损害基本群众的利益。收税可以合理负担，收入多的多收，收入少的少收。我们已建立了民主政权，又具备了收税的条件。盱眙又紧靠淮河、洪泽湖，是大量食盐、粮食贸易必经之路，收税的条件很好。刘少奇还对统一战线、加强党的领导、部队整训加强正规化建设、加强地方武装等问题都作了重要指示。他的指示，一下子使大家开了窍。县政府迅速成立了货物检查处，开展了税收工作，很快解决了部队生活问题。

### 3. 罗岗的欢呼

盱眙县与皖东北只隔一条淮河。苏皖地区军政委员会、区党委和新四军总队的领导十分重视刘少奇的指示，曾电请刘少奇到淮北地区视察。刘少奇于百忙中应允前来，不几天就要到达。那两天，同志们见面，微微一笑，心照不宣，都在等待着那个令人兴奋的日子。

刘瑞龙、金明、刘玉柱来到罗岗四总队司令部，与张爱萍一起，商量怎样向刘少奇汇报工作。

刘瑞龙是1940年3月初，经中原局和刘少奇决定，由津浦路西区党委调来皖东北的。现在刘少奇又亲自到皖东北来了，刘瑞龙面庞露出微笑，谦和的操着一口苏北话：“向少奇同志汇报，既要简练，又要抓着核心，也不容易呀！”

“你同爱萍同志主汇报，我们随时补充吧。”行署专员刘玉柱笑着说。

4月28日，刘少奇在八路军苏鲁豫支队一大队的护送下，北渡淮河，终于在大家的期盼中来到了泗县罗岗村。那天下午，新四军六支队一团，四总队十一团、十二团，地方部队和区党委机关干部、群众团体、各界爱国人士，手执三角彩旗，排列在从罗岗到淮河边的双沟镇，12里路的大道两旁，人们的情绪热烈高昂。

淮河岸边上，部队、群众人头攒动，个个翘首相望。忽然，宽阔的淮河南岸，有一支不大的队伍上了渡船。渡船越来越近，人们立起脚尖，向前看去，刘少奇在船上微笑着，向岸上招手，岸上一片欢呼。渡船靠岸，刘少奇从船上走下来，刘瑞龙、张爱萍、金明、刘玉柱等迎上去,同他握手。这时人群中掌声雷动,欢呼的口号,震荡在淮河之滨。刘少奇骑上马,向驻地罗岗进发,沿途不断的向欢迎的人群挥手致意。

1939年十月革命节时,新四军六支队一团指战员曾在津浦路西新兴集受到刘少奇的检阅,现在又在新开辟的根据地欢迎他,感到特别亲切。

刘少奇到罗岗住在一所炮楼院的上房里。随他前来的中原局机关也住在罗岗村。刘少奇住下以后,也不休息,立即要刘瑞龙、张爱萍等汇报工作,从上灯时分直到半夜,第二天又汇报了一天。刘少奇作了很多深刻的指示,每次说完以后,总是谦虚的说:"这是我的看法,情况你们比我清楚。请你们大家研究研究,看行不行?"

1940年5月1日,部队在罗岗召开大会,欢迎刘少奇。一团、十一团、十二团,整齐的坐满广场。战士们个个精神抖擞,威武奋发,激越的歌声,此起彼伏。刘少奇由张爱萍、刘瑞龙等陪同,登上用牛车搭成的主席台。这时热烈的掌声经久不息,响亮的口号表达了新四军健儿对中共中央领导的崇敬。

刘少奇一口浓重的湖南口音,向部队讲话:"同志们,你们和八路军兄弟部队,坚决执行党中央指示,挺进敌后,不避艰难困苦,与敌伪顽作战,打了很多胜仗,开辟了淮北苏皖抗日民主根据地。你们辛苦了!我代表党中央向你们致以亲切的慰问和崇高的敬礼!"

台下,暴风雨般的掌声。许多同志感动的眼里闪动着晶莹的泪花。会场上,手臂如林,口号声像大海波涛"感谢党中央的亲切关怀!""为革命服务,不辛苦!"

刘少奇向大家报告了当前形势,说明国内顽固派投降妥协的危险和创建敌后抗日民主根据地的重要意义。他特别强调要壮大军队的力量,扩大与巩固抗日民族统一战线,加强根据地的政权建设,充分发动群众,改善人民生活。最后,他讲到要注意团结进步势力,争取中间势力,对顽固派的挑衅,要根据毛主席指示的原则,实行自卫反击。刘少奇的讲话虽然不长,政策观点鲜明,大家受到了深刻的教育和鼓舞。

刘少奇到皖东北机会难得,苏皖区党委和苏皖纵队又召开干部大会请他作报告。屋子里坐得满满的,一排又一排。大家手里拿着钢笔和小本子,一张张兴奋的脸朝着门外,等待着刘少奇的到来。刘少奇笑容可掬,频频招手,在一阵掌声中走到讲桌前,慢慢地坐下,向大家朗声说道:"同志们辛苦了!"

刘少奇点燃一支香烟,开始作反顽斗争报告。他说:"苏皖边区的敌伪'扫荡',现在被我们粉碎了,通过发动群众,武装人民,实行减租减息,新四军和八路军共同努力，齐心奋斗，建立了抗日民主政权，皖东北的形势越来越好了。”

说到这里，刘少奇停顿了一会儿，清瘦的脸上现出愠色，“但是，江苏韩德勤顽固反共，不顾民族大义，乘我对敌伪战斗之时，不仅不配合对敌，反而集中两个常备旅和八十九军三十三师共万余人，偷渡运河，进犯我区，并占领了洪泽湖以西、安河两岸的金锁镇、界头集和新河头一带，大肆反共反人民，企图消灭我们，破坏抗战。”刘少奇紧握的拳头朝桌上猛的一砸，“亲痛仇快，我们到了忍无可忍的地步！”

屋子里静静地，大家心中燃着一团愤怒的火焰。日寇侵我河山，杀我人民，韩德勤、王光夏的大批军队不去打日寇，竟来围攻新四军。新四军深入敌后，武装群众，打击日本鬼子，何罪之有？刘少奇吸了一口烟，简明地阐述了“坚持抗战，反对投降；坚持团结，反对分裂；坚持进步，反对倒退”的方针，阐述了“人不犯我我不犯人；人若犯我，我必犯人”的自卫立场和“有理有利有节”的斗争原则，并阐述了独立自主建立敌后抗日民主根据地的重大意义。他说：我们打日本鬼子，一要有枪，没枪怎么打仗？这就要发展抗日武装力量。二要有个家，这个家就是抗日民主根据地。

接着，刘少奇讲起哲学。他打着手势有力地说：要懂得对立统一规律是唯物辩证法的根本规律，是唯物辩证法的实质和核心。矛盾通过斗争才能统一，才能发展，有了矛盾，是不能回避的，是不能调和的，要斗争！

继之，刘少奇分析了敌我力量的对比和打退反共逆流的条件。最后他说：我不会打仗，你们会打仗，特别会打仗。他一边抽烟一边讲述，理直气壮，慷慨激昂。报告快要结束的时候，刘少奇一挥手号召道：坚决执行命令，密切协同，发扬猛打猛冲的战斗作风，活捉王光夏，圆满完成自卫反击的光荣任务，保卫苏皖边区抗日民主根据地！

报告尚未结束，获悉泗县、五河的日军分两路出动，要来“扫荡”。“真是败兴啊！”大家恼怒地说，“就凭这一点，也得把来捣乱的鬼子，迎头狠狠的揍一顿。”

#### 4. “有理，就坚决打垮它”

泗县出动的敌人，进至离四总队驻地罗岗 30 里的上塘集、马公店一线。从五河出动的敌人，也到了西边的郑集。估计第二天敌军可能合击罗岗。夜间，部队出发，细雨霏霏，道路泥泞。刘少奇随四总队司令部行动。他骑着从伪大队长那里缴获的雪蹄红马，穿着油布雨衣，同大家一起，在夜色苍茫中行进。部队从来犯之敌两路中间插过去，一夜走了 60 里到达付圩子附近，跳出了敌人的合击圈。次日，果然日寇合击罗岗,扑了一个空。而这时,四总队早已远远的撇开敌人,向濉河以北朱湖、新行圩子一线转移了。

行军途中,部队进至青阳镇时,张爱萍接到侦查员报告,国民党顽固分子王光夏(国民党江苏省保安队第一纵司令),趁日军对新四军进行“扫荡”之际,率全部四个团倾巢出动,从运河两岸向四总队背后进攻,于黄昏前占领新行圩子、朱湖及其以北地区。大家非常气愤,自从日军占领苏北后,顽固分子王光夏在国民党江苏省主席韩德勤的指使下,表面上打着抗战的旗子,实际上却和日军暗中勾结,到处组织汉奸伪政权。他对共产党、新四军深入敌占的洪泽湖地区抗日,建立抗日民主根据地恨之入骨, 曾不止一次背信弃义的和新四军闹磨擦。因为新四军积极打击敌人,得到广大人民群众的信任和拥护,所以他没敢明目张胆的举行军事进攻,但占领了大片根据地。这一来,给新四军造成了四面受敌的困难处境。南面是淮河,敌伪据点林立,北面是日军的据点,西面是正向新四军“扫荡”的敌伪军,而顽军王光夏从东面侵占的根据地,正是新四军要到达的新行圩子一带地区。为了巩固阵地,有力地对付日军的扫荡,不得不趁王光夏部队立足未稳之际,以一个团于拂晓前夺回新行圩子,掩护主力展开。张爱萍立即向刘少奇报告这一突然的紧急情况,并研究对策。

刘少奇平静地对着地图同张爱萍研究着。张爱萍深深感到,正在第一次遭受这种敌、伪、顽进攻极其紧张的时刻,刘少奇亲临领导,更增强了夺取胜利的信心。刘少奇微微点点头问张爱萍:我们已在四面包围之中……敌伪顽把我们夹在南北五六十里,东西三十多里的狭长地带,是很困难啊!你看该怎么办好呢?张爱萍说:“看来,不打是不行了,王光夏经常和我们闹磨擦,这次竟公开对我们进行武装进攻,是该狠狠教训他的时候了! ”“对”,刘少奇赞成的说:人不犯我我不犯人,人若犯我我必犯人嘛! 这是毛主席指示我们的。我们反击日军的“扫荡”,而顽固分子却趁机向我们进攻,这就逼得我们不得不自卫了!刘少奇沉思了一会儿,问张爱萍:你们部队打这个顽固派,力量怎么样?

张爱萍汇报了研究过的想法:我军虽然有三个团和两个游击队,但可以集中起来的兵力总共只有三个团,其中有两个团战斗力较强。以这样的兵力,对付王光夏的四个团,全部歼灭他们是有困难的,但把他们击退,恢复我们的根据地是有可能的。

刘少奇听了关于敌我力量情况的报告后,说:“那就是说,我们又有利了,是不是？”“是这样”，张爱萍肯定地回答。刘少奇又问了部队的情绪和有关作战等问题后说：现在情况的确很严重，但是，打了情况就会变好的。我们既然有理又有利，就坚决打垮顽固分子的进攻！一定要把这些道理在部队里进行深入的动员，鼓舞士气，动员全军上下一致，以最大的努力，坚决勇敢的争取作战的胜利……政治部还要把反顽的道理在人民群众中进行广泛的宣传。

张爱萍临行走到门口时，刘少奇又叫住他，反复叮嘱：我们在反击日军的“扫荡”，顽固分子却趁这个机会进攻我们，因此，打他们我们是有理的，这一点一定要好好给干部、特别是战士们讲明白，告诉他们，有理就坚决打垮它！

遵照刘少奇的指示，张爱萍命令一团团长张太生、十一团团长赵汇川，趁王光夏在朱湖、新行圩子立足未稳，给以惩罚性打击，把他们驱逐出去。在南线，命十二团、独立团和地方部队，在车门山一带，阻击日军北犯，坚决粉碎敌伪顽妄图合击新四军的阴谋。

当夜，一团、十一团以革命的英雄气概，面对顽军的四个团，毫无畏惧，打上前去，对新行圩子、朱湖发起了猛攻。新行圩子分新老两个圩寨，一团二营、特务营(一团是四营建制)攻击新圩子。政治处的同志分别下连参加了战斗，青年干事王孟凡带着通讯员、老病号，同四连一起上了火线。顽军固守圩寨，拼命抵抗，机枪、步枪从圩墙上吐出火舌。这时天将破晓，团参谋长命部队迫近作业，挖好坑道，掩体，天明继续作战。英勇善战的一团、十一团，与顽军激战了一天，终于击溃了王光夏的四个团，夺回了新行圩子和朱湖，顽军狼狈逃窜。

新四军总队不给王光夏顽军喘息的机会，分数路追击。追击部队沿着大路小道，急速前进。十一团团长赵汇川，微胖的脸庞上流着汗水，站在路边扬起大手命令部队：“同志们，快，时间就是胜利！”战士们战斗情绪高涨，相互鼓励，争先恐后，大步向前迈进，到达界头集以南地区，终于抓住了顽军。根据张爱萍切断顽军、各个歼灭的部署，赵汇川命十一团三营向顽军发起攻击。

三营长尹瑞九、政委肖潮率部一个猛烈的冲锋，把顽军拦腰打断，顽军急忙占领村庄，集中火力，与三营展开激战。一营、二营赶到，把顽军四个连团团包围。顽军像被关进铁笼的恶狼，东碰西闯，拼命设法突围，一次次被英雄的十一团打了回去。战斗两个多小时，顽军四个连全部歼灭。

这时，一团团长张太生带领部队赶到界头集以北，顽军被十一团首尾打断以后，前面的夹起尾巴没命的北窜。张太生命令三营以飞行速度，阻拦顽军的逃路。三营赶到柳圩子，咬住了顽军。勇猛无双的副营长冯大中，亲率突击队打进村内，顽军龟缩进几个孤立的院落。冯大中指挥战士，以集束手榴弹开路，正要越墙歼敌，顽军打来一梭子机枪，冯大中头部负了重伤。营政委周大灿忙把他搂在胸前，冯大中紧紧地握住战友的手，不幸壮烈牺牲了。

四总队英勇的战士，沿路追击，又消灭了一个团。部队不顾疲劳，继续咬着顽军不放，直属部队进入泗阳县境的金锁镇。拂晓剧团（一分团）正好住在刚逃跑的顽军司令部院子里，一位年老的俘虏说，王光夏和他老婆，原来就住在上房的套间里。小战士好奇地跑去看看，床上的被子没来得及带走，用手摸摸，被窝里还有温气。

四总队把王光夏驱逐到金锁镇以北、以东地区，双方对峙。这时，南线的部队与“扫荡”的日伪军展开激战。十二团、独立团和地方部队，英勇的打退了敌人多次进攻，把日军阻击于车门山一线。因为北线的王光夏溃败东逃，日伪原想夹击新四军的企图落空，悻悻的撤回泗县、五河。

刘少奇、张爱萍亲自指挥新四军六支队第四总队各团、八路军陇海南进支队、苏鲁豫支队一大队坚决进行自卫反击，经过 13 天的战斗，将王光夏部逐回泗阳、宿迁等县运河以东地区，使皖东北根据地渐趋稳定。

### 5. “向东发展，向西防御”

刘少奇在皖东北，所关注的不仅是淮北抗日根据地的巩固和发展，更重要的是从整个中原地区敌伪顽我的形势出发，对皖东北、苏北等地斗争任务和方针，对新四军江北部队的发展方向作出了一系列果断决策。

1940 年 5 月 5 日，刘少奇向中共中央报告了皖东北根据地初建概况：

（1）张爱萍部现共 7200 人，除雪枫之第一团外，编为第四总队之第十一、第十二两个团。独立第一团 1000 人，独立第二、三团各 600 人。

（2）部队枪支齐全，但有一部分土枪，机枪甚少，子弹缺乏，有些连每支枪只几粒子弹。

（3）部队全由盛子瑾部改编而来，情绪尚活跃。干部绝大部分是新的，求进步，但没有部队工作和作战经验。

（4）专员、县长、区、乡长已改造，但工作能力甚微，在群众中尚无基础、无信仰。近来，粮食、经费极困难，部队夏衣还未解决。

（5）敌人及江苏之顽固分子，利用上述情况加紧向我进攻，并阴谋破坏。敌人近来“扫荡”泗县根据地，津浦铁路已成不能通过之封锁线。此间与雪枫处交通已断绝（秘密交通还可通）。江苏顽固之常备第七旅亦向泗县根据地进攻，并捕杀我方人员及家属，我之后方亦被破坏。韩德勤企图占领皖东北，以隔断八路军新四军之联络，黄春圃（江华）部队情况尚不明了。地方党与群众组织均不强，但已开设建立。我给他们的建议，另电告。

同日，毛泽东、王稼祥致电刘少奇，指明八路军三四四旅与彭雪枫、吴芝圃所部新四军六支队的指挥关系：黄克诚率三四四旅已至濮阳，已令其略加休整即南下。你是否已至张爱萍处，请在那里等候克诚商定部署等事。吴彭支队尚在徐州附近未动，大概要待你与克诚会合后，才能指挥该支队出动。三四四旅及吴彭支队，统有你与克诚指挥之。

5 月 22 日，刘少奇致电叶飞，指明该部目前斗争任务和方针：

（1）21 日电悉。

（2）你们目前的任务，是独立支持两个月时间并努力扩大你们自己，加强自己的武装，在政治上吸引广大的同情者，造成我们在政治上的优势，如发生冲突，则尽可能离远些，而且我们不要先下手与韩部冲突，要等韩部进攻你们时，即武装抗拒之，并消灭其部，但在武装冲突发动以后，则须迅速积极动作，以便在军事上占取若干先机。

（3）在你们取得地方党的协助后，努力招收新兵补充主力，并设法成立新的新四军部队。用一切方法发展武装，扩大部队，组织部队，并设法要求山南派些干部来。

（4）你们要准备在韩、李围攻之下的机动地区与路线，至万不得已时可退至敌人后方和据点之间坚持，无论如何必须坚持到底，要轻装，一切笨重东西早存寄民间或丢掉。

（5）你们要多方加紧统一战线工作，向外多作解释宣传，要尽一切可能发展进步势力，并增加同情者。

5 月，刘少奇致电苏北党组织，提出坚决粉碎顽固派进攻的方针、策略：

（1）目前苏北的总任务是：迅速从思想上、组织上、武装上准备自己，以现在苏北的新四军部队为基干，抵抗敌寇、汉奸及顽固反动势力对于我党我军的围攻，彻底战胜顽固反动势力，建立民主的抗日政权与根据地，以便最有效的长期坚持苏北敌后抗战，直至最后胜利。苏北地方党和新四军部队，要用一切努力来坚决的不动摇的准备与执行这一任务。这一任务的完成,即是你们最大限度的推动全国时局好转,克服时局逆转。

(2)部队党与地方党要一致为猛烈扩大苏北新四军而斗争。在三个月内(在今年9月1日以前)要扩大新四军至一万人枪,并加以巩固。

(3)要加紧在一切反共武装中的秘密工作,采取坚决的瓦解和破坏反共武装的方针。

(4)要发展地方党的组织,要最大限度的组织民众,要准备大批建立抗日民主政权的干部,要努力筹措与保证部队的给养。在反动统治下的地方党要特别注意秘密工作,把一切暴露的及不十分暴露的党员都送到军队中工作。

(5)要广泛开展统战工作,争取中间势力。我们应采取一切方法孤立反共顽固派,要特别注意新的部队的纪律。

(6)你们两个特委之外应成立区党委,以便统一领导。为统一军队与地方党的工作领导,可由军队负责同志和地方同志组织军政委员会。

5月17日,陈毅关于贯彻中共中央"五四指示"发展苏南的布置致电中共中央:苏南工作,布置中央五四指示,召集团、县以上负责人会议传达,全场振奋,指出过去由于国民党的限制未能充分发展自己,决心放手打开局面,猛烈发展。立即在工作布置上提出13条意见。最后提出:为要执行上述任务,各部队也于14日出动执行新任务,请电示。

9日后,中共中央书记处书记致电项英、陈毅、刘少奇、张云逸:同意陈毅发展苏南的布置:

(1)陈毅17日来电收到。

(2)陈毅同志对苏南的新布置都是对的,望坚决执行。

(3)苏北部队因胡服北上,电台未联络,决定仍属项、陈直接指挥。苏北管、叶、张、梁四部中主力,仍应留在苏北发展,但可酌抽一部加强苏南,具体布置由项、陈决定。

(4)皖南军部以速移至苏南为宜。

(5)武装斗争中的自卫原则,并不是限制自己发展,而是要放手发展,在放手发展中,如遇顽固派阻碍及进攻,则我站在自卫立场坚决打击之。在团结抗战时期,我军不应向友党后方行动,而应向战争区域与敌人后方行动。在战争区域,特别是在敌人后方,我应放手发展武装,建立政权,建立根据地,在有理有利有节条件下,坚决打击阻碍我发展的反共顽固派。

6月6日,刘少奇向毛泽东详细报告了江北新四军各部活动情况:

(1)我四支队四个团约6500人在津浦路西。我江北游击纵队约3000人,近与四支队之第十四团合编,以谭希林为司令,在含山、和县一带配合四支队主力打击古河一带工事,并有桂军一三八师之一个团及十七游击纵队约2000余人到古河增援,已成对峙局面。桂军一三六师一个团已由八斗岭向西罗集移动。日寇2000余于前日进占定远城并四出"扫荡",近又由明光向定远增援2000人,有"扫荡"四支队地区及向寿县前进模样,合肥之敌向北修筑淮南路以至罗集。

(2)我五支队三个团约5000人在津浦路东,与明光、滁县、六合、天长出扰扫荡之敌作战,近激战于来安城并扼守滁河。张道庸部已向运河东移动。路东、路西新近组织之各县区政府常备队并不多,无战斗力。

(3)我李先念部之一、三两团及特务团、信应纵队之一部,在平汉铁路控制大小悟山,并向黄冈、礼山、经扶地区活动。李之司令部及第二团已调平汉铁路,乘敌向西进攻之机会发展。

(4)在淮河北部因我张爱萍部由于困难与作战减员甚大,其第十二团已编入胡田大队,现第十一团及独立第一团并雪枫支队之第一团约3000余人在泗县,江华经彭、朱来电调回山东,江华司令部人员带走,其所率之一、二两团全部编入钟辉、韦国清之南进支队,共约3000余人,在泗县北部、宿迁南部活动,现韦部今属彭、朱之山东纵队建制。另胡田大队1300人在泗县、灵璧南部活动。皖东北敌伪军活动甚为严重,泗县以西全成伪区并向泗县发展,马公店、双沟附近即有维持会。江、张两部及胡田大队建编指挥均不统一,各自作战。

(5)雪枫部情况如前,关于八路军部队南来后具体部署,另电。

根据上述情况,当日,刘少奇再电毛泽东等,具体提出江北部队应向东发展、向西防御的作战方针和具体部署:

(1)情况已电告。

(2)八路军南援部队三四四旅刘震、康志强三个团不日到雪枫处,彭明治、朱涤新两个团连同支队直属队不足5000人,一个团已到泗县,另一个团尚在丰县。

(3)蒋介石已令中央七十五军三个师增援李品仙,估计会向皖东四、五支队进攻,暂时不会过黄河到皖北。因此,我四、五支队为保持皖东阵地,恐不能再抽兵力向东发展。

（4）韩德勤决心反我军，如到运河以东活动，必须与韩决战。叶飞部与之武装冲突很难推延，必须开向东增援叶飞。

（5）根据各方情况，目前我应首先向东发展，向西防御，集中主力打击韩德勤，大体上解决苏北之任务，以后集中主力向西解决皖东、皖东北问题。

（6）因此，我之布置应如下：三四四旅三个团以一个团归雪枫指挥，并由雪枫补充扩大作为主力向西鹿邑、拓城、太康、淮阳敌占区发展，驱逐专员王瘦周及各县政府，与杞太独立团联系，确实占领新黄河以东之豫皖苏建立根据地，切断石友三之后方联络，暂时不向南发展。如李品仙向皖北进攻，兵力不够则应由陇海路之八路军援助。②三四四旅刘康之另两个团及朱彭支队两个团，均进至津浦路东皖东北地区，配合钟辉韦国清支队向苏北发展，首先占领盐城、宝应以南发展，解决苏北之任务。③我在皖东之部队系统指挥不统一，内部外部情况均复杂，请中央及朱德、彭德怀令黄克诚同志速来苏皖地区统一指挥，任军区司令，如能多带兵力来为更好，否则不能完成任务。

（7）上述布置是否妥当，请毛、王、朱、彭迅作原则决定，电告我们布置，等候你们复电。

毛泽东、朱德、王稼祥接到刘少奇电报后，及时对江北部队的行动方向作出明确指示：

（1）彭朱支队可开进津浦路东、淮河以北地区活动，以发展苏北，如觉兵力不足，请雪枫、克诚抽一部兵力交彭朱带往路东、苏北指挥，请考虑可否派田守饶同志去担任，他已经洛阳转得志处。

（2）豫皖边如觉兵力过多没有饭吃，除去津浦路东外，可须用新四军四、五支××番号。

（3）在华中敌情没有大变化前，即敌未过平汉铁路前，我们部队不应去新黄河以南及淮南路以西。

（4）我军去苏北注意自卫原则，不可先去进攻韩德勤，在他来攻时则在自卫立场上消灭之。

刘少奇与中原局、新四军江北指挥部依据上述指示，实施江北部队战略开展。

6月7日，刘少奇致电李先念：襄樊失陷以后豫鄂挺进纵队发展方向，应暂向平汉铁路西发展。因此，豫鄂边区党委和豫鄂挺进纵队决定，为了牵制敌人，配合正面战场对日作战，除派一部分兵力坚持路东阵地外，主力向大洪山方向推进，改善鄂中敌后抗日阵地，扩大回旋地区，逐步向襄西发展，从而在豫鄂边区西部建立一道屏障。

### 6. “人民拥护我们的政权”

1940 年 4 月的一个晚上，罗荣桓派人找八路军山东纵队苏鲁皖支队一大队（又称胡田大队）大队长胡炳云和政委田文扬去谈话，罗荣桓告诉他们：“胡服同志已从延安到了华中。那里形势比较紧张，斗争错综复杂，党中央指示一一五师派一支主力部队去担负掩护任务，保卫少奇同志的安全，并参加那里的根据地建设。”不等罗荣桓把话说完，胡炳云、田文扬就高兴地坐不住了，他们的心情既振奋又感到责任重大，但都有一个共同的信念：一定要把这个光荣的任务完成好。当罗荣桓最后问到还有什么困难时，胡炳云坚决的回答：“请首长放心，困难再大我们也能克服。”

回去以后，他们召开营、连干部会进行了传达。这个令人兴奋的消息在部队一传开，军营里顿时沸腾了起来。大家虽然都没有见过刘少奇，但对这个名字是很熟悉的。战士们三三两两在一起议论什么时候能见到刘少奇，有的在地图上测算距离，有的还写了决心书、保证书。田文扬看到这情景，笑着对胡炳云说：“领受这样的任务，用不着思想动员。”在作了必要的准备和部署以后，部队第二天就出发了。一路上，尽管给养困难，敌人又围追堵截，但战士们情绪高涨，士气旺盛，边走边打，日夜兼程，20 多天后到达淮北泗县，与刘少奇率领的中原局机关和其他兄弟部队会合。

会合后，刘少奇先后在罗岗、朱湖、江桥召开三次较大的会议，并且在许圩、朱湖、新行圩、吴圩、孙圩、豆冲、管镇等地召开了十多次座谈会。他首先提出了政权问题：政权是人民的，人民承认它就是合法的，人民拥护我们的政权，我们就能存在。刘少奇在会上分析了华中敌我双方的形势，传达了中共中央和毛泽东的指示，强调指出，党中央和毛泽东同志在抗战时期正确的战略方针，是在敌后建立根据地，开展广泛的游击战争，在长期抗战中牵制敌人，削弱敌人，消耗敌人，积蓄力量，壮大自己，然后转入反攻，取得民族革命战争的胜利。他用通俗的语言解释，打鬼子要有枪，有了枪还要有个家，这个家就是抗日民主政权。政权是人民的，只要人民承认，我们的政权就能存在。现在是壮大人民革命力量千载难逢的机会。有的同志却怕国民党说我们破坏统一战线，没有乘机广泛发动群众。“你管国民党干什么？你既然能组织乡的农会，为什么不能组织区农会、县农会？”有些同志认为招兵买马是资产阶级军队的做法，刘少奇立即指出：我看能招到兵，买到马就不错，革命的兵为什么不招？革命的马为什么不买？我们还是韩信将兵，多多益善。在朱湖作的《在敌后怎样建立民主抗日根据地》的报告中，他批评了部队和地方上少数同志对建立抗日民主政权不了解、不负责的态度。他指出：在敌后建立根据地，不仅是变敌后为前线，准备反攻的前线阵地与力量，支持与鼓舞全民族，还有推动全国建立统一战线政权，准备民主共和国基础的意义。现在，在抗日战争新条件、新形势下，一部分同志跟不上形势的发展，缺乏创造抗日民主根据地的经验，在客观上又遇到淮北这样错综复杂的情况，因此，在解决具体问题，进行具体工作时就缺乏对原则的坚定性，甚至背离了党中央的方针政策。刘少奇指示军政委员会，要选派最好的干部去担任政府工作，各级党委要选派同级党委成员去担任县长、区长、乡长。接着，1940 年 6 月，皖东北抗日民主政府正式成立，由刘玉柱出任专员。下辖泗县、泗宿、泗五灵凤、盱凤嘉、淮泗 5 个县 16 个区 104 个乡镇，县长（当时称办事处主任）、区长、乡长绝大部分由共产党员担任，皖东北逐步建立了三三制的抗日民主政权。

在抗日战争时期如何对待地主，如何正确处理地主和农民的关系是抗日民主政权建设中提出的又一个新问题。刘少奇针对皖东北党政军领导是通过陈粹吾代理专员和军政推进委员会行使行政权力，处于对地主剥削的忍让，始终没有开展减租减息工作的问题，有的又对地主采取乱打乱罚，吃大户的办法，有的甚至提出“抗战胜利后还债”的口号，在《朱湖报告》中，他强调指出，这两种态度虽然表现形式不同，实质上反映出我们的同志在抗日战争的新形势下不能正确处理地主和农民关系。群众是能够动的人群，有思想、有要求。群众不是木头和机器，要尊重和发动群众自动性去组织群众，要抓着群众的迫切要求组织群众，要采取各种形式去组织群众。正确处理地主和农民关系至关重要。日寇想通过地主阶级统治农村，特别是利用大地主和地主当权派作为汉奸维持会的基础，国民党也是通过地主维持他在农村的统治与我们争夺敌后政权。因此我们必须放手发动群众减租减息，削弱地主的封建剥削，组织农民，武装农民，确立农民在农村的政治优势。在刘少奇直接领导下，泗县三区首先开展减租减息的群众运动，并迅速在根据地各区乡展开。在减租减息、合理负担的口号下，抗日民主政府废除苛捐杂税，废除非法摊派，优待抗属，救济贫穷，民主选举保甲长，提高了农民在农村的社会地位。这些措施使民主政权深深扎根于群众之中，为抗日民主根据地的巩固和发展做出了重要的贡献。

**7. 保存自己，消灭敌人**

朱湖、许圩会议以后，刘少奇就搬到胡田大队，与大队部一起住宿，一起行军，一起活动。当时，日军不断向根据地进行疯狂“扫荡”，并大量扩充伪军、发展伪组织，推行伪化政策，顽军也不断向根据地进攻。在这种情况下，刘少奇带领部队经常转移，往往三天两天就要搬一次家，有时刚到了一个新地方，敌人就尾随来了。开始，曾怀疑部队内部有问题，大队党委多次开会研究，采取了必要的防范措施，但还是无济于事，心里十分焦急，为刘少奇的安全担忧。胡炳云把这个情况向刘少奇的秘书刘彬作了汇报，研究了几次，才把原由弄清楚了。原来，中原局机关和胡田大队带了两部电台，只要电台一开始工作，敌人的测向台就发现了。敌人虽然不知道刘少奇在这里，但猜测这里一定有大的指挥机关，所以紧紧咬住不放。

5 月，胡田大队到泗县南面的郑集，正在那里召开皖东北区党委会议，日军追来了。胡田大队纷纷请战，要求狠狠地揍一下敌人，以保证刘少奇在皖东北地区安全胜利开展工作。大队党委经过研究，认为这一仗一定要打。胡炳云把这个想法报告了刘少奇，刘少奇很赞成，问了部队的政治情绪、有关作战部署等问题，并作了具体指示。结果，由于作战目的非常明确，又有刘少奇坐镇指挥，战斗进行得很顺利。

当时，皖东北久旱无雨，禾苗半枯。一天清早，先是 200 多个伪军化装成求雨的老百姓，抬着土地爷和龙王，吹吹打打的从灵璧、泗县向郑集这边走来，吸引了各村庄许许多多看热闹的老百姓。这支奇怪的求雨队伍抬着的神龛下面其实都是武器。当他们来到九连驻地的一个小村庄前面时，被一个排长发现了蹊跷。“求雨”的队伍忽然如同伪装的野兽，抽出枪来便打。顿时，看热闹的老百姓惊呼四散。九连长一看情形不对，立刻急令战士们退守村庄，紧急抵抗，同时派通信员到郑集向大队部报告敌情。胡炳云、田维扬、王东保等人得到九连的报告，听见炒豆似的枪声从西北面传来，不禁大吃一惊。胡炳云命令三营长张万春组织十连反击，把袭击九连的敌人打出去。

三营长去了不多久，事先派出的侦察小分队又驰马报告说，泗县、灵璧的日军分三路向郑集方向包抄过来，左路敌人已经快到达十一连驻扎的村庄了，右路和中路也在步步逼近，形势十分险恶，怎么办？胡炳云急忙派了参谋将这一严重敌情报告刘少奇。不久，三营长的通信员来报告说，求雨的伪军已经被打退，但是，九连指导员和连长都牺牲了。是打还是撤？当时有人主张撤，胡炳云、田维扬、王东保等不同意撤。因为据侦察小分队报告，日军还调集了将近 200 多个骑兵，行动快速，撤是来不及了，为了掩护刘少奇以及区党委领导同志的安全转移，已经没有别的选择，只有一个打！决心既定，立刻着手部署。全大队在郑集的三个营加上直属队，总共千把人。胡炳云决定先打突进十一连对面的日军之左路，同时命令二营长曹金奎带二营在郑集以北的丘陵地带赶修工事，准备阻击右路和中路的敌人。胡炳云率一营到十一连的阵地时，十一连已同敌人左路先头部队接火。迫使日军过早的展开队形，直扑十一连阵地，频频发起了六次冲锋均被击退。后敌人发现一营欲绕其侧后之企图，遂放弃十一连阵地，而向右路和中路靠拢收缩，并且在重火力掩护下，出动两个中队的骑兵，想从十一连和九连、十连北面之侧翼迂回包围。胡炳云便命令各连的机枪手打敌人骑兵的战马，打得敌人骑兵一个个人仰马翻，不得不仓皇退却。之后，胡田大队指战员们在郑集外围长长的起伏不平的丘陵地带抢筑工事。不久，激烈的战斗又一次开展，山炮、迫击炮、掷弹筒和手榴弹的爆炸声震得大地都在抖动。在敌人的炮火的轰炸下，胡田大队伤亡了不少。但是这支队伍有同敌人血战到底的气概，有奋不顾身的牺牲精神。敌人疯狂的冲锋一次又一次被打退，每一次冲锋都在阵地前面丢下几十具尸体。胡炳云命令全部仅有的几门迫击炮打敌人的炮火阵地，他们打得又准又狠，把敌人的山炮轮子都炸飞了。战士们都杀红了眼，不畏强敌，英勇厮杀，光是九连副指挥导员刘焕伟一个人就拼死了七个日本兵。只听刺刀铿铿，战士们的呐喊如虎豹怒吼。三营长张万春身先士卒，脱了上衣，嗓子都喊哑了。战斗成了僵持局面，从清早打到黄昏，打到夜幕急速的降临大地，枪声才逐渐稀落下来。天黑之后，胡炳云又命令各营派小分队趁夜色的掩护袭击、骚扰敌人。日军不得不仓皇地退回泗县、灵璧去了，撤走时只抬走了一部分同伙的尸体。第二天打扫战场时，单是敌人没来得及拖走的尸体就有 300 多，战士们还俘虏了一个少佐。贵阳大队的许多同志为革命流尽了最后一滴血，有的肠子都被打出来了，还坚持战斗到最后一息，有的子弹打完了，就抡着大刀砍杀敌人，牺牲的十分壮烈。烈士的鲜血染红了皖东北的土地，谱写了一曲中华民族之魂的壮歌，他们将永远的活在人民心里，为世世代代所怀念。

打完仗，胡炳云到刘少奇那里汇报情况。当汇报到部队也有不少伤亡时，刘少奇沉思了一会儿，并点燃一支烟，边抽边亲切的问：炳云同志，你对主席的“保存自己，消灭敌人”的作战指导思想是怎么理解的？由于思想上没有准备，胡炳云根据平时的学习，简单谈了自己的理解。刘少奇接着说：你们这支部队，参加过南昌暴动，又参加过三湾改编，长征路上常担任前卫部队，许多老战士身经百战，他们过去、现在、将来都是骨干，是无价之宝。多损失一个人，党和军队就少了一份革命力量。说到这里，胡炳云才弄明白刘少奇是嫌这次伤亡有点多，就解释说："敌人经常跟在屁股后面，我们对你的安全放心不下，有点伤亡也避免不了的。"刘少奇说：你讲的也有一定道理，但本钱花的太多了。并耐心地向胡炳云讲了毛主席关于"保存自己，消灭敌人"的作战指导原则。他说，我们是打游击战的，不仅要学会歼灭敌人，也要学会保存自己，只有这样才能更多的消灭敌人。不然，自己都没有了，拿什么去消灭敌人呢？

郑集战斗不久，胡田大队护送刘少奇安全到达洪泽湖畔的管镇，完成了中共中央交给的任务。

# 第五章　重返皖东

## 1. 整编江北游击纵队

1940年6月10日,刘少奇对皖东北工作布置后,启程南渡淮河到达盱眙。在盱眙一带的第五支队十团接到支队电报后,团长成均派政治处主任王善甫带一个连到穆店子南迎接刘少奇。刘少奇在盱眙县城的几天里,和成均住在一起,进行了多次交谈,检查了十团的各项工作,给予了许多具体指示。12日,返回原驻地半塔集附近的大田郢。

6月中旬,中原局、江北指挥部决定整编江北游击纵队。四支队参谋长谭希林调任江北游击纵队司令,孙仲德任政委,郑抱真任副司令,王集成任政治部主任。同时将四支队第十四团编入江北游击纵队,列为第一团,团长张翼翔,政委李世焱。新七团改为第二团,团长余龙贵,政委廖成美。新八团调给四支队。新九团撤销,该团原来有二、三两个营,其二营划归二团为二营,其三营和新七团原二营调给了四支队。同年9月,新八团归建为第三团,团长陈庆先,政委谭光廷。

整编后的江北游击纵队逐步接替路西防务,坚持路西斗争,并在随之而来的反顽斗争中检验了战斗力。桂顽第一三八师和第十游击纵队等部进占津浦路西古城集等地,江北游击纵队配合四、五支队作战。为了狠狠打击桂顽,四支队决定由江北游击纵队在古城一线阻击顽军,吸引顽军主力,以便四支队主力跃进到顽军侧翼。当时古城为江北指挥部定远大桥的屏障,仅相隔十几里路,桂顽为了与四支队主力决战,必定要拼命打通古城到大桥镇的道路,江北游击纵队与桂顽必有一番殊死搏斗。消息让一位房东大娘知道了,在战士们吃早饭之时,大娘端上一大盆清炖鸡,硬要他们吃。战士们一再婉言谢绝,大娘坚决不允,最后竟然要跪下来,说不吃就不起来。他们只好请示政治部,才勉强同意。大娘高兴地说:“还是孙大胖子(孙仲德)比你们懂道理,你们常说军民鱼水情,亲如 家人。大娘请你们吃,你们倒不吃,这哪像一家人啊!吃了长些力气,多杀几个桂顽,狠狠教训不打鬼子的狗东西。”战士们带着大娘的一片深情投入了战斗。

为调动顽军回保老巢古河，谭希林率第一团绕到顽军的后方含山县打击顽军，歼顽两个保安中队，二团一营在和县善厚集，歼灭柏承军支队一个中队，二团一营两个连在廖成美的率领下，与地方干部赵鹏程、候亦斋、倪则耕等一起，到和县、含山地区活动，顽保六团和柏承军支队各一部企图对江北游击纵队夹击，江北游击纵队又转移到巢县银屏山、无为县石涧埠一带活动，并于照明山歼顽地方武装60余人，缴获步枪50余支。

反顽战斗胜利结束后，中原局和江北指挥部命令江北游击纵队配合第四支队和中共津浦路西省委的合肥、巢县、和县、含山、全椒等地积极开展抗日活动，帮助建立抗日民主政权。9月，江北游击纵队根据上级指示，调整了部署，除孙仲德率第二团部和二团二营等五个连到巢县、无为交界的任家大山地区坚持斗争，恢复无为地区，保持同军部的交通联系外，纵队司令部率一团和二团一营在定远县界牌集一带活动，三团在定远以西和凤阳地区活动。

### 2. 建立八路军四纵、五纵

中共中央在“巩固华北，发展华中”的指示中，十分强调大力创建以苏北、皖北为中心的华中敌后抗日根据地。这个地区战略地位极为重要，北依山东，背靠八路军一一五师，西联冀鲁豫，与一二九师相呼应，可以独立作战，也可以与八路军相互配合，是以后西进豫鄂，南下江南的基地。

当时新四军在江北只有淮南、淮北两块抗日根据地和扬中一片较小的根据地。这几块根据地，面敌背顽，处在敌伪顽的分割包围之中，有被各个击破的危险。为免除这种危险，必须东进，再创建苏北、苏中两块根据地。然后把淮南、淮北、苏中、苏北四个地区连为一片，组成一个完整的中原抗日根据地。这样新四军力量集中，地区相联，紧密配合，互相支援，江南敌后的抗战局面，将大为改观，再也不会被各个击破了。

可是，苏北地区，除少数新四军部队活动以外，主要是反共专家、江苏省主席韩德勤的二十四集团军盘踞着。中共中央和刘少奇早已谋划，组织八路军一部南下，江南新四军北上，南北对进，席卷苏北。皖东、豫皖苏、皖东北根据地的西面，同国民党安徽李宗仁的五战区、河南卫立煌的一战区相联，八路军、新四军若挺进苏北，顽固派韩德勤必与八路军、新四军磨擦。那时，如果李宗仁、卫立煌出兵东援韩德勤，八路军、新四军可能受到东西合击。为保证八路军、新四军南北对进，席卷苏北，淮北豫皖苏和淮南津浦路西的新四军，必须执行向西防御的战略任务。

1940年5月20日，八路军第二纵队政治委员黄克诚奉中共中央和十八集团军总司令部电令，率第三三四旅（辖六八七、六八八、六八九团）、新二旅（辖五、六团）共五个团和教导营计1.2万余人，分两个梯队从冀鲁豫边区南下华中。

第一梯队由六八七、六八九团及新二旅六团组成，在三四四旅旅长刘震、政委康志强率领下，于5月下旬出发，经曹县、成武、金乡、鱼台、丰县、砀山，在黄口附近越过陇海路，于永、肖地区稍事集结。永城敌伪400人，乘汽车18辆与八路军在瓦子口接战，伤亡百余人，逃回永城。6月20日，第一梯队抵达新兴集附近，与六支队胜利会师。第二梯队由纵队部、教导营、六八八团、新二旅旅部和五团组成，在黄克诚、韩振纪率领下，于6月初出发，27日到达新兴集地区与六支队胜利会师（黄克诚于20日先行到达新兴集）。两支部队会合后，造成声势，向西防御，然后分兵，相机南下。同时，苏鲁豫支队在陇海路北之部队全部南下，于7月初到达皖东北泗县地区，与该支队第一大队会合。这些部队南下，为开创华中的新局面增加了突击力量。这样，在华中的新四军、八路军部队数量迅速扩大，急需解决统一领导问题。

6月22日，刘少奇致电毛泽东等，请求将彭雪枫、黄克诚两部合编，组织陇海铁路南纵队，统一指挥陇海南及津浦西之部队，并具体分析了两部合编中值得注意的问题。最后，详细陈述了关于华中部队统一指挥的见解：目前华中部队已不少，均分散各处，且已取得地区，唯将来在战略以至战役上均须配合行动。华中环境各方面均较华北更复杂，困难更多，而我部队内部在建制上、指挥上亦不完全一致，问题亦多，在目前迫切需要成立有威信、有工作能力的华中总司令部（公开名称另定），在指挥上以至建制上统一我华中各部队，否则在目前紧张情况下，不能迅速解决问题，必致引起许多不必要的困难与损失。目前江北指挥部能力过弱，不能照顾华中全局，在干部及物资方面，亦不能解决各部问题与要求。我个人在军事上多少还是外行，且有党政各方面工作，在军事上是不能负责的，因此请中央迅速考虑这个问题，派人到华中来负军事责任，或朱、彭中来一人，或稼祥同志来，或三个师长与陈毅同志中来一个。江北指挥部改为新四军与八路军联合指挥部，与中原局移至雪枫处，以便依靠华北，在干部与物资上多少能解决各部问题，望迅速决定电告。

6月27日，毛泽东、王稼祥、朱德复电刘少奇、彭雪枫等，对部队合编及任务作出了重要指示：

(1)同意彭、黄两部合编为纵队,以雪枫为司令,黄克诚为政委,活动于津浦路西、陇海路南,以对日寇作战、巩固豫皖根据地、扩大与整训部队为中心任务。

(2)彭雪枫部,对外仍旧保存新四军第六支队名义,黄克诚部不必改新四军。

(3)请陈、罗令彭明治、朱涤新支队到徐州以东南下,活动于津浦路东地区。彭、黄应设法抽调一部兵力过津浦路东,帮助苏北发展,俟彭朱支队到达后,苏北部队再行合编成八路军纵队。军政负责人选再电商。

(4)华中确应成立统一的指挥部,但只有大会后才能设法。现在华中部队统归胡服指挥,苏北、淮北之纵队,可归彭、黄指挥。

接到毛泽东等电报的第三天,刘少奇、邓子恢就部队合编问题致电彭雪枫、黄克诚:

(1)根据军委毛、朱、王 27 日电,你们即迅速进行合编。我意编成三个旅、三个团作为主力外,一个旅仍称六支队,司令由彭兼。另委一副司令,编余之独立团、营称新四军。

(2)要在部队中做好动员与解释,说明合编意义,特别注意向某些干部解释,防止逃亡发生。

(3)四旅之两个老团必须适当分开编,即在某些新团中携一个老营部去。

(4)合编后,订出两星期的整训计划,准备在 20 天复派三个团过津浦路东活动,其余部队除坚持原有根据地外,分向怀远及淮阳以北两个方向活动。

(5)在八路军到达后及到怀远、淮阳活动之部队,须积极打击敌伪,并加紧统一战线的活动,派人去各方,以诚恳态度要求合作,不要稍有傲慢之气,仍须独立自主的打击敌伪,组织群众,组织游击队等。

(6)如果团的干部不很强的话,还是编为三个营的小团较为适宜。

当日,彭雪枫、黄克诚关于部队已遵令合编向刘少奇报告:①根据军委来电指示,我们立即遵照实行合编。对外六支队名义及八路军名义均不变,对内则为八路军四纵队,不用路南纵队是否可以?请即指示,以便对内动员解释。②六支队及地方武装(如各独立团、总队)不计在内,倘充实各主力团可编成两个旅及几个独立团。但以各部队较新,经一次合编不久,故目前尚不能彻底大编,只能二团与二总队合编一个团,特务团和萧县总队合一个团,其余,须再经过一个短时期。③原六支队指挥机关,如司令部、政治部、供给、卫生等部门,即改为纵队机关,克诚所带干部不多,依照具体情况调剂之,另已抽一大批党军政干部过路东。④部队部署容后报。苏北彭、朱已于28日到达陈家集、赵家集之线，日内即可通过津浦路。我们意见，路东部队已相当多且比较强（如苏支及我第一团），中央亦认为目前主要方针则为自卫，尚迫切需要时则临时调有力之部往援。⑤右项请复电示。

7月2日，刘少奇复电彭雪枫、黄克诚：①同意你们对内用八路军四纵队名义。朱、彭同意后即改名。②同意六支队司令、供给、卫生机关与克诚机关合并，改为领导机关。③将主力团以营为单位分散插入地方部队，是提高地方部队战斗力、打破地方观念的好办法。④五支队这样取得之成功，望即试用。⑤现叶飞已被江苏顽军围攻，项、陈已来电要我增援。望你们即准备三个团，在两星期后待命向东出动增援。待东进任务完成后，仍归还你们建制。

合编后的八路军四纵队，彭雪枫任司令员，黄克诚任政委，张震任参谋长，肖望东任政治部主任，赖毅任副主任。部队整编为四、五、六3个旅，其余编为地方总队、独立团共1.7万余人。为统一指挥地方部队，建立了边区保安司令部。3个旅各兼一个军分区。同时建立了路南、涡宿、淮上3个地委。

7月，为扩大根据地，解决财经困难，四纵一部南下怀远、凤台，进抵淮河北岸，四纵队司令部由新兴集移驻涡河一线。四旅和五旅一部，分三路经龙亢、河溜、双涧集，渡过涡河，势如破竹，横扫土匪、杂八队，控制了淮河下游，打通了与淮南新四军的联系。北起涡河、南抵淮河之滨，全部变成了八路军“向西防御”的阵地。接着健全了抗日民主政权机构，成立了淮上办事处，造成了随时可以支援新四军第四、第五支队作战的有利形势。不久，中共中央与中原局为实现八路军、新四军南北对进，席卷苏北的方针，命黄克诚组建八路军第五纵队，南下苏北，与北上的新四军会师。

7月26日，遵照刘少奇指示，黄克诚率新二旅两个团和三四四旅之六八七团及纵队部和教导营从豫皖苏边区出发，越过津浦铁路进入皖东北地区，与当地部队合编为八路军第五纵队，执行“向东发展”的任务。8月16日，中原局正式决定：①根据中央指示，所有涡河以北、津浦路以东我党所领导之各部队统一编制与指挥，并属于中原局。②上述区域之各部队，决定编为八路军第五纵队，以黄克诚为纵队司令兼政治委员。部队之具体编制，由黄克诚决定呈报。③上述区域决定成立党的军政委员会，以黄克诚为书记，金明、刘瑞龙、彭明治、朱涤新、张爱萍、韦国清、韩振纪等同志为委员。

黄克诚率部去皖东北后，8月中旬，根据刘少奇电令，刚刚组建的第四纵队重新整编，彭雪枫为司令员，黄克诚兼政委，参谋长张震，政治部主任肖望东。下辖三个旅，一个特务团（四个连）共八个团。三四四旅六八八团、六八九团编为四旅十一团、十二团、旅长刘震，政委康志强；六支队的一团、二团改为五旅的十三团、十四团，二总队补入十四团，旅长滕海清，政委孔石泉；六支队三团编为六旅十六团，团长周士源，政委方中铎；原一总队改编为六旅十七团，团长刘子仁；原三总队改编为六旅十八团，团长吴信容，旅长谭友林（后饶子健代）、政委赖毅。全纵队共计 1.6 万余人，执行“向西防御”的任务。

根据中原局决定，黄克诚所部与新四军第六支队第四总队、八路军苏鲁豫支队、八路军陇海路南进支队合编为第十八集团军第五纵队，黄克诚任司令员兼政治委员，韩振纪任参谋长，吴法宪任政治部主任，下辖三个支队（旅）。一支队由原苏鲁豫支队编成，司令员彭明治，政委朱涤新；二支队由黄克诚率领南下的新二旅和三四四旅一部编成，司令员田守饶，政委吴信泉；三支队由新四军六支队四总队和八路军南进支队合编而成，司令员张爱萍，政委韦国清。全纵 2 万余人，军容严整，兵强马壮，声势浩大，威震江淮。9 月初，黄克诚来到三支队司令部驻地朱湖，三支队很快整编完毕。按纵队序列，编为七、八、九三个加强团和一个特务营，计 7000 余人。八路军五纵队三支队召开成立大会那天，黄克诚向三支队全体指战员讲话。他说，八路军五纵队整编以后，根据朱总司令的命令，就要开始东进了，我们要在中共中央中原局和刘少奇同志的领导下，与兄弟部队一起，开辟新区，建立一个幅员辽阔的华中敌后抗日民主根据地。从此，强大的八路军第五纵队，向苏北的战略进军开始了。

### 3. 建设一个好的党

在皖东，刘少奇始终强调党员要学习马列主义理论。他不止一次地说过，中国共产党的理论准备是不够的，党一开始成立就投入了火热的实际斗争。因此，我们在实际斗争中要补上这一课。他鼓励党员读马列主义的书，要运用学到理论去解决斗争中的实际问题。为了推动党员干部的理论学习，刘少奇经常结合实际出题目，叫一些同志写文章。

刘少奇经常引用列宁的有关论述对党员进行组织观念的教育。他说：单靠无产阶级的思想统一，还不足以获得胜利，为要获得胜利，还必须用无产阶级组织的物质统一，来巩固思想的统一。他用通俗的道理向大家解释：几个分散的人起不了多大作用，如果编成小组，选出个小组长，保持一致行动，就会产生一种新的力量。他意味深长的告诫大家:我们的党是由千百万党员构成的,如果没有一个中心,不服从一种权力,行动就不会一致,就不会有力量,党的任务就不能完成。在党内,党员要无条件服从组织。特别强调党的领导干部要处理好与组织的关系。他举出他在安源煤矿时如何处理个人和组织的关系的例子启发大家。那时党派刘少奇到安源从事工人运动。他去后发展了一批党员,组成党小组,刘少奇提议一位新党员任小组长,自己自觉的服从组长的领导,到什么地方去,干什么,都向组长报告。他的模范行动使新同志体会到什么是组织观念。刘少奇要求各级领导干部要做革命队伍的普通一兵,行军时服从班排长的指挥,在党小组内服从小组长的领导。

皖东抗日根据地建立起来以后,大批革命青年和知识分子加入了党的队伍。有位同志说,经验表明知识分子对革命的态度,时有动摇,常常是高潮来,低潮去,现在说"没有知识分子的参加,革命胜利是不可能的"这种提法是否对知识分子估价过高了?刘少奇当时认为问题很重要,便讲了一番道理,说服大家需要团结重视知识分子。他说:知识分子作为一个阶层,起源于适应统治阶级的需要,历朝历代的统治阶级离开知识分子的作用都是坐不了天下下、治不了国家的。基于同样的道理,换个角度说,我们工农大众、革命人民要打天下,夺取政权,巩固政权,离开知识分子的作用也是不行的。这是古往今来历史表明的事实,不是什么估价过高的问题。当然我们需要的知识分子,是那些有爱国精神、有革命觉悟、献身人民事业的知识分子。可是这种我们需要的知识分子,不能靠别处造就培养出来,而要靠我们革命队伍本身这个革命的大熔炉锻造出来。中央关于知识分子问题的决定,体现了党的根本政策,不容怀疑,全党全军都是要坚决执行的。

刘少奇接着谆谆诱导大家:知识分子,过去称为"读书人",他们十年寒窗为的是金榜题名,衣锦还乡。我们共产党、新四军就某种意义上讲,是穷人的党,穷人的军队。没有薪水,就连衣食供应也很艰难,如今来了些知识分子,他们甘愿和我们一起过苦日子,一不投奔大城市敌伪,二不投奔国民党大后方,偏偏来敌人后方投奔我共产党领导的穷队伍,难道还不能表明他们是富有爱国精神、富有革命热情,是可造就的有志之士吗?况且我们这里大学生极少,中学生也不多,知识分子很缺乏啊!现今他们相继前来,就算叫作"高潮来吧",高潮来又有什么不好?依我看,是吉祥之兆,是雪中送炭,怎么说是投机?是大好事嘛!再说人非圣贤,哪个人身上没缺点、弱点?知识分了有其所长,也有其所短,工农分子不是也有所长,也有所短嘛!问题在于两者结合,彼此取长补短,革命就能胜利。应该明确,当前着重要求的是,我们工农老同志应热诚关怀、团结帮助知识分子新同志，首先使他们安下心来，同我们一起干革命，发挥他们应有的作用。当然，最后随着革命形势的发展，长期斗争实践会淘汰掉那些经不起严峻考验的人，而其中的坚强者则会百炼成钢，一旦他们旧的世界观改造好了，无产阶级化了，也就不再是一般意义上的知识分子，而是我党和革命事业的中坚、骨干了。同志们听后，转变了对知识分子的看法，消除了成见和偏见，从新的角度来看待知识分子问题，自觉的维护和帮助知识分子新同志。

刘少奇非常重视并且善于做好干部的思想工作，特别是亲自做领导干部的思想工作。他主动找同志们谈心、谈理想、谈工作、谈生活。部队和地方主要干部的情况，他都注意了解，某同志有什么缺点，什么长处，什么短处，他都能说出来。对干部，工作有了成绩，就给予奖励；犯了错误，就给予批评和耐心的教育，既热情，又严肃，循循善诱。当时，一些长期在白区工作的同志，活动圈子比较小，来根据地，党、政、军、民、学，局面大了，接触的人和事多了，显得不太适应，刘少奇主动找去谈心，给以启发诱导。有一次，他找一位同志谈话，一开始就问"你读过《水浒》吧！你对晁盖、宋江这两个人怎么看？"这位同志说："我比较喜欢晁盖，这个人比较直爽。"刘少奇说："我看宋江这个人也不错。梁山英雄好汉，三教九流，什么人都有，要不是有宋江这样的人，怎么能把他们团结在一起呢？虽然讲的是历史故事，却道出了一个道理：作为一个领导干部，应该善于团结各方面的人，同他们一道工作。"这位同志听了很受启发，大胆信任各级干部，放手让他们工作。

对新四军干部，特别是高级干部的政治理论学习，刘少奇更是高度重视。为此，他专门为政治部作出了一项指示，对军队高级干部的政治理论学习，不能放任自流，应该比对一般干部的学习更加重视，更需要抓紧。必须明确，我们新四军和八路军原来叫工农红军，是共产党领导下的革命军队，我们现在执行民族解放任务，将来还要执行阶级解放、社会解放任务；必须明确，我们的军队不同于任何别的军队，它是中国工农阶级经历了无数苦难和牺牲才创建、培育出来的中国劳苦大众的子弟兵，可以毫不含糊地说，也就是我们共产党的党军，是我党实现政治任务的工具，不管什么军队，都是进行阶级斗争和进行阶级统治的工具，共产党人无需隐瞒这一点。有人称颂我们军队是中国人民大众求解放、打通前进道路的开山斧，是说的很对。正因为如此，我们决不能有愧于党军的称号，而党军的本质却严肃要求我军干部，尤其是高级干部，不仅要勇敢善战，而且必须具有坚定的阶级立场、坚强的党性。而坚定的立场和坚强的党性从哪里来呢？那种"立场坚定靠出身好"的说法并不全面，因而也不确切。确切说法是，坚定的立场、坚强的党性均要依靠很高的阶级觉悟。阶级觉悟固然与阶级成份密切相关，但更需要依靠我们对马列主义的信仰，依靠我们对革命世界观的建立。马列主义是人类智慧的结晶、革命经验的总结，他不能自发的形成。没有“自来红的马克思主义”，所以我们应该十分重视倡导干部对马列主义政治理论的学习。不学习怎能懂得马列道理，怎能树立对马列主义的信仰？没有对马列主义的真诚信仰，我们军队固有的阶级立场、党性原则、党军的革命本质又怎么能坚持下去而不流为空谈呢？

随着形势的发展，中国共产党成了根据地里当权的党，许多党员在各级政府和群众组织里担任了一定的领导职务。环境变了，地位变了，如何保持党的纯洁性，提高党的战斗力，这是摆在根据地党组织和党员面前的新课题。刘少奇狠抓对党员、干部的教育，狠抓了党的建设。亲自上课，对党员进行党的性质、党的组织原则和党员思想意识修养等方面的教育。1940 年 7 月 1 日，在大田郢举行纪念建党 19 周年大会上，刘少奇针对中原局，特别是皖东地区党内某些同志的一些不正确的思想和行为，作了《做一个好的党员，建设一个好的党》的重要报告。

报告中，刘少奇对中国共产党 19 年来的功绩和历史地位作了总结和肯定，指出了一个党员所应有的正确思想和行动，号召党员为建设一个好的党而努力。他说：我们的党，已成立 19 年了，在这 19 年中，它经过了二七运动，经过了第一次国共合作与大革命，又经过了十年苏维埃运动与土地革命及十年的秘密工作，今天再经历着第二次国共合作与人类历史上最伟大的民族解放战争，就是说，在这一切事变与群众的革命运动中，我们的党都是站在群众斗争的最前线。每一次都表现着我们党和无数的党员是具备着无产阶级的革命英雄气概，不怕牺牲和坚韧卓绝的精神，表现着我们党在中国政治生活与历史事变中的伟大的作用，表现着我们党是有能力继承并忠实于马克思、恩格斯、列宁、斯大林事业的布尔什维克的党，同时也表现着我们的党是最坚决最彻底最能为中国民族解放事业而奋斗，最能与压迫中国民族的帝国主义战斗的党。

刘少奇那双睿智的眼睛扫视了一下会场，点燃一支烟，他那略显沙哑的声音继续讲道：

我们绝大多数的党员，他们那种为公共事业而牺牲奋斗的精神，那种为民族独立与社会解放而艰苦工作的精神，那种既不想升官发财，又不为名为利，而一心为了劳苦大众与人类解放事业而不疲倦的埋头苦干的精神，表现了他们有人类中最崇高的道德。他们是中华民族最优秀的子孙，因此也就吸引了并且吸引着千百万的诚实的人们对于我们的党，对于我们那些最好的党员的敬仰。不论我们的敌人是如何造谣污蔑我们的党，如何说我们是'洪水猛兽'，如何用一切残暴手段对待我们及对待接近我们的人，然而千百万的人们还是把他们最大的也是最后的希望寄托在我们党的身上。他们在无形中对我们的党下了这样一道委任令：你们共产党人，是真正能够牺牲自己为中国民族与劳苦大众的解放而战斗的人们。中国之所以能得救，中国之所以必能走上富强、独立与自由的光明前途，就赖有你们这样一批人的努力，因此，给予人们以救中国，创造独立、自由与幸福的新中国之任务。这就是说，我们的党在 19 年以来赖有无数先烈的英勇牺牲与无数党员最好的努力，已经使我们的党大大的发展了，它已成为有全国影响的群众性的党。它已与中国广大的群众建立了密切的联系，它已在广大群众中有了极高的威信。而且，它在 19 年来经历了比世界任何一国的共产党都更多的重大事变，有更丰富的革命斗争的经验。不论公开的与秘密的，武装的与非武装的，国内战争的与国际战争的，经济的与政治的，思想的与群众的，党外的与党内的……各种复杂形势的革命斗争，我们的党都经历过了，都有丰富的经验。我们有许多党员，十余年来一直没有放下武器，这是 19 年来为世界任何一国革命政党所不及的。所以我们中国的共产党虽然只有短短的 19 年，即已成为共产国际中最好的支部之一。这就是我们伟大的党，不独是对中国一国国家有它极重大的意义，对于世界，特别对于世界各殖民地与半殖民地国家，亦有其重大的国际意义。

会场上一片肃静，同志们忘记了夏日的炎热，瞪大眼睛，专注地聆听刘少奇的每一句话，许多人是第一次系统的领略到中国共产党艰苦卓绝的斗争史。刘少奇顿了顿，接着讲道：然而，这些成绩，并不是那样容易得来的，而是经过了整整 19 年的苦战与艰苦工作，牺牲了数十万最好的共产党员与非党员的革命者的头颅和热血，克服了党内各种错误和机会主义的思想，淘汰了党内各种腐烂的渣滓，并用马克思主义的理论原则武装我们许多党员的头脑，才能锻炼出我们今天这样的党，才能获得这样伟大的成绩。这是用无数革命者的热血所浇灌而成长起来的中华民族的鲜艳之花。不久，它将结成为中华民族赖以得救赖以自由的无价之果。从我们党过去 19 年的历史证明：不论我们党的一切敌人如何痛恨、咒骂、污蔑、枪杀、陷害、蹂躏与围剿我们，如何采用一切残暴的手段来对待我们，他们终究是不仅不能消灭我们的党，甚至连阻止我们党的发展亦是不可能的。我们的党，就是在和这些敌人的这些残暴手段之斗争中，生长、壮大与坚强起来的。因为我们的党，是马克思主义的布尔什维克党，是与群众有密切联系的党，是代表着历史上最进步的无产阶级的党。因此，我们是永远不会被消灭的，我们是不可战胜的。世界上已经没有任何一种力量能战胜我们的党，相反，我们将战胜世界上一切的反动势力，将把世界改造成为最进步最美满最合乎我们理想的共产主义世界。

在纪念我们伟大的党之 19 周年的今天，我们无数的新老党员，应该如何来估量我们党所已获得的成绩及我们党在中国的与世界的革命运动中所已取得的重要地位！应该如何来看清与笃信我们党的光明前途！应该如何来保护我们的党，为了党的每一个利益（就是为了中华民族与人类解放的利益）而牺牲奋斗，尽我们最大的努力！党的建设，达到今天我们中国共产党这样的程度，是一件很不容易的事情，我们的新老党员，接受了我们先烈遗留下来的这一份无价遗产，应该如何的宝贵它！如何在我们党已有的成绩和阵地之基础上再向前前进，建设它，加强它，发展它，以至于达到最高级最完善的程度！我们要建设一个最好的党！要达到这个目的，固然需要我们各方面的努力，需要中央与各级领导机关正确的领导，但是最基本的还需要我们有很多很好的党员。因此，我们党员在党的 19 周年之伟大节日，应该诚心的检查一下自己，应该问问自己，你为了党的利益、党的发展与胜利，曾经尽了你何种努力？你预备怎样在今后来尽你的努力？你是否曾经有过违犯党的利益之思想、言论与行动？怎样才能在今后不会再有违犯党的利益之思想、言论与行动？我想，党员向自己提出这样的问题，是使自己进步的出发点。我们每一个同志都应该做一个好党员，而不应该做一个不好的党员，做一个有毛病、有错误、思想意识不正确的党员，尤其不应该做一个半途的党员。我们每个同志怎样才能做一个好党员？这有马克思、恩格斯、列宁、斯大林来作为我们的模范，这在《论共产党员的修养》里已经说了许多。这里不来详说。但我最近在党内某些同志中发现了一些不正确的思想和行动，有了这些思想和行动，就决不能成为好的党员，并且还要影响其他的党员及阻碍我们党的进步。

会场上活跃起来，每个人都在心里问自己，怎样才能做一个好党员，怎样才能建设一个好的党呢？他们又把目光集中到刘少奇身上，刘少奇扫视了一遍会场指出：1. 要尽心负责的为党工作，爱护党的每一个事物，如自己的事物一样。2. 为党的与劳苦大众的公共事业而牺牲，是最值得的。3. 要做一个终身的好党员。

会后，刘少奇指示四、五支队分别召开党代表大会，总结战斗和工作，讨论建军问题。7月上旬,五支队召开了党代表大会,总结了支队成立一年多来的战斗及工作,提出了建军的要求。一是正规化:①建立正规的军队组织系统及制度;②提高部队军事技术和指挥素养;③养成服从命令听指挥的良好作风习惯。二是党军化:①保证部队绝对执行党的路线和决议;②加强干部党性修养;③加强部队中党的领导,建立坚强的小组及支部工作;④保证部队成分纯洁,以工农为建军骨干;⑤建立坚强的政治工作。三是群众化:①一切为了群众的利益,保护群众的利益,关心群众的痛苦;②遵守群众纪律,帮助群众;③切实遵守政策纪律。这次会议及时的同支队党内和干部中存在的本位主义、游击习气、享乐思想、腐化行为等不良倾向作了坚决有效的斗争,大大提高了支队党员和干部的思想水平,明确了建军方向和任务,对支队建设和完成任务起了极为重要的有历史意义的作用。会后,支队根据会议继续执行发展地方武装的决定,撤编十五团,以十五团3个营及支队特务营和几个游击队编成3个独立团划归路东联防司令部建制。还抽调一批干部到县、区搞武装工作,路东、路西同时动员了6000多名新战士,补充了主力部队。

在讨论酝酿出席七大代表的会议上,刘少奇强调共产党员,党的干部,都要加强党性锻炼,要有很好的党德。他说:七大的代表,就是要选像邓子恢、张云逸等那样有党德的同志。

8月,华南七大代表古大存等来到中原局,准备与新四军的七大代表一道去延安。刘少奇在半塔集单独召集代表们开了一次会,讲话的题目是《关于华北华中抗战工作的总结》。刘少奇说,历史的行程是曲折的。当历史进程很快时,我们的工作方式就应大刀阔斧的向前跑,不要落在历史后头,尽可能把历史推进到可能前进的程度;当历史进程很慢时,党的工作方式就不应犯急性病。我们党的任务和工作方式应适应这种曲折性。卢沟桥事变后在日寇大举进攻的情况下,中国的抗日方式是全国武装抵抗。党的主要任务与方针是抗日民族统一战线与武装抗日,我们应该把工作重点放在敌人后方和战区,在那里放手发动群众建立抗日根据地,所以太原失守后华北的工作得到很大的发展,而我们华中的工作就没有跟上历史进行的速度。在武汉失守前后,没有把主要力量拿到敌后来,没有进行乡村游击战争的准备。在统一战线工作中,没有像华北在山西那样组织左派力量。半年多来,一般的说,在原则上和实践上已经纠正了错误,今后我们要继续完成党中央交给我们的发展皖东苏北的任务。华中在全国战略上有极大重要性,是中国战略上的枢纽,我们要在华中争取主要的地位,要建成一个巩固的根据地。

### 4. 津浦路东、西抗日民主根据地成长壮大

刘少奇重返皖东时，皖东的根据地工作已呈现新面貌，群众已发动起来了，整个根据地抗日情绪高涨。在中原局、江北指挥部的领导下，1940年8月1日皖东津浦路西各县抗敌联防委员会办事处在定远县成立，黄岩任主任，魏文伯任副主任。办事处下辖滁县、定远、全椒、凤阳四个县政府及和含、定东南、合肥东南三个办事处，各县政府下设区乡保甲组织。随着津浦路西抗日民主政权的建立，为了加强地方武装的统一领导，根据新四军江北指挥部的指示，于6月成立了津浦路西联防司令部，由魏文伯司令、彭康任政委，程式任参谋长。为加强联防部队的建设，9月6日，江北指挥部任命梁从学为联防司令，程式为副司令。

在刘少奇的支持和指导下，津浦路西政权建设进行了一系列有计划、有步骤的工作。路西联防办事处和各县都成立了临时参议会，参议会的成员是按照“三三制”原则建立的。这两级参议会是代表民意的权力机关，一切重大工作和单行法规的制订，都要经参议会通过。乡、保除设乡、保长外还设立行政委员会，行政委员会是民主集中制的组织，并对乡、保长起监督作用。有了人民政府，就可出布告、定章程、征粮、征税。这样，部队及工作人员的给养就得到了保证。征收粮税，不是想征多少就征多少，是有原则，有政策根据的。首先要减轻人民负担，使他们能够修养生息，其次，要节约支出。

由于根据地范围小，部队和地方人员多，财政是量入为出，首先满足部队的最低需要。部队支出占财政收入百分之七十九，行政占百分之十一，其余为教育等开支。尽管如此，部队生活还是很苦的。地方也是如此，当时实行供给制，每人每天三钱油，四钱盐，一角钱菜金，每月发一斤肉钱津贴。

根据地靠军队保护，地方干部对于拥军、优抗（优待抗战军人家属）工作非常认真。因此，军政关系、军民关系非常融洽。每乡都组织若干担架队、运输队、自卫队和民兵队，平时进行训练，战时为前线服务。担架队每甲一般一至两副，出发时由民兵（18至35岁）保护，区、乡干部带队，随军到前线将伤员及时抬到包扎所，再转运到医院治疗；运输队主要是随军送粮草，保证军队有饭吃；自卫队（35至45岁）主要任务是保卫后方，如盘查放哨、夜间巡逻，等等；民兵除支援前线外，平时要按时集中训练，有时配合地方武装到边区执行军事任务。总之，所有劳动力（包括妇女）都组织起来，一面生产，一面进行支前工作。

8月31日，刘少奇向中共中央报告了皖东抗日根据地的财经情况：江北部队在津浦路西者，有四支队及江北游击纵队、地方武装共有人数1.5万人左右，每月需粮食90万斤，津贴费2.7万余元，伙食、办公、杂支、特别等费6.3万余元。近因中心区一下被顽军侵入，所存粮食被烧劫一空，现粮食极为困难。今年夏收尚好，秋收比路东差。财政方面，亦因定远沦陷，每月连各项税收捐款在内，收入不满4万元。现待路东每月补充二三万元维持伙食费。在路东者，有五支队及地方四个独立团、指挥部、直属队、干部学校、医院共有1.1万人左右，每月需粮食66万余斤，津贴费2.2万元，伙食、办公、杂支、特别医药等费6万余元。今年夏收得七成，秋收只有杂粮，亦不会很坏。现已募捐有救国公粮425万余斤，已集中到手的3万石(425万斤)。如无重大变故，路东部队粮食至明春夏收可无问题。路东财政收入，年计货物通过税收及禁大烟等，可约180万元，田赋及地方杂税共约170万元，除地方开支外，部队每月可约10万元左右。预计自9月份起，可增至15万至20万元，续下勉敷开支。有时尚需补助六支队及苏支队少许。此外，冬衣费约8万元，此款将在税款增收及田赋项下筹拨，现已开始准备。路东财政，如敌不举行全面“扫荡”，尚可勉强支持。

津浦路西党政军领导机关，认真执行了党的抗日民族统一战线政策，团结爱国进步人士，参加抗日救国神圣事业，这些进步爱国人士有郑抱真、梅子明、梅竹樵、刘子谷、蔡家璋、魏立成、谢禄轩、张子道等人。他们一般阅历较深，与社会各阶层有广泛的联系，具有民族正义感，在人民中具有一定的声望。抗日民主根据地建立后，他们都担任了政府和军队的重要职务(副参议长、联防司令、团长、总队长、营长)，大部分入了党，受到领导的关怀、部属的尊敬和人民的拥护，在抗日民主根据地的建设和发展人民武装的斗争中，做出了可贵的贡献。

在根据地的建立和发展中，联防部队起了重要作用。为此，根据刘少奇的指示，联防司令部注重提高部队素质。鉴于联防部队新成份多、经常分散活动、战斗任务频繁的特点，集中整训是困难的。只能根据上级的训练计划，结合部队实际情况，分散进行。在教育训练方面也不时得到主力部队的支持和帮助，新四军四支队政治部主任何伟，在路西各县地方武装政治干部工作会议上，介绍了主力部队政治思想工作的经验，并针对地方部队的特点及工作方式，进行了详细的讨论。为了培训地方武装的基层干部，四支队司令部和联防司令部与1940年9月，共同创办了教导队。开学典礼那天，张云逸、何伟、梁从学等到会作了指示，四支队服务团还表演了文艺节目。

路西联防部队和广大民兵一起，在路西组织、人民政府和联司(军分区)的领导以及主力部队的关怀帮助下，逐步发展壮大，成为坚持淮南津浦路西斗争、保卫人民利益的一支坚强的人民武装。同时也给主力部队提供了大量的后备兵员，为抗日战争的胜利和全国人民的解放事业，做出了自己的贡献。

在路东，按照刘少奇的指示，联防办事处于 7 月底建立了财政经济委员会，加强对财经工作的建设和管理。8 月 20 日，路东联防委员会召开第三次会议，改选邓子恢为主任，方毅为副主任。联防办事处向各县、区、乡民主政府转发了刘少奇《对政府工作同志的几句话》，明确提出了对政府工作同志的 13 点要求。8 月 25 日，召开各县县长会议，刘少奇到会作了民运工作报告。

至 1940 年 9 月，新四军在津浦路西的部队(包括江北游击纵队、地方武装)已发展到约 1.5 万人，政权区域包括定远、凤阳、滁县及合肥东北部，人口约 70 万；路东部队约 1.1 万人，政权区域包括来安、嘉山、盱眙、天长、六合、仪征、高邮、宝应和新开辟的淮河北岸的蒋坝、岔河地区，人口约 150 万，基本上实现了中共中央和中央军委“将皖东全部、江苏一部化为巩固的根据地”的指示。

抗日民主根据地的建立是搞好各项工作的中心环节，培养和输送了各类干部和人员。在刘少奇的关心指导下，津浦路东联防办事处和路西联防办事处，于 8 月份分别决定开办路东各县联合中学和路西联合中学。各级抗日民主政府纷纷举办各种学校和学习班，学习政治、军事和各种技术，培养训练人才。经过一个时期的学习和培训，源源不断的充实各级政府、群众团体的骨干力量，适应了形势发展的需要，调动了抗日根据地广大农民的生产积极性和扩大了党的影响。抗日民主政府废除国民党多如牛毛的苛捐杂税，颁布了减租减息等各种法令，人民欢欣鼓舞，生产积极性大大调动起来，农业生产年年获得丰收，生活随之改善，从而赢得了人民的拥戴。他们说：“只有共产党才能救国救民，才能为民除害。”通过抗日民主政府的动员，一批批有抗日爱国热情的青年踊跃参加，成为补充抗日主力部队的兵源。各乡各村组织的地方游击队，也为主力部队的扩编提供后备力量，为抗日武装力量的发展提供重要条件。战斗部队在战斗中的伤病员可以转送到“家”进行治疗，部队有了“家”可以进行总结、修整、训练，有利于军事素质的提高；抗日民主政府的建立，有利于根据地的经济建设，不仅繁荣了经济，也为战斗部队供给提供了可靠的保证。

皖东抗日根据地的迅速发展，引起了顽敌的极大仇视。李品仙乘日伪军对抗日民主根据地“扫荡”之机，于6月中旬，居然调其龟缩在大别山的一三八师进入路西，协同顽第五专员公署专员李本一和皖北行署主任颜仁毅两部，率国民党第十游击纵队兵分两路向新四军进攻。南路向含山和县地区江北游击纵队进攻；北路向根据地中心区藕塘镇进攻，进占全椒以西古城集、青龙厂等地。新四军为了团结抗战，呼吁桂顽顾全大局，停止进攻。但桂顽一意孤行，继续向新四军进逼。四支队和江北游击纵队在忍无可忍的情况下奋起反击，五支队八团及十团一营亦驰赴路西增援。6月17日，四支队在古城集同顽军激战，五支队八团和十团一营配合四支队，在栏杆集、鸡鸣桥重创顽军，经过3日激战，共歼顽军1000余名，其余顽军败回八斗岭一带。战后五支队返回路东。桂顽再次同意以淮南铁路为界，分区抗日。在这次反磨擦战斗中，八团政委刘树藩不幸牺牲。

国民党顽固派对其向新四军进攻的失败，是不甘心的；对抗日民主根据地的建设，更是胆怯与仇视。新四军在路东、路西分别进行反“扫荡”、反磨擦之际，路东根据地内的反动地主，在韩顽、桂顽的策动和支援下，网罗一批兵痞、流氓，积极策划发动反革命武装暴乱。7月初，来安县屯仓反动地主余宗邦，首先打出罪恶的黑旗，残酷杀害牛默然区长等20人；接着由国民党棍叶一舟主谋，以大通镇恶霸地主曾象坤及其4个儿子曾玉廷等（号称曾家五虎）为主掀起在大通、马坝等地的暴乱，很快就蔓延到路东各县。盱眙地区的暴乱分子，先后杀害了开明人士肖石臣和嘉山县保安分处主任（公安局长）；嘉山县戴港反动头子罗秀文武装包围游击队，杀害大郢乡乡长丁长坦；汉奸地主侯宝煌策动白沙王乡反动分子，杀害乡总支书记李建；盱眙县永兴乡帮会头子惠绍生父子纠集一批暴乱分子，一夜杀死9位乡保长。韩德勤为配合暴乱，派两个团偷渡三河，企图进犯盱眙马坝和观音寺；同时盘踞在宝应湖西岸靠近金沟镇的小龙岗一带和长江沿岸的特务武装忠义救国军，配合封建迷信组织小刀会、大刀会，向金沟、铜城地区以及天长、仪征、六合三县辖境进犯。桂军李品仙亦由路西古河派出特务部队窜入来安地区策应暴乱。这些不抗日专门反共的民族败类，残酷的杀害地方干部和抗日群众，破坏基层政权和群众组织，相互策应，紧密配合，在路东抗日根据地卷起了阵阵恶浪。

对于这次反动暴乱，刘少奇及时指出：我们取得胜利后，敌人一定要进行反扑，反动地主暴乱就是反扑的一种表现，只有坚决扑灭反动地主暴乱，根据地才能巩固。五支队根据中原局、江北指挥部指示，集中相应的兵力与地方武装、保安部门相配合，以镇压暴乱，坚决保卫抗日人民的生命财产和根据地的安全。十团首先击溃配合暴乱的韩顽两个团，歼灭侵入金沟、龙岗地区的忠义救国军七八百人，接着攻下黎城附近的季家围子，消灭地主季兴桥暴乱武装 100 余人，活捉一批组织暴乱和继续顽抗的反动地主和大、小刀会头目，并在群众大会上处决了首恶分子。八团和独一团在来安县屯仓打进余家圩子，处决了罪大恶极的反动地主余宗邦，在仪征、六合打垮了东沟奶山刀会的反动武装数千人的进攻，摧毁了付营等地的反动会堂，击退了渡江北犯的忠义救国军。其他各地参加暴乱的反动武装，在新四军强大的军事镇压和政治中争取中亦土崩瓦解。公安机关和人民武装在广大群众的配合下，清查了暴乱地主和反动会道门的头子。至此，为时半个多月的反动暴乱被彻底粉碎。敌、伪、顽在路东的社会基础大大削弱，人民群众欢欣鼓舞，更加坚定了保卫和建设根据地的信心。人民政府对受害干部和群众进行了抚恤和救济，对参加反动暴乱的胁从分子和悔过自新的头目予以宽大处理，抗日根据地得到了巩固和发展。

### 5. 粉碎日伪大“扫荡”

皖东抗日根据地建立后，刘少奇及时指出：今后根据地斗争的主要形式是日伪的“扫荡”和我们的反“扫荡”的斗争。在这场斗争中，我们可能胜利，也可能失败。失败的可能来自两个方面：或者敌人把我们打垮，或者我们在政策上犯错误，群众把我们赶走。他要求党员和干部紧密的联系群众，正确的执行党的政策，把根据地建设成为坚强的革命阵地，准备迎击日伪的进犯。

津浦路东位于伪都南京的背后，日军战略支点——扬州、蚌埠之间，交通干线津浦铁路侧翼，有全国战略意义。新四军在这一带地区不断扩大与胜利，抗日民主政权不断巩固与发展，给敌顽以严重的威胁，成了敌顽的心腹之患。共产党、新四军的胜利，给敌伪政治上极大的打击，给全国民众抗战极大鼓舞与希望，引起了敌顽极大的不安，特别是新四军与八路军的会和，更引起了敌顽的恐慌。所以，乘着新四军与八路军刚刚会合之际，韩德勤在苏北大举向渡江北上的新四军苏北指挥部陈毅部队进攻。在新四军主力北进增援，路东空虚之时，日伪军大举“扫荡”津浦路东，企图包围大田郢江北指挥部，扑灭新四军主力，摧毁路东抗日民主政权，已达到其伪化路东，断绝新四军与八路军的联系，保障伪都南京及津浦铁路的安全，顺利地“扫荡”华中以至华南、华北，灭亡全中国的目的。

敌人这次“扫荡”是有较长期的充分准备的。在 8 月下旬，六合、天长各据点就进行封锁消息，禁止商人往来、货物出口；各伪组织绥靖队连续开会；同时动员了许多大民会、特别工作队等汉奸、反动派、逃亡地主、土匪、叛徒配合；并且准备了许多军队归来证、优待证及荒谬欺骗的标语传单和漫画等，以及大批的民夫。8 月 27 日，各据点开始增兵，9 月 3 日，天长、六合、来安已增兵各千余。之后，绥靖队到处开会、筹粮、征集麻绳、木桶。

“扫荡”之敌系抽调长期在江南与新四军作战的熊谷师团、岩松师团、江都警备司令铃木部队和浙江绥靖司令任援道之一部，共 1.7 万余人，其中日军约 7000 人，以来安、六合、天长、高邮、明光、五河、张八岭 7 个据点作依托，在 20 多架飞机和 20 多艘小炮艇的配合下，分 7 路进行大规模“扫荡”。

这次“扫荡”，来势凶猛。1.7 万多日伪军扬言一个多月内摧毁路东根据地，敌人铁蹄所至，烧民房、奸妇女、杀无辜，无恶不作。在半塔集惨遭杀害的群众有的尸体无头，有的身上被敌人的刺刀捅了许多窟窿。一位 72 岁的老人被敌人杀害后，倒挂在树上，惨不忍睹。

江北指挥部为粉碎日伪军的大举进攻进行了紧急动员，号召全体党政军民迅速行动的起来，保卫根据地，保卫新政权，粉碎日伪军的“扫荡”，打破日军的罪恶目的。同时决定四支队九团协同在津浦路西的江北游击纵队，密切注视桂顽的动态，准备粉碎他们的袭扰，以第十四团配合路东地方武装就地分散游击，与敌周旋。

根据江北指挥部的部署，开辟淮宝的部队，除留十团保卫淮宝新区外，七、八团均返回路东，会同兄弟部队参加反“扫荡”战斗。9 月 11 日，八团南渡三河。在渡河中，同高邮的日军汽艇遭遇，该敌被毙伤一部后退回高邮。12 日，日军在飞机的掩护下，从毛堆拐登陆，“扫荡”淮宝地区，被八团毙伤数十人。渡过三河的八团一营袭击了盱眙城的敌人。七团渡过三河后即与侵占盱眙之敌恶战 3 次，歼敌一部，团政委徐世奎壮烈殉国。战后，刘少奇为他写了碑文。13 日，日伪军 140 多名，由来安出发，向北“扫荡”，七团三营于崔子岗英勇阻击，敌伤亡惨重，出扰的 45 名日军，除 3 人逃命外皆被歼灭。

五支队十四团与路东地方武装、人民群众密切配合，空室清野，灵活穿插，以袭击、伏击战术与敌周旋，使敌人到处扑空挨打。9 月 7 日，敌军指挥机关由六合往竹镇开进，在盘山以南被十四团三营截击。

盘山位于六合县西北，距六合县城约 20 公里，是一座面积不到 2 平方公里的荒山，海拔高度 105.9 米，远远看去很像一个菜盘子，故名盘山。山西南二三里地方有一条公路，是从六合、程桥到竹镇的必经之路。这条公路南 10 公里处是程桥镇，公路北头是竹镇(当时叫竹镇市),经盘山到竹镇有4公里。三营的布置就是以大庙为中心向南北两侧展开。七连位置在白果树以西,公路以东待机打击沿公路行进之敌;九连布置在竹镇以南、山旺村以北一线,负责监视竹镇方向敌人的行动;八连则在七连和九连之间地段,作为机动;营部和勤杂人员驻守大庙,防止敌人从山上来。

7日上午,日军六七十人"扫荡"淮南津浦路东指挥部,沿公路从竹镇向盘山方向走来,骡马较多,装备笨重,并配有电台,走在前面的鬼子扛着一面太阳旗,耀武扬威。11时许,战斗正式打响了,当日军沿公路行进到盘山南侧时,七连一个前卫排首先向敌人开了火,一举打死打伤敌人十余人。日军顿时乱成一团,人员、马匹东窜西逃,到处寻找藏身之地。

不久,敌人抢占了公路附近的老虎墩,以此为依托向七连阵地发起猛烈攻击,子弹像雨点一样射过来。一排同敌人激战一个多小时伤亡不断增加,这时,第二梯队的两个排,在连长亲自带领下冲了上去。他们火速向老虎墩运动,打算从侧翼包围敌人,出其不意将敌人歼灭。但是由于地形开阔,隐蔽条件差,运动不便,接近敌人时已经暴露。敌人发现七连有从前后两面围攻他们的企图,火力更猛了,压得七连抬不起头来。突然,七连连长一个健步跃至敌人面前,紧紧抱住一个准备射击的日本兵滚翻在地。他猛地在日本兵脸上咬了一口,血流满面的日本兵发出了狼嚎似的尖叫声。伏在一旁的另一个日本兵见状猛扑过来,用刺刀向七连长胸膛戳去……这位优秀的共产党员、英勇无畏的战士倒在了血泊之中。

三营副营长一直带领部队在第一线。他是一位身材魁梧的湖北黄陂人,1.8米的个头,秉性刚直,为人宽厚,是个血气方刚的硬汉子,大家都叫他"黄陂老"。他看到部队人员伤亡增多,心急如焚,夺过战士的机枪亲自向敌射击,也不幸中弹牺牲。七连指导员在组织第二次攻击时,负了重伤,流血过多,光荣牺牲。七连指导员牺牲后,接替他的是九连副指导员姚应山。这位代理指导员上去打了一两个小时,发起第三次攻击时,被敌人罪恶的子弹击中脑袋,抢救他的担架还没有抬到白果树边,鲜血已经流尽。

激烈的战斗打了两个多小时,敌人距七连的阵地越来越近,营部决定立即派一个班从右翼策应,营预备队八连也投入战斗。

战士们同日军相持一段后,正准备发起新的攻击时,突然一位战士高声叫喊:"敌人的飞机来了!"应声朝天望去,敌机已飞到大庙上空。这是一架侦察机,在盘山上空盘旋了几圈即向东飞去了。过了片刻,东面飞来6架敌机,在阵地上空投下了炸弹。这一批飞机刚刚离去，接着又来了第二批、第三批……每批 2 至 3 架，敌机共出动 24 架次，先对新四军阵地轮番轰炸，有时还进行俯冲扫射，然后又对盘山滥施轰炸，把盘山这块弹丸之地几乎翻了一遍，山上山下弹坑累累。其中一颗落在大庙后院的小山包上，庙的屋顶被震塌了一个角。敌机持续轰炸扫射了两三个小时，直到黄昏停止，公路两侧的日本兵在敌机的掩护下向程桥方向撤退。

天黑了，渐渐稀疏的枪声突然又密集起来，程桥据点的敌人反扑过来。这时，五支队十四团已完成任务，决定收拢部队，撤出战斗，部队沿着盘山右侧向山旺一带平原地带转移。

这次战斗，敌人不但武器装备优良，战斗力强，而且动用了空中力量配合。新四军参战部队共 100 余人，70%是新兵，每人十来发子弹，两枚土造的手榴弹，有的新战士连枪都没有。在敌我力量悬殊下坚持了 5 个多小时，发动了 3 次攻击，打死打伤日军 20 余人，其中还有一名指挥官。

中原局和江北指挥部队对盘山战斗极为关注。数日后，刘少奇、张云逸等在半塔集召见了指挥战斗的十四团政治部主任程明，并听取了情况汇报。程明兴致勃勃的来到指挥部，一进屋，就见到刘少奇。刘少奇请程明坐下后，详细的询问了这次战斗的经过。程明在谈到战斗组织工作中存在的问题和教训时说："我们的部队是新组建的，没有战斗经验……"这时，坐在刘少奇对面的张云逸接过话题，以高度赞扬的口气说："打得不错啊！敌人是陆空联合作战，你们打的是现代化战争，不简单啊！"刘少奇听完汇报后，非常高兴，对部队作了一番鼓励。他说：这是一场硬仗，你们打得很好，把敌人咬了一大口，这是一个胜利。部队一点损失也没有，怎么可能？你们不要小看这一仗，它使敌人的指挥机关震动很大，是对兄弟部队的有力配合，对保卫根据地，保卫指挥部安全和粉碎敌人"扫荡"起了重要作用，对部队也是一次很好的锻炼。从战争中学习战争，你们要好好总结一下。

江北指挥部军政干校首长，在 8 月份已获得日伪军将要进攻的情报，故把部分学员提前分配工作。8 月中旬的一个晚上，举行结业典礼。在校部大觉寺黑松林里，搭起讲台，点上汽灯。全校干部和学员都坐在台下，干校教育长谢祥军讲话。他说，这短短的时间，用来学习理论是不够的，还要到实际斗争中再学习。他讲过话以后，指着穿皮夹克的刘少奇说："我介绍我们的首长胡服同志给你们讲话，大家欢迎！"话音刚落，台下掌声如雷欢迎刘少奇讲话。刘少奇讲话的题目叫作《坚定的政治方向，灵活的工作作风》。他一再强调，我们共产党人、革命同志，一定要争取实现共产主义,这个目标是坚定不移的。为了实现这个远大的目标,目前要反对日本帝国主义和国民党顽固派,要独立自主,扩大抗日根据地,壮大人民武装。会后,他在军政干校发给学员的结业证书上题词“终身为无产阶级事业服务到底”。

9 月 7 日,从竹镇一带来的一路日军,与天才县据点里的敌人两路配合,向军政干校发动进攻。军政干校尚有没毕业的几个连队和干部队(都是团以上干部),还有九个队的学员以及校部工作人员。当时,正准备整装待发。半夜时,敌人向大觉寺开炮,击中起火了。校部领导在刘少奇领导下,从容不迫的布置反“扫荡”战斗。军政干校培养的都是部队军政骨干力量,刘少奇指示,不能轻易拿去硬拼,要保存力量,只由五、六、七支队拿出一部分力量,布置在汊涧河南,执行阻击任务,保证机关和学员安全转移。

敌人遭到阻击后,用机枪小炮远距离射击。南边学员和干校机关首长撤退到桥北。在汊涧大桥上,展开了激烈的争夺战,用密集的火网,封锁敌人的进攻。战斗进行了两个小时,敌人不敢进镇。杀伤一些敌人后,大队人马从汊涧北向半塔集方向转移,一部分战斗人员完成阻击任务后也随队转移。敌人害怕伏击,不敢进镇。直到下午,敌人才敢进镇。然而,汊涧镇已空无一人。

根据刘少奇指示,干校学员 10 日晚到半塔集住了一宿。得到情报,来安县敌人要向半塔集进攻,便连夜向半塔集北面盱眙山区转移。刘少奇和学员们一起步行,他的警卫员牵了一匹马,驮了很多伤病员的背包。在反“扫荡”的日子里,刘少奇始终同战士们在一起,指挥和部署反“扫荡”战斗,取得了反“扫荡”的胜利。总共经过大小战斗 65 次,敌伪将近 600 人死伤,比新四军多一倍以上。新四军缴获枪支比损失多两倍,部队在反“扫荡”战斗中得到锻炼,更进一步提高了战斗力。群众更进一步认识到敌人的野蛮残忍,更加认清了保护他们利益的是新四军,只有新四军才是民众自己的武装。

### 6. 郭村保卫战

刘少奇和中原局确定了东进黄海,开辟苏北的战略和具体作战计划。当时,刘少奇看到江北挺进纵队是一支训练有素、装备精良、战斗作风顽强的部队,于是他找叶飞谈话,指出不能主动打韩德勤,只能进行自卫斗争。但是,国民党顽固派既然来进攻,我们就有理由起而自卫,消灭他们。因此,刘少奇要求挺纵担负起反击顽军进攻的任务。6 月中旬,挺进纵队对日军进行反“扫荡”后,撤到距国民党苏鲁皖游击纵队司令李明扬、副司令李长江部的防地泰州西北30里的郭村休整。下旬,在韩德勤的煽动挑唆下,两李遂在当时华中的反共高潮中,从动摇倒向反共。李长江竟向挺进纵队下最后通牒,限3天内退出郭村。挺纵领导将情况分别电告中原局和江南指挥部。刘少奇致电挺进纵队及项英、陈毅并报中央:强调“目前你们在苏北的任务是在冲突前争取政治上的优势。”“即使顽固派已向你们开枪,最初还应去信,力求合作打日本。”“……由于你们的积极活动,顽固派必然迟早会向你们进攻,你们要准备与选择适当的地形位置,能够固定或以游击战支持一二星期,让顽固派向你们进攻,你们自卫,造成充分政治理由,然后再由八路军与四、五支队援助你们协力侧击顽固派”。

正当李长江剑拔弩张之际,6月24日, 新四军仍然派出以陈同生为首的谈判代表小组,到泰州去做两李说服劝导工作。从24日起,在两李部队五支队四大队做秘密工作的中共地下党员郑少仪每天到泰州去观察情况,打听消息。27日上午,他一走进泰州城,就感到情况异常,茶馆酒楼虽然照常开张,但食客要比平常少,街上熙熙攘攘的人群中,大兵们在忙忙碌碌的买这买那。驻泰州北斗宫留守处的一名勤务兵嘟嘟囔囔的说:“城内的部队昨天提前发饷了,我们也快发了吧!”为弄清这些底细,郑少仪赶忙到城里几个驻兵的大庙里装作找熟人去侦察一番,那里的士兵背包都打好了,整装待发。郑少仪终于弄清了情况:李长江确是调兵遣将,要攻打郭村的新四军,丁聚堂的一纵队到宜陵,陈中柱的六纵队到塘头,陈才福的四纵队到黄档铺。李长江集中了13个团包围郭村,企图歼灭江北新四军。新四军派到泰州的谈判代表陈同生等,已被李长江扣留起来了。郑少仪立即把情况告诉地下党县委书记陈扬,并想借助县委关系转告港口党总支,但因情况变化,没有联系上。

郑少仪当机立断,换上便衣,连夜从荒郊田野绕过一个个村庄,趟过一条条溪水,来到郭村外河边。到了对岸,一上岸就被新四军的岗哨抓住了。郑少仪连忙说:“我有重要事情,请马上送我到政治部去。”两位战士将他送到挺纵政治部,由彭德清接待。郑少仪说明来意,并要求迅速送他到苏北特委书记韦一平处。彭德清立即派人送她去见韦一平,韦一平听了汇报,亲自带着他立即去见叶飞和张藩,向他们汇报泰州情况和李长江就要进攻郭村新四军的情况。

6月27日,韩德勤命令:“决将该匪军就江都及两泰各县境及运河东西并洪泽湖南北地区进而歼灭之”。28日,李明扬托故离开泰州,去兴化。李长江纠合三个纵队,韩德勤又派保三旅的张星炳部助战,共集中13个团1万余人的兵力,对郭村实行四面包围，轮番进攻。从6月28日至7月1日，挺纵和远道星夜驰援的苏皖支队，以两个多团的兵力，在地方党和人民群众的有力配合下，浴血奋战，打退了敌人多次进攻，有效的保卫了郭村阵地。29日，刘少奇致电挺纵：八路军五纵队因日军“扫荡”，不能如期赶到；五支队也因大刀会所阻，无法增援。挺纵领导研究后，认为打退李长江的进攻是有把握的，但如果旷日持久，韩德勤再派主力参战，孤军坚守，风险太大，前无救兵，后无退路，万一失利，后果不堪设想。因此，必须采取速战速决的办法，才能摆脱被动局面。

6月30日，根据挺纵和苏北特委决定，在李部担任支队长的共产党员陈玉生，担任大队长的王澄，担任连长的姚力各率所部在驻地起义，迅速改变了战场形势。挺纵转守为攻，击溃李部三个团，俘虏支队长以下近千人，直逼泰州城下。泰州城内两李部队人心惶惶，李明扬匆匆从兴化赶回收拾残局，放出被扣留的陈同生等，向其赔礼道歉。

7月3日，在炮火声中，陈毅从江南赶到了郭村，给郭村军民极大的鼓舞。当晚郭村召开了欢迎大会，陈毅作了报告，给部队以热情的慰问和鼓励。为了防止两李倒向韩德勤，决定立即停止进攻，在泰州唾手可得的情况下，收兵于城郊兵工厂，一面命令拿下泰州以西之塘头镇便于江南主力过江后机动，又有利于谈判；一面派朱克靖为代表到泰州与两李谈判，表明新四军为顾全大局，不打泰州，是尊重友军及老前辈，要两李以“互助互让，共同发展”八个字来推动抗战。陈毅又亲自给李明扬通电话，再次表明为了团结抗战，愿意与他重修旧好，释放全部被俘人员，归还大部分缴获的枪支，并愿意将郭村、塘头等地全部归还，表明新四军并无占据友军地盘的意图，规劝他们团结抗日，如果将来韩德勤进攻新四军时，希望他们保持中立。李明扬在兵败城危的情况下，正是求之不得，满口应承，愿意重修旧好，团结抗战，“虽省韩派兵接济饷弹，鼓励再打，两李已觉悟不受其利用，认清我们不攻击泰州，符合中央七七宣言……只要我们今后争取得法，两李由中立可争取进一步。同时韩部之中间分子更有倾向我们的可能。”郭村战斗在华中地区再次创造了以少胜多的反磨擦战斗范例。这一胜利，不仅扩大了共产党的政治影响，粉碎了韩顽联李反共的阴谋，而且创造了新四军继续开展苏北抗战的有利条件。

郭村战斗得到了郭村地方组织和人民群众的大力支援。战前，郭村区委召开郭村地区各界人士大会，由叶飞作形势报告，随后选举成立郭村区自卫委员会，杜干全为主任，蔡公杰为副主任，何戟门等为委员。接着，建立郭村人民抗日自卫大队，汤池被选为自卫大队长。他们提出的口号是:一切为了抗战,有钱出钱,有粮出粮,有枪出枪,有力出力。短时期内,自卫大队就在郭村和附近的龙耳、野田、幸福等村征集到分散在民间的近40支长短枪,加上以青年抗日救亡团名义掌握的一部分枪支,建立了一支党领导的人民武装。

郭村保卫战爆发后,在郭村区委的领导下,各阶层人民群众进一步动员起来。在原已成立的抗日自卫委员会的基础上,成立了战时动员委员会,仍由杜干全、蔡公杰任正副主任。在委员会之下组建战地服务团,把各群众抗日团体统一起来,全力支援前线,争取保卫战胜利。战时动员委员会组织青壮劳动力协助军队挖战壕,修筑防御工事,军民通力合作,奋战了一个白天,两个夜晚。密切注视敌情,开展群众性的锄奸活动与治安保卫工作,根据群众举报,及时逮捕了企图同顽固派里应外合、盗窃枪支的鸦片鬼李善庆与盐匪,镇压了特务分子徐昌涛。组织党员与群众骨干为部队作向导和侦察敌情,前后有10余人参加。组织担架、急救、看护、洗衣、运输(运弹药、送饭)、文艺演出等小分队全部或大部由妇女组成。老人与儿童也参加了支援前线的活动。在战斗最激烈的时刻,一位60多岁的老大爷,在颈项上挂着篮子,爬过几十米的麦田,把米饭、面饼和鸡蛋送到前沿的战壕里。人民群众的支援,使指战员受到极大鼓舞。

淮宝地区处于淮南、淮北、苏北、苏中的中间地带,是新四军江北部队主力向东发展的必经之地,也是联系淮北、苏北、苏中的枢纽地带。韩德勤依托淮宝,不断的派遣特务武装侵犯淮南根据地,因此,开辟淮宝对发展华中敌后根据地,巩固淮南都具有重大意义。

郭村战斗后,彭雪枫率第四纵队坚持发展淮北、豫东地区,于7月相继建立了淮上地委及淮上办事处,辖怀远、凤台、蒙城、宿南、宿东五县。黄克诚率第五纵队已进入皖东北,继续向苏北挺进。江北部队经过反“扫荡”、反磨擦作战、镇压暴乱和整训,政治觉悟和战斗力大为提高。刘少奇根据这一形势,于7月26日,作出开辟淮宝地区的部署,决定集中五支队八团、十团和四支队七团,由罗炳辉、周俊鸣、张劲夫、冯文华组成淮宝战役指挥部,在八路军黄克诚一部配合下向淮宝进军。

7月中旬,五支队八团(新老八团)、十团和四支队七团在五支队党委统一领导下,集结在三河南岸的黎城地区整训,深入贯彻支队党代会精神,进行军政训练,帮助群众生产救灾;做北渡三河的准备:侦察敌情,收集船只,研练强渡三河的战斗技术。8月1日,举行了阅兵式。当晚举行纪念八一建军节晚会,检查了准备工作,进行了战前政治动员，号召部队掀起打胜仗比赛运动。晚会后，利用夜间进入渡河点隐蔽，做好突然发起进攻的准备。

三河上游连接洪泽湖，下连宝应湖，河宽一至三公里，不能徒涉，日军小汽艇经常在宝应湖上巡逻。渡河部署：七团为支队渡河第二梯队，在金沟、银集担负宝应湖方向的警戒，保障渡河部队右翼安全，在八团，十团渡河成功后，再北渡进入淮宝；十团在曾家渡隐蔽集结，为渡河第一梯队。

8 月 2 日夜，刘少奇命令罗炳辉、张劲夫等发起强渡三河、向淮宝进军的战役。战斗打响后，十团首先渡河成功，迅速占领了高集，向新集追击前进，支队指挥所随十团前进到新集。八团登陆时遇韩顽抵抗。经过激战，击溃阻拦顽军，于 3 日拂晓在北岸登陆，向新集推进，与支队指挥所和十团取得联系。第一梯队八团、十团强渡三河成功，并扩大了登陆区，在新集巩固既得阵地并调七团北渡，为继续向前推进做准备。顽军一面退守仁和集、岔河等地，一面驱使当地封建刀会武装和受骗群众，包围、袭击进至新集的第一梯队。第一梯队在被迫还击的同时，展开政治攻势，宣传共产党、新四军的抗日主张和政策，揭露韩顽造谣污蔑、欺骗利用他们的罪恶行径。6 日，第二梯队进抵新集；八路军三四四旅六八七团亦进至淮宝地区，并在蒋坝歼灭秦庆霖一部。这时，四个团遂由南向北推进，迫使顽军节节败退。14 日，顽军又驱使封建刀会武装向进至赵集、南甸镇一线的新四军攻击，并派三十三师部队掩护。在新四军猛烈的还击下，掩护刀会武装的顽军抢先逃跑，刀会武装也纷纷溃退。新四军对被俘的刀会重要成员，以礼相待，晓以大义后予以释放的行动，为争取和瓦解封建刀会起了很大的作用。

8 月 15 日，新四军对据守双沟、仁和集、岔河镇的顽军三十三师两个团发起总攻。经过激战，顽军大部被歼，残部仓皇逃往运河东岸。开辟淮宝地区的战役取得胜利，打开了通向苏北的通道。战役结束后，八路军黄克诚部与新四军第五支队在淮宝地区新集会师。8 月 16 日，黄克诚亦渡过三河经盱眙到大田郢与刘少奇、罗炳辉等会合。8 月底，淮宝办事处（县级）成立，李斌任主任。淮宝办事处在十团的积极配合下，迅速展开建设淮宝抗日根据地的工作。

在开辟淮宝地区的同时，根据刘少奇指示，为配合新四军第四支队保卫皖东根据地和扩大津浦路西根据地，继续执行向西防御任务，并解决部队财政困难，八路军第四纵队主力于 8 月上旬再度向淮上进军，打击敌伪，扩大边区，发展武装，增加财政税收，建立了部分政权，使党的影响日益扩大。但桂系国民党军一零五师、一三五师及其他地方武装，沿涡河以南构筑工事，防其西进，又令第七军军长张金率一七二师进至正阳关地区，顽骑八师马彪部进至涡阳以南。根据蒋桂当局密令，为限制四纵发展，乃三面包围四纵。骑二军何柱国部限于私利，对八路军态度日趋恶化。一时皖北局势逆转，磨擦之战大有一触即发之势。

四纵领导除将上述情况报告中央和中原局外，提出了如下方针和部署：即一面依据国民党一、五战区之间的矛盾，采取区别对待的斗争策略；一面加强统战工作，并在某些方面做些让步。同时部署兵力，做好自卫还击准备。由于四纵各部坚决执行了上述方针和四纵的各项指示，终于使一度紧张的淮上局势暂时缓和，四纵控制了涡河下游，打通了与第四支队的联系，保障了津浦路东和淮南地区的发展。

# 第六章　发展苏北

## 1. 决战黄桥

郭村保卫战之后,刘少奇提出了建立华中根据地的作战计划:陈毅部暂不去黄桥,在原地待韩德勤、李明扬集中部队从东北方向进攻时,新四军"以逸待劳,严阵以待,最好在他来攻三五天之内,我不作大出击。在原地则应准备独立坚持两星期至一个月",以便在政治上向全国舆论和苏北群众证明"衅自彼开",在军事上则等待与配合强大的增援部队的到来共同进行决战。刘少奇的作战计划有两个基本的出发点:第一,华中已成为蒋介石反共的重点地区,八路军、新四军迫切需要迅速在华中站稳脚跟,以应付全国性的突然事件。郭村保卫战之后,韩德勤不甘失败,正准备向新四军大动干戈,这正是新四军从根本上解决苏北问题的极好时机,必须紧紧抓住。第二,江南部队刚刚过江,立足未稳,而又是华中新四军四、五支队主力作数百里大迂回穿插,以求在东台及其以南击溃韩、李主力。

发展苏北的战略确定以后,江苏北部就成为华中新四军、八路军发展的主要目标,新四军和八路军从南北两面向苏北发展,特别是新四军陈毅部渡江进入苏中地区(即苏北地区南部)以后,与韩德勤的冲突日趋尖锐。顽固坚持反共立场的韩德勤指使所部,不断挑起磨擦,先后发生郭村、营溪、姜堰等战斗。他还制订了一个"先南后北"递次击破新四军的作战方针。因此,坚持发展苏北的抗战事业,与韩德勤部队决战就不可避免。如何打破韩顽反共势力,便成为华中全局的焦点。刘少奇充分估价了与顽韩决战的意义,1940 年 8 月 3 日致电陈毅并报毛泽东等:"恐顽韩在这次进攻失败后即很难再次大举进攻。在苏北的大仗恐只有这一次了,所以必须好好打一仗。"

韩德勤是国民党中央委员、鲁苏战区副总司令、江苏省主席。刘少奇充分考虑到在全国抗日民族统一战线条件下,与韩决战的政治影响,提出必须慎重处理。为此,他制订了决战的策略原则。"在冲突前争取政治上的优势,造成充分的政治优势力量，在苏北积极行动打敌，吸引了顽固派全无理由的进攻你们，苏北广大民众、中间分子及全国看清了你们有理由，你们是自卫者。八路军及新四军五支队才能在有理有利条件下援助你们，击破顽固派。”以后，刘少奇又致电陈毅等，指示在与韩德勤冲突初期只进行防御战，不作大的出击，而向全国发出呼吁，以争取政治上的有理地位。9 月 4 日，陈毅致电刘少奇并毛泽东、朱德：“我处即照胡服同志三日电原则办理。吸引韩之大举进攻，先逐渐向后隐退至适当地点布置巩固，争取延长时间，以便公布韩之罪状及我之正当防卫之理由。”

陈毅、粟裕从苏北实际情况出发，落实并完善了刘少奇上述作战计划，作出在八路军一部和新四军江北部队的战略配合下，准备单独进行决战的决定。由于新四军力量单薄，为全力对付韩德勤部，并在战役上采取逐步跃进的姿态，让出郭村地区，东进泰兴、靖江、如皋、海安地区，横扫日伪据点，迅速建立以黄桥为中心的敌后抗日民主根据地。这样政治上进一步提高了新四军的威信，争取了中间势力；在军事上打乱韩德勤的进攻部署，争取了行动时间。经过这样的修改和补充，使作战计划趋于完善可行。刘少奇同意了这些意见，并进一步提出：“增援部队事实上决不会快的，还应是独立打破重围，求得以速决为原则。”

刘少奇、陈毅分析：由于江南新四军主力北移，磨擦与反磨擦的斗争将进入新阶段：蒋介石、韩德勤绝不会让新四军在苏北建立抗日根据地，顽我之间势必有一场决战，必须积极做好准备。鉴于当时韩德勤的军事实力数倍于苏北新四军，要争取全局的胜利，必须采取以退为进的斗争策略。经过研究，决心跳出韩德勤和两李的势力范围，东进黄桥地区，创建以黄桥为中心的新的抗日根据地。

黄桥地处靖江、如皋、泰县等县的中心，战略地位重要。向东发展，可控制长江通道，威胁日军要害；向北发展，可和华北南下的八路军打通联系；南北对进，则彻底解决苏北问题。盘踞在黄桥地区的国民党江苏省保安第四旅，一贯勾结日伪，鱼肉人民，旅长何克谦是个杀人魔王，人心丧尽。同时，该区在土地革命战争时期，曾经是中国工农红军第十四军活动地区，共产党的影响深，基础好。

7 月 25 日，陈毅率部由扬州、泰州地区出发，采取远道奔袭战术，直指黄桥。在通过李明扬防区时，李部如约让路，对空鸣枪，以应付韩德勤，而新四军则佯装夺路而过。韩德勤得知新四军东进，急令保四旅由黄桥向北出击，令陈泰运率税警总团由曲塘南下，妄图南北夹击新四军。陈毅指挥部队在击溃陈泰运部后，根据其对新四军的态度，立即送还俘虏，以示团结，而陈泰运则表示愿与新四军合作抗战。陈毅随即指挥部队转兵南下，歼保四旅近2000人，于29日占领黄桥。

新四军占领黄桥后，陈毅随即分兵发动群众，成立黄桥军民联合办事处，陈同生任主任；以后又相继派了泰县、泰兴、如皋、靖江等县县长；成立了由管文蔚任主任、陈同生任副主任的通如靖泰临时行政委员会。9月，为统一党的领导，根据中原局的指示，成立了中共苏北区委员会，陈毅任书记，陈丕显任副书记。为加速根据地建设，苏北指挥部、军分会还下达了《对于创造黄桥大根据地的指示》。苏北中上层人士有不少是国民党员，他们绝大多数是爱国的，是要求抗日的。他们十分赞赏新四军和平协商共同抗日的倡议，反对阋墙之争。在战役前，韩德勤调兵遣将，准备大打，一时苏北战云密布，各界人士心情沉重，忧心如焚。他们奔走呼号，要求和解共同抗敌，并在海安发出通电，呼吁苏北各方面军长官"停战息争，一致抗敌""纵有误会，亦应和平解决"。韩德勤却对各界人士的正义行动怀恨在心，在兴化出版的韩军战报上，竟然把热心为和解奔走呼号的开明人士影射为汉奸、敌探，使中上层人士更加气愤，更加心向新四军，坚决反对反共内战。韩德勤还威胁说：新四军如有合作诚意，应首先撤出姜堰，再言其他。

韩德勤对新四军在黄桥建立根据地，感到莫大的威胁。于是便趁新四军立足未稳，调集大军，开始向黄桥地区新四军发动进攻。韩德勤以两李、陈泰运部及保安第三旅为右路军，以第八十九军的一一七师、独立第六旅、保安第一旅为左路军。其右路军，在新四军有效的争取下，进展缓慢；其左路军是进攻的主力，大胆冒进。9月6日，苏北指挥部各纵队对进至营溪的左路军，展开英勇反击，歼其先头部队保一旅两个团，余部缩回姜堰、海安一线。

营溪战斗后，陈毅对保一旅被俘人员热情招待，晓以团结抗战大义，然后将1500余名俘虏全部释放。这对动摇韩部军心，争取各保安旅与新四军合作抗战起了很大作用。

为了打败当时苏北抗日的最大障碍韩德勤，陈毅在争取地方实力派同时，还大力争取韩国均、朱履先等中上层人士站到新四军一边，以壮大抗日进步力量。韩国均（字紫石）是清末的翰林，北洋军阀时代任过江苏省省长，后乡居海安。八十九军军长李守维以下大小军官，大都是韩国均的投帖子的学生。朱履先曾留学日本，任过师长、县长，时隐居黄桥。他们是苏北开明人士及知识分子的代表人物，同韩德勤的部署有着千丝万缕的联系，苏北的中上层分了都注视着这两个人的政治动向。把这两个人争取过来，就可以争取苏北中上层分子的大多数，使韩德勤在群众中更加孤立，对分化韩德勤的部署关系极大。

新四军进驻黄桥后，陈毅和管文蔚等一起做朱履先的工作。朱履先正义感强，为人直爽，对韩德勤不打日军，专搞磨擦、欺压百姓的行为早就不满。经过几次交往，朱履先很快就站到新四军一边，热情支持新四军，也带动了泰兴、泰州、靖江等地上层人士倾向新四军。占领海安后，陈毅随即对韩国均展开争取工作。9月中旬，陈毅管文蔚专门拜望82岁的韩国均，陈毅对韩老先生十分尊重，以晚辈的身份，向他致以问候。

就在这时，发生了姜堰（今泰县县治）战斗。姜堰，是苏北主要的粮食集散地之一，当地人称“金姜堰”。它原是陈泰运部的防区，韩德勤将陈部调往曲塘，派保安第九旅张少华部进驻，以严密封锁黄桥地区的粮食来源。陈毅为解决军需民食的困难，令部队于9月14日攻占姜堰，歼保九旅千余人。

姜堰战斗后，陈毅请韩国均出来主持正义，召开苏北各方代表会议，争取和平，反对内战。陈毅在信中说：“紫老为我省耆宿，德高望重，只要登高一呼，万民一定归从，我与管文蔚当枕戈待命。”韩国均应允了这个提议，表示待韩德勤、李明扬通话后给新四军方面回音。

不久，韩国均在海安主持召开停止苏北内战，一致团结抗日协商会议，韩德勤拒绝派代表参加，给韩国均打电话说：“新四军如有合作诚意，应首先退出海安、姜堰，才可和谈。”陈毅为了进一步争取韩国均等中上层人士，戳穿韩德勤的阴谋，当即表示：“我军为了苏北的抗战，尊重苏北父老的意见，可以撤出海安、姜堰。但是，希望韩也以大局为重，不要欺骗我们，下次召开这样的会议时，能够派代表到会，和苏北父老共商抗日大计。”

过了几天，韩国均在曲塘主持召开了第二次和平协商会议。韩德勤仍不派代表出席，还提出无理要求说：“新四军一定要撤出黄桥，开回江南，才可进行谈判。”韩国均等看清了韩德勤的真面目，贼子无信，天必殛之！并劝陈毅回去速作应战准备。

1940年9月29日，刘少奇根据苏北的情况致电毛泽东、朱德、王稼祥等，提出防备日顽夹击新四军的意见：

（1）据何柱国26日电，陇海路以东运进敌兵甚多，各站均停售客票，空车亦不许商人乘坐。

（2）据徒韦电，陇海路以南，苏北、皖东北各据点，均增加敌寇，灵璧、泗县之敌伪不断向我地区扫荡，宝应、淮安、淮阴亦增敌甚多。

(3)估计敌有于最近向我华中八路军、新四军扫荡,以配合韩德勤再度向陈毅部进攻之可能,已电克诚立即准备。

(4)在扫荡中,我苏北主力向北转移困难,仍以向东南出阜宁击破韩顽为安全,其余皖东部队均须独立作战。

(5)请延安、军部、集总速电重庆,向国民党严重交涉,要求制止韩德勤、李品仙在敌人扫荡下向我进攻。

(6)由于敌人扫荡,更引起顽固派向我进攻,我们只有击破顽固派向我进攻,以保存自己。

9月30日,党中央、毛泽东等根据刘少奇的意见制定了关于发展苏北根据地的方针,并致电刘少奇:

(1)韩德勤受打击后定必谨慎,且据水网地区加之日寇在韩攻陈毅时曾大举扫荡路东,虽然无证据说明韩与日寇勾结,但至少日寇与韩是心心相印,均不愿八路军、新四军取韩而代之。因此,故而干脆消灭韩德勤已很困难或不可能。

(2)苏北运河以东地区,应由陈毅部、黄克诚部发展广泛的游击战争,由克诚部发展阜宁、淮安、盐城以北地区,陈部发展泰县、如皋以东地区,不仅扩大主力并且应努力与地方党共同建立无数的小游击队,建立新政权,把这些地区抗日民主化。如此,方能击破韩德勤。

(3)如韩部确实大举进攻陈毅,而八路军、五支队又未遇敌之大举扫荡时,自应增援之,取何道路,由胡服、陈毅、克诚商定。

(4)对韩部中、下层及苏北各顽军与地方人士,应广泛开展联络工作,分化其团结,争取同盟者,孤立韩德勤。因此,应纠正我下级只会打不会拉的错误。

(5)请胡服即令克诚电台与军委电台恢复联络。

9月30日,新四军撤出姜堰,通知李明扬、陈泰运接防。李明扬喜出望外,单独接管了姜堰。陈毅又主动给陈泰运送去100多支好枪,以促使其继续保持中立。而韩德勤则一无所获,与李明扬、陈泰运之间的矛盾越来越深。

当新四军主动撤出姜堰向黄桥转移时,韩德勤更加得意忘形,误认为是新四军怯弱的表现,狂言"由此足以证我战略上已获先制之利","现匪胆已寒,必不敢与我决战"。立即下令向黄桥进攻,并狂妄宣称,要把新四军赶到长江去喝水。趾高气扬的李守维也认为:新四军兵力不足,只能困守黄桥,没有出击决战的力量。他在与韩德勤通话中讲:"陈毅指挥的新四军就是全部在黄桥,也不过五六千人,他们弹药也少,而我们的兵力比他们多两倍以上,打下黄桥不成问题。”

回师黄桥后,陈毅、粟裕已料到韩顽反扑在所难免,就积极地进行了战斗准备。当时新四军在黄桥一线仅有三个纵队7000多人,而其中战斗人员不到5000人,力量对比悬殊,局势非常严重。陈毅、粟裕整日在指挥部里对着作战地图思索着、讨论着、计算着,认为只有在八路军第五纵队和新四军第四、五支队的战略策应下,依靠苏北部队,独立决战,才能一举打开苏北抗日斗争的局面。陈、粟决定,采取以黄桥为轴心,诱敌深入,断其归路,运动歼敌的作战方针,由陶勇以作风顽强著称的三纵守卫黄桥,由叶飞、王必成分率一、二纵隐蔽集结于黄桥西北的顾高乡、横港桥一带,叶飞的一纵设伏于翁达独立六旅来路两侧的青纱帐中,王必成二纵以一个主力团穿插阻击,另两个团在一纵以北,负责截断翁达独六旅退路,待歼灭翁达旅之后,直插八十九军侧后,准备围歼李守维。为了打好这一仗事关苏北全局的决定性战役,陈毅、粟裕十分重视部队的思想政治工作,针对指战员不愿放弃姜堰,一再忍让的激愤情绪,反复解释让出姜堰的政治意义,因势利导的把指战员的情绪转化为决一死战的战斗激情。陈毅代表军分会发出了《为黄桥决战告指导员同志书》,号召全军勇往直前,为压倒反共投降势力而战,为保护苏北民众利益而战,为爱护光荣的新四军而战,为保护黄桥抗敌根据地而战。鼓舞全军将士依据天理,依据人情,依据敌我力量对比,依据人民意见,依据党的领导和同志们的抗战热情,胜利都是属于我们,而失败属于韩德勤。全军指战员摩拳擦掌,斗志空前高涨。

陈毅自信而诙谐地说:“韩德勤十万大洋赏格,要买我陈毅的人头,这回倒要看看,哪个要哪个的人头!”

决战前,陈毅给连以上的党员及干部作动员。他激动地说:我站在战斗的第一线,和大家生死在一起,这一仗打赢了我们在苏北就有了立足之地,就可以打开局面,打输了,我们大家都到长江去喝水。因此,我们一定要打好这一仗。不但军队内部动员,而且动员群众,新四军每到一处,通过发布告,散传单,书标语,开大会,宣传共产党的抗日纲领,声讨顽固派破坏抗日罪行,使广大人民群众明白了抗日的目的,掀起了支持新四军作战的热潮,数千民兵和人民群众扛着门板和各种器材帮助部队赶修工事。在支前委员会的组织和领导下,救护站、担架队迅速组成,待命行动。家家磨面,烧水,烙饼,仅黄桥镇上就有60多个烧饼炉响应号召为前线烙烧饼。在韩顽大军压境决战迫在眉睫的情况下,黄桥人民川流不息,格外忙碌,600多人参加了工、农、青、妇、教、商、儿等各种抗日团体。他们筑工事、扎担架、做军鞋、印传单，组织工人纠察队，侦察敌情，放哨巡逻，散发宣传品。新四军苏北指挥部政治部，针对各个阶段前的斗争形势，提出了概括为 15 项内容的数百条战斗口号，用朴实的文字，简单明了的语句题书，极大地鼓舞了指战员杀敌报仇，为国立功的热情。

根据中共中央“利用矛盾，争取多数，反对少数，各个击破”的策略原则，为集中力量打击韩顽主力，在归还郭村、让出姜堰等一系列战略措施的基础上，利用韩顽主力与两李、陈泰运及其他保安团之间的派系矛盾，进一步开展了分化瓦解工作。陈毅亲自致书两李和陈泰运，劝他们不要追随韩顽，助纣为虐，留下千古骂名，要他们以民族大义为重，实践诺言，严守中立。同时，利用他们有意保存自己，坐收渔翁利的用心，与他们相约：“若我败，你们尽可帮助韩捉我的俘虏，若韩败，你们也可帮我捉他的俘虏。”李、陈所部不断从新四军得到好处，又身受韩顽的挟制和倾轧，他们也意识到，新四军的存在，不仅于己无损，而且是一支可借以与韩德勤相抗衡的力量。因此，他们故意与韩顽主力拉开进军距离，并不时的把韩顽的作战计划透露给新四军，在新四军与韩顽主力激战不休时，他们远离战场，坐观虎斗。薛承宗的保安一旅曾在古溪遭新四军痛打，余痛未消，放还俘虏后，对新四军感激不尽，与陈毅相约互不为敌，该旅中的地下党也积极活动，使这支队伍始终没有参战。与党组织失去联系的共产党员王治平任保安五旅副旅长，他利用自己的身份，在中、下层军官和士兵中广泛结交朋友，基本上控制了这支队伍。他扣押了韩德勤向黄桥进军、围歼新四军的紧急作战命令，按兵不动，直到战争接近尾声，才姗姗接近黄桥。其他保安旅团你看我，我看你，你等待我，相互观望，谁也不肯接近战场。这样，韩德勤纠集的 3 万兵力就有 1.9 万兵力被稳住了，为新四军最大限度的集中力量对付韩顽主力提供了有利的条件。

当陈毅所部经过郭村、黄桥、营溪、姜堰四次战斗，控制了以黄桥为中心的抗日根据地时，由黄克诚率领的新四军第五支队已进至大运河西岸，与新四军苏北指挥所属部队形成了由北、西、南三面夹击顽固派韩德勤部的有利态势。而韩德勤既惧怕新四军与八路军会师，又认为新四军撤出姜堰是匪胆已寒，不敢与我作战，决定采取先南后北的方针，企图以大军先进攻黄桥地区的新四军，再回师对付南下的八路军。韩德勤亲自指挥 26 个团共 3 万余人，以其嫡系第八十九军和独立第六旅为主力，组成中路军，分经营溪、古溪、加力，进攻新四军黄桥北面和东面地区，以两李部及陈泰运部为右路军，以保安第一、五、六、九、十旅为左路军，掩护其主力之两翼，进攻新四军黄桥以西及东南地区防线。

对于韩德勤即将大举进攻陈毅所部，中共中央十分关注，通过在重庆的周恩来向国民党宣布："韩不攻陈，黄(指黄克诚)不攻韩，韩若攻陈，黄必攻韩"。中原局急电南下，八路军第五纵队及新四军第四、五支队主力全力支援苏北新四军的同时，电告陈毅应独立打破重围，求得以速决为原则。陈毅、粟裕等分析后，认为南下八路军第五纵队和新四军第四、五支队距离黄桥战地尚远，不能作战役战斗上的配合，韩军主力第八十九军和独立旅1.5万余人，而苏北新四军当时战斗人员仅5000人，必须严守自卫立场，以退为进，后发制人，在战役上以少胜多，以独立作战为原则。同时，积极制造舆论，使新四军处于一再退让求和的衰兵地位，"衰兵必胜"。韩德勤要把新四军赶下长江去喝水，独霸苏北通敌卖国，激起了广大指战员的无比义愤，决心与韩德勤部决一死战，歼灭来犯顽军。

陈毅以黄桥为轴心，采取诱敌深入、各个击破的作战方针，部署善于勇猛攻击的第一、第二纵队为突击力量，隐蔽集结于黄桥西北之顾高庄、严徐庄、横港桥地区待机，由他亲自掌握，指挥部设在严徐庄，以作风顽强、指挥灵活的第三纵队坚守黄桥，由粟裕在黄桥前线指挥。当顽军于9月30日出动后，陈毅果断的从第二纵队主力中抽出两个营，布置在古溪至分界一线，实行运动防御，诱敌深入，迟滞韩军进攻速度。同时，第一纵队以一个主力营化装进入韩军后方，配合地方游击武装，四处进行袭扰，迫使韩军不敢大胆冒进，为主力做好战斗准备赢得了宝贵时间。

韩德勤部展开进攻后，陈毅选择中路军右翼的独六旅作为首歼对象。该旅虽然装备好，战斗力较强，但一贯骄横。歼灭该旅即可警告其他杂牌部队，又可为包围韩部主力打开缺口。当该旅前锋与4日下午进至黄桥以北地区时，陈毅令第一纵队奋勇出击，把该旅切成数段，经3小时激战，将该旅3000余人全歼于运动途中，中将旅长翁达自杀。独六旅被歼后，各保安旅、团畏缩不前，第八十九军右翼完全暴露，处于孤立地位。这时新四军第二纵队已插至分界，将猛攻黄桥东门的第三十三师后路截断，在第一、第三纵队的协同下，于4日晚将三十三师主力歼灭，活捉师长孙启人，黄桥阵地转危为安，各纵队迅即全力投入歼顽八十九军军部和第三四九旅的决战中。

顽军第八十九军军长李守维，得知其三十三师于4日在黄桥东门攻击受挫后，亲率第三四九旅向黄桥疾进增援，进至黄桥东北野屋基附近时，得知独立旅被围，既不敢前往增援，也不敢继续前进，遂在野屋基筑工事固守待机。这时，其归路为新四军切断，被包围于黄桥东北地区。经5日一夜激战，八十九军军部被歼灭，李守维仓皇逃窜，落水淹死。接着，第三四九旅等部逐次被歼。奉命增援的顽军预备队进至分界以西，闻三十三师被歼，退守营溪。新四军第二纵队追至营溪，歼其大半，残部向海安方向溃逃。各保安旅、团见韩军主力被歼，也争先撤退，韩德勤率残部千余人逃回兴化。新四军直追至海安、东台，方停止向韩顽老巢兴化进军。

## 2. 八路军、新四军在白驹、刘庄会师

1940 年 10 月初，黄桥战斗取得决定性胜利后，新四军部队没有休整，一面进行组织上的调整与政治上的动员，一面组织部队分路继续追击顽军。

二纵队四、五、六 3 个团向北追击，经海安到达东台，纵队司令部在东台县城。五团是前卫团，一直追到白驹、刘庄、大中集一线，行程几百里都没有遇到什么人的抵抗。顽军韩德勤残部退缩到了兴化、宝应之间的曹甸镇一带，一、三纵队向东北追击，一直追到海边，苏北指挥部也由黄桥进驻海安。

这时，黄克诚率领八路军第五纵队占领盐城。新四军二纵队进驻东台后，前卫团继续前进，在白驹、刘庄一带与八路军胜利会师。

当时在白驹镇只是双方一些便衣侦察人员会面，并由侦察员通过电话告知前卫团部说：他们在白驹遇上了八路军的便衣同志，白驹没有八路军驻守。八路军在刘庄驻一个营，通过电话前卫团与八路军取得了联系。接着，前卫团进驻刘庄，第三天在白驹召开了联欢大会。

当前卫团进到东台时，二纵政委刘培善指示：前卫团进到刘庄后与八路军会师时，要首先在部队进行教育，要掀起一个向八路军老大哥学习的高潮，要注意礼貌，要谦虚，要热情；他们由北南来，长途行军，在物质方面的困难可能比我们多，要多帮助他们，还要注意部队纪律和整齐整洁。前卫团指战员听说要与八路军会师了，大家兴高采烈，同志们着装更加整齐整洁，精神更加饱满。10 月 10 日 11 时左右，八路军五纵队一支队三团一营，与新四军苏北指挥部二纵队五团在白驹镇胜利会师。这一天，刘庄街头到处张贴了红红绿绿的欢迎标语，部队里洋溢着节日的气氛。两个兄弟部队见面时，互相问好，热烈地欢呼与祝贺。当地群众也来参加欢迎，他们鸣放鞭炮，敲锣打鼓，以表示对八路军和新四军的欢迎。下午 3 时左右，两部队在白驹镇东南的空茬稻田里举行了会师联欢会。联欢会由新四军二纵队五团政治处主任林胜国主持，五团团长池义标、政委吴嘉民和八路军的一位民运股长在会上讲了话。联欢会上，新四军向八路军叙述黄桥决战的经过，八路军向新四军畅谈平型关

大战的情景。八路军五纵队一支队三团一营营长陈金保、教导员李振山，将一把日本战刀、一支手枪和一架日式望远镜送给新四军五团，新四军五团也向八路军三团一营赠送了机枪等战利品。

会餐之后，各部队仍回到自己的驻地，大家一一握手告别。这一次会师使双方都留下了深刻的印象，八路军一见到新四军就翘起大拇指说："你们坚持大江南北抗战，在苏北打垮了反共反人民的韩德勤顽固派军队，是好样的。看到新四军整齐、清洁很有精神，战士又比较年轻，心中十分喜爱与敬佩。新四军对八路军更是敬佩，八路军长途转战，南下来支援新四军，一路风霜，衣着简朴，满脸征尘，但是精神饱满，真是久经锻炼的老大哥，大家充满了敬佩之情。"

二纵队五团进驻刘庄后，八路军部队就离开刘庄，退回冈门、大冈一带。五团继续向西团、大中集沿海进军。团部与一营驻西团，二营留在刘庄，三营进驻大中集。其任务是：继续打击顽军残部，肃清海边一带的土顽与土匪，广泛宣传组织群众，发展地方党组织，建立地方民主政权，同时进行扩军和部队的整训。接着，二纵四团也进驻刘庄以北地区与八路军联成一片。自此以后，南下的八路军统归新四军苏北指挥部领导，双方人员往来不断。陈毅还亲自到盐城、冈门等地慰问八路军，黄克诚也来到指挥部。

这时，苏北广大地区，北起陇海，南到长江，西至运河线，东到黄海边，都被新四军控制了。以韩德勤为首的反共反人民的顽固势力，已被打下去了，但是日伪军不断调兵来增援苏北。新四军在各地广泛开展游击战争，成立各种抗日组织，成立民兵和地方抗日武装，建立了苏北抗日根据地，苏北地区面貌焕然一新。

### 3. 群英汇聚海安城

黄桥决战后，新四军乘胜北上，开进苏北重镇——海安。

1940 年 10 月 7 日，陈毅率部分工作人员，由黄桥到达海安西南的营溪。此时，率追击部队先到达海安的粟裕派人送信说，苏北知名人士韩国均暨海安各界倡议将举行隆重仪式，欢迎陈毅及指挥部进驻海安。

入城仪式举行后，苏北指挥部驻在东寺庙，陈毅应韩国均的邀请，住在他的公馆里，粟裕带领机要人员住在庙内西北角，特务营驻扎在东寺庙的四周，卫生处和医院驻在西寺庙，电台总队驻在中坝。按指挥部布置，一纵队驻防在海安以西至曲塘一线，二纵队驻防在安丰、东台以北一线，三纵队驻防在立发桥、李堡东南一线，警戒如皋方向之敌。

海安各阶层人士对蒋介石的卖国政策深恶痛绝，对抗日将士十分尊敬。指挥部到海安后，四乡群众纷纷前来慰问，把鸡肉鱼蛋等慰劳品接连不断的送到部队医院和机关驻地，广大妇女组织起服务队，为指战员缝衣悉被；镇上三个浴室免费开放三天，为抗日战士洗涤征尘。

为庆祝黄桥大捷，欢迎新四军苏北指挥部进驻海安，韩国均、黄逸峰、季方及海安各界知名人士联名举行宴会，邀请陈毅、粟裕、钟民等及指挥部科级以上干部和直属队营以上干部出席，地方党政负责人管文蔚、惠浴宇、陈同生等作陪。随后，陈毅、粟裕等又回请韩国均、黄逸峰等人，举行了答谢宴会。

新四军苏北指挥部进驻海安，使得小镇成了苏北各界瞩目的政治中心，各派政治力量的代表很快汇聚到这里。当时，除韩国均等进步人士外，江北二李(李明扬、李长江)及陈泰运的代表也前来同陈、粟会谈，协商苏北防务问题。东台的黄亚成、兴化的王江淦、赵筱堂等也先后来到海安，请求新四军支持他们武装抗日。陈毅赞扬了他们的爱国热情，并正式派他们为各自所在地区的独立游击队负责人。这些人回去后，很快拉起十几至几十人的抗日武装，积极配合新四军行动。赵筱堂游击大队后编入新四军老二团，王江淦的游击队编入兴化安丰区游击队。

此时，陈毅、粟裕等工作十分繁忙。粟裕负责主持军队工作，陈毅除掌握全局外，每天还要花费大量时间做接待工作，以扩大统一战线。他会见苏北、上海等地党组织的负责人和联络代表，和他们一道研究开辟、巩固和发展抗日根据地的问题；接见从各地前来投奔新四军的青年，勉励他们积极参加抗日救国斗争，为拯救中华民族贡献自己的力量。

10 月下旬，八路军南下一支队派员前来海安参加在曲塘举行的苏北各派政治力量的联合谈判。来谈判的八路军一行 20 余人，一律骑着战马，身着黄色军装，佩戴“八路”臂章，威风凛凛地进入海安镇。海安镇的人民群众首次见到抗战救国的八路军部队，十分振奋。

在曲塘举行的会议由韩国钧、黄逸峰出面倡议邀集，目的是协调苏北各派武装力量，共同抗击日本侵略者。这次会议受到各界爱国人士的欢迎和支持，陈毅、粟裕高瞻远瞩，积极支持和谈倡议，努力创造和谈气氛。顽军八十九军军长李守维(在黄桥决战中落水淹死)的老婆通过韩国钧、黄逸峰来求情，想收回李守维的尸体。陈毅、粟裕当即答应，并命令将李守维尸体用棺木装殓，叫他老婆运去兴化。此举不仅使李守维的亲属感恩不尽，也在民众中产生巨大反响，各界知名人士交口称誉共产党、新四军气度非凡、知情达理，不愧为为仁义之师，连国民党顽固派也不得不感到吃惊和佩服。

黄桥决战后，苏北局势发生了重大变化。新四军威名远扬，受到广大群众一致拥护，部队扩大，装备改善，已成为控制局面的武装。打掉了李守维、翁达部队，江北两李和陈泰运从自身利益出发，不愿追随韩德勤，却愿同新四军维持和平。韩德勤虽然贼心不死，却也一时不敢轻举妄动了。这时，新四军也急需休整，腾出力量扩大解放区，筹建各级抗日政权。八路军南下部队的到来，更增强新四军的实力。

这次会议在“联抗”司令部驻地曲塘举行了两天。联抗实际上是一支接受共产党领导的中立部队，黄逸峰任司令，李俊民任副司令，贺敏学任参谋长，张孤敏任政治部主任。主要组成部分是新四军苏北指挥部派出的一个加强连，李长江、陈泰运部各一个连。联抗在曲塘、白米一带建立了一片中立缓冲区，减少了两李、陈泰运部与新四军发生冲突的可能性。率领加强连的指挥部警卫营副营长沈生发去抗联前，陈毅、粟裕等指示他：我们的部队参加联抗是同友军合作抗日，决不能被别人同化，要坚持独立自主方针，保持艰苦奋斗作风，以模范行动影响友军。

中立区的建立及曲塘谈判的成功，为了新四军巩固和发展根据地创造了条件。从而，叶飞率一纵控制了海安西南至泰兴一带地区，王必成率二纵向北发展，陶勇率三纵向东发展到南通、如东、启东、海门地区。

新四军苏北指挥部进驻海安仅一个月，根据地面貌就发生了巨大变化：共产党的抗日方针日益深入人心，越来越多的民众投身于抗战洪流之中。青年学生和教员组成宣传队，走街串巷宣讲抗日救亡道理。农民踊跃交粮，居民自愿募捐，支援浴血奋战的抗日将士。四乡百姓组织运输队、担架队、救护队、洗衣队，为部队做后勤服务工作。开明士绅响应共产党号召，八方联络，筹建抗日民主政权。

11 月 1 日，粟裕命令副官处于两天内准备好两条船，到湖垛（现建湖县）接两位首长来海安。他郑重地说：“这是重要任务，决不可出任何问题！船要拣质量好的，还要带条拖轮，船员要政治可靠，技术好……”

两天后，一切准备就绪，粟裕带余炳辉去见陈毅。陈毅正在东寺庙正殿看文件，见到余炳辉高兴地说：“好差事又摊到你喽！中央的胡服同志要来，还有八路军的黄克诚同志随他一道，现在派你去迎接他们。要注意保密，不能出岔子，要尽一切办法保证两位首长的安全。”他从桌上拿起一封信说：“这是我写给胡服同志的，你要亲手交给他……”

船队出发了。当天，他们到达东台加油，宿夜。翌日下午，4时左右，轮船抵盐城，见到了刘少奇和黄克诚。第三天早饭后，彭明治、朱涤新等把刘少奇和黄克诚送到码头，船队起航驶回海安。刘少奇、黄克诚住在拖船上，另一条船在后面护送。

刘少奇、黄克诚等到达海安后，韩国均得知来了八路军领导人，便坚持要请两位首长住到自己家中。盛情难却，刘少奇、黄克诚只得搬了过去。

刘少奇一安顿下来，便开始工作。他听取了指挥部首长关于苏北局势及黄桥战役情况的汇报，同他们磋商发展苏中根据地的战略策略，常常研究到深夜。工作之余，抽空到司令部、政治部看望了机关工作人员，询问了大家的工作、学习和生活情况，勉励同志们兢兢业业地为抗战多做实际工作。

这年11月7日是俄国十月革命23周年纪念日，新四军苏北指挥部召开了大会，各纵队团以上干部，指挥部直属机关科以上负责人及部分地方干部出席了大会。刘少奇、黄克诚坐在主席台中央，粟裕主持会议。陈毅致辞后，刘少奇向大会作了《目前形势和任务》的报告。会后，刘少奇、黄克诚在陈毅、粟裕、钟期光等陪同下，与出席大会的100多名党政军干部共进午餐。

### 4. 八路军、新四军总指挥部建立

10月下旬，刘少奇率“乌江大队”千余人，从半塔集出发，到达阜宁，与黄克诚所部会师。11月4日，刘少奇、黄克诚从阜宁县东沟出发到盐城，5日，到达海安与陈毅会晤。他们根据中共中央指示，对如何建立与巩固华中抗日根据地的问题做了充分的讨论与研究，确定要建立个巩固抗日民族统一战线，团结地方实力派及士绅；建立“三三制”政权；广泛发动群众，实行减租减息，合理负担；帮助地方建立和扩大抗日武装，肃清残余反动武装；做好发展党的工作，争取知识分子以及联络友军。为了保卫和巩固、发展华中抗日根据地，刘少奇根据八路军、新四军已经会师的情况，于1940年11月10日就华中总指挥部领导人选的提议致电中共中央：

（1）我已到陈毅处。为统一华中军事指挥起见，提议由中央任命陈毅同志为八路军、新四军华中各部之总指挥，并加入中原局委员。如希夷同志到华中，即由叶任总指挥，陈毅副之。

（2）华中各部须统一编制，提议由中央军委规定所有党领导之部队的编制表。

11月12日，中共中央书记处复电，同意建立华中八路军、新四军总指挥部：

(1)同意叶挺过江后,以叶挺为华中新四军、八路军总指挥,陈毅为副总指挥。在叶挺未过江前,由陈毅代理总指挥。并决定,以胡服为政委,叶、陈、胡统一指挥所有陇海路以南之新四军与八路军。

(2)对外交涉,以新四军军部叶、项名义。

(3)项英同志,在皖南部队移动事宜就绪,经重庆来延安参加七大。

(4)部队编制,即遵照前总今年春的编制表。在克诚处应当有此编制表。

刘少奇、陈毅、黄克诚、粟裕等接到中共中央指示以后,积极筹备"华指"成立工作。

11月15日,在海安召开了苏北临时参议会,通过了苏北建政纲领,刘少奇在会上作了报告。会议选举了黄逸峰为参议长,成立了苏北临时行政委员会,管文蔚任主任。这些使苏北抗日根据地的建立出现了新局面。但是在另一方面,华中新四军、八路军主力在数量上虽然不算太少,但部队极为分散,缺乏统一的指挥;县、区两级虽然建立了抗日民主政权,但乡、保一级基层政权均系旧的基础而未加改造;地方上的土匪与韩德勤暗中勾结,蠢蠢欲动;所有这些又使华中抗日根据地仍处于不巩固的状态中。随着蒋介石第二次反共高潮的掀起，华中顽军反共气焰更加嚣张，李品仙要新四军交还皖东政权，韩德勤要新四军恢复黄桥决战前的状态。11月,河南汤恩伯率九个师、李品仙率4个师共15万人,分别向皖东淮北进攻;东北军霍守义部以武装调停磨擦为由,从山东南下进至淮阴、苏嘴一带,增援韩顽。在这一片反共叫嚣声中,韩德勤部力图卷土重来,军事挑衅开始了。

刘少奇在海安筹组华中总指挥部期间,如皋的日伪军经常出来骚扰。如皋距离海安仅20多公里,敌人的挑衅对指挥部的安全是明显的威胁。陈毅、粟裕等决定煞煞敌人的嚣张气焰,打个胜仗向即将诞生的华中指挥部献礼。粟裕亲自到三纵,与陶勇等制定了歼敌方案。

11月中旬,如皋城出来200多日伪军向新四军挑衅,三纵前沿部队按照部署,派出少量人员与敌周旋，将骄横的日军一步步诱到如皋北面的戴庄油坊头四汉河口。对岸的敌人见新四军人少,枪声越来越稀,便冲过河来。

这时,预先设伏的部队突然猛烈开火,短促突击,当场打死打伤日伪军30余人,其中有一个日军中队长,其余见势不妙,仓皇逃窜。

战利品很快送到了海安。当陈毅代表部队向刘少奇、黄克诚各赠送一件日本军大衣,并将指挥刀送给刘少奇纪念时,他们高兴地连连称赞指战员们打得好。刘少奇笑着说:“天天照这样打,小鬼子连老本都要赔光哩!”

11 月 17 日,在海安城召开了华中新四军、八路军总指挥部成立大会,参加这次会议的有新四军、八路军在华中的党政军首长及指战员共六七百人。会上刘少奇宣布了中央军委关于成立华中指挥部的决定,并宣布叶挺为总指挥,陈毅为副总指挥,刘少奇为政治委员,赖传珠为参谋长。会上,陈毅还做了《关于当前形势及华中我军任务的报告》。当天,与会人员受到了盐城党政军民的热烈欢迎。11 月 23 日,“华指”机关即迁到盐城文庙,陈毅住在正殿东面,刘少奇住在正殿西面,正中是办公室;前殿是作战科,西南角平房是副官处和卫生所;后殿是机要科和秘书长刘彬的办公室,侦察科驻东厢,赖传珠、秘书及部分警卫员驻西厢;殿后厢房是厨房。一部分警卫部队也住在孔庙及其附近,政治部机关驻盐城中学及其附近,总指挥部机关主要由中原局、苏北指挥部、江北指挥部的部分领导同志和工作人员合组而成。机关共分两大部:司令部(辖参谋处、军需处、军医处和军法处)和政治部(辖组织部、宣传部、保卫部、敌工部、民运部和战地服务团)。华中总指挥部所辖主力主要有苏北指挥部、江北指挥部、豫鄂挺进纵队、八路军第四纵队、八路军第五纵队。苏北指挥部兼指挥陈毅、副指挥粟裕、政治部主任刘炎、副主任钟期光;江北指挥部兼指挥张云逸、副指挥徐海东、罗炳辉,兼政治部主任邓子恢;豫鄂挺进纵队司令员兼政治委员李先念,参谋长刘少卿,政治部主任任质斌;八路军第四纵队司令员彭雪枫,参谋长张震,政治部主任肖望东;八路军第五纵队司令员兼政治委员黄克诚,参谋长韩振纪,政治部副主任邓逸凡。华中总指挥部的成立,对于巩固、壮大华中敌后抗日根据地,进一步开展人民战争,打击侵华日军和国民党顽固派具有重要意义。

### 5. 曹甸战役

黄桥决战的胜利,为新四军发展华中奠定了基础。战役结束后,新四军苏北指挥部在陈毅、粟裕领导下,乘胜追击,沿通输路,直取海安、东台。此间,由黄克诚率领的八路军第五纵队为策应黄桥战役,日夜兼程南下,经涟水强渡盐河,突破韩顽黄河防线,占领阜宁、益林、盐城。新四军和八路军会师后,在苏北的兵力部署是,陈毅粟裕率领的新四军苏北指挥部 3 个纵队 1.2 万余人,集中于东台、海安以及南通、如皋、海门、启东一带。黄克诚率领的八路军第五纵队 3 个支队约 1.7 万余人,占领皖东北及淮海区、盐阜区的大部分地区。黄克诚和陈毅两支队密切配合,基本控制了陇海路以南、津浦路以东、长江以北、黄海以西纵横百里的苏北地区。

此时，苏北抗日根据地虽已开辟，但很不巩固。除了县区一级政权已被控制外，乡保一级基层政权均系旧人员而未加改造；地方上层人士除少数进步、开明者外，多数在观望，占人口绝大多数的农民尚未发动组织起来；土匪甚多，时常抢掠骚扰，并与韩顽勾结，伺机蠢动。

韩德勤兵败黄桥，蒋介石对他很不满，但为了保住苏北反共阵地，仍命令韩德勤“镇静固守，切勿挑战”；同时，命令汤恩伯派部队东援，想恢复黄桥战役前的状态。

面对苏北地区日趋严峻的斗争形势，刘少奇首先向中共中央建议，一鼓作气，乘胜继续向兴化前进，占领兴化，彻底消灭韩德勤部，建立抗日民主政权。中共中央权衡形势后，认为暂不宜攻打韩德勤，连续电示刘少奇等华中负责同志，指出：“估计到韩与蒋、顾之关系，他又是战区总司令及省主席，暂时尚不宜取彻底消灭政策。黄、罗两部可以向南迫近兴化（离兴化 40 里停止），陈部亦可向西推进一步，目的在迫韩放弃反共方针，承认分区抗日（我们区域划大一点），停止李品仙东进之师，保存李明扬、陈泰运及绅士的统战关系，又与蒋、顾不致闹翻，故一举数得。”周恩来也在重庆电告中共中央，说顾祝同来电话，想和缓救韩。周提出“我方重心应求得逼韩让步……留韩德勤在，不仅可使顾祝同对江南新四军让步，对蒋亦有缓冲讲价余地，对李宗仁、白崇禧亦有教训作用。如彻底驱韩，则蒋一不做，二不休，只有拼到底。”中共中央随即将周恩来意见转告刘少奇，并重申“我们 9 日电亦是说的自卫战，不是彻底驱韩。目前黄、罗、陈三部可向前迫近一步。但究竟进至什么地方地点停止，方于即可迫韩又可和韩之方针有利，由陈毅决定指挥之”。10 月 20 日，中共中央又急电刘少奇：“我方已答应向蒋介石停止军事进攻，如我占领兴化，蒋恼羞成怒，有扣留恩来、剑英二同志可能，我应距兴化 50 里一带停止，进行和平谈判。”

不久，国民党在华中挑起磨擦，反共迹象日趋明显，中共中央电告刘少奇、陈毅等，决定“准备于蒋介石真正向我淮北、皖东进攻时，首先解决韩德勤”，强调最后须由中央决定。同时，中共中央认为蒋介石没有真正对日投降以前，向华中八路军、新四军大举进攻是不可能的。要求华中各抗日根据地切实扩大与整训军队，这是粉碎任何进攻的可靠资本。10 月 25 日，中共中央在全面分析国内形势后，指出：“我们要准备蒋介石做戴高乐或作贝当，准备他宣布我们为反革命而发动全面反共，我们要准备对付最黑暗局面”，并且强调我们的对策是稳健的对付国民党的进攻，军事上采取防御立场，他不进攻，我不乱动，政治上强调团结抗日。

11 月初，蒋介石凶相毕露，汤恩伯、李品仙 13 个师分头向淮北、皖东进攻。为了粉碎国民党顽固派封锁计划，巩固华中抗日根据地，中共中央决定组织一支 2 万人左右的挺进军，乘反共军封锁未成而从其间隙打到他后方去。并且决定由黄克诚、罗炳辉两部组成挺进军，刘少奇随挺进军负总领导之责。将苏北建成大后方，由陈毅负全责，要求陈毅在两个月内扩充整训部队达 2.5 万人，待时机成熟时攻击韩德勤，巩固大后方。在此之前，要求陈毅与韩德勤继续谈判，待蒋大举进攻时再决定或打韩、或留韩。中共中央于 11 月 3 日将此意见电告刘少奇并通过刘少奇转告陈毅、黄克诚。

刘少奇与黄克诚在东沟、益林一带，根据苏北的实际情况，于次日联名发电报给中央，提出由淮安至宝应湖沿线以东至车桥、泾口、凤谷村地区均有韩部驻守，并有坚固工事，如从淮安以南过运河到皖东，须先消灭该地韩部。我们意见迅速消灭韩德勤，统一苏北于我手中，以后再行全部主力增援皖东，如此较为有利。

此时，东北军霍守义部已进抵苏北，桂军一三八师主力已过淮南铁路，韩德勤与陈毅谈判无结果，企图拖延时间，让各路反共军步步逼近，构筑封锁线。因此，刘少奇于 11 月 10 日急电中共中央，如不迅速解决韩德勤，巩固苏北阵地，不集中华中主力给反共军主力以痛击，消灭一、二主力军，则华中形势愈趋危险，极难应付。因此决心：①立即五纵队一部监视东北主力，即进攻宝应、射阳镇以北之曹甸、车桥、平桥一带韩部据点，控制淮安、宝应段之运河（得手后相机南攻兴化、沙沟，彻底消灭韩部），打通与皖东之联络。②准备集中主力约 4 万人于皖津浦路东地区与反共主力决战，彭雪枫部以 1 万人到路东协同主力作战。③进攻韩部理由，即以东北军南进，桂军西攻，进攻我军。如东北军、桂军退回原防，我即停止进攻。你们有意见，望 3 天内答复，否则即开始动作。中共中央于 11 日电复刘少奇："一、目前即动手打韩德勤、霍守义、何柱国，在政治上极端不利，尚须忍耐。第一仗攻击令须由延安下，你们不得命令，不得动手，你们现在应积极准备一切。一面我们仍在重庆谈判。二、对霍守义、何柱国应取争取政策。"15 日，中共中央电示中表述的更为明确"……蒋介石、顾祝同均怕我消灭韩德勤，故应在各地放出如下空气：略谓苏北事件我已尊令和解，不咎既往，但如汤、李、霍、莫（德宏）不停止进攻，则我不得不打韩德勤。此空气尤应直接从韩本人及顾祝同方面着手，表示我可继续保全韩德勤，但必须停止汤、李、霍、莫进攻，作交换条件"。在此之前，陈毅、粟裕联名电报中共中央提出：我军自黄桥战役后新成份大增，尤其俘虏甚多，即欲其作反韩战争，不免影响情绪。如八路军黄部即欲西进,则苏北问题解决需较长时间才有可能……

11月17日,刘少奇到海安与陈毅、粟裕、赖传珠等一起讨论了苏北形势,统一了认识,并于18日向中共中央报告:……现我华中兵力虽不弱小,但甚分散,与敌伪顽军双处,转移困难,根据地基础不强,且不能巩固,因此不论任何一处紧张,我均容易处于被动。现在韩德勤已不能成中立,即使韩在将来不与汤、李配合打我恐亦不可能,而东北又来牵制甚至隔断我苏北主力不能转移,如皖东、皖北再紧张则甚难应付。现在各方面均来电要求先打韩,争取战略上的主动,以便将来集中力量对付西面汤、李之进攻。云逸、雪枫来电要求即刻增兵到皖东、淮北,但在现状下我苏北兵力甚难抽出与转移,我们认为现在只有下列四个方案:

(1)立即先机解决韩德勤(或保留兴化、沙沟两点,只解决沙沟以北之韩军主力,打通运河)……

(2)现在不解决韩,待汤、李进攻紧张时找到理由再解决……

(3)决心在不得已时放弃苏北,我与韩立即和解,向韩及东北军作大的让步……

(4)华北及江南迅速增兵华中,立保皖东、淮北,我各部暂时不动,静观变化。

我们意见如此,应如何确定望赐示,否则我有不能主动,被各个击破之危险。

不久,中共中央电复刘少奇、陈毅等,提出用五纵队主力发动一个局部战斗,攻占凤谷村、车桥后再行攻占平桥等据点,以打通皖东、苏北之联系。并强调"根本方针仍是拉韩拒汤、李"。为此,新四军、八路军华中总指挥部立即令五纵队及江北指挥部作攻占射阳、安丰、曹甸、平桥之战斗部署。11月22日,中共中央在获悉国民党已调集约20个师于皖西、豫南,估计12月中旬将向我皖东、淮北进攻以后,电示皖南军部及苏北刘少奇和重庆周恩来,指出:估计国民党各军全部开至新黄河、淮南路一带进攻出发地,并开始向我彭雪枫、张云逸攻击之时间,仍在下月中旬左右,那时我除令彭雪枫、张云逸以游击战争暂时支持皖东与淮北两地外,我苏北主力即须动手解决韩德勤。同日,刘少奇、陈毅向中央报告攻占沙沟、射阳、安丰、曹甸、平桥诸地区的准备工作及军事部署,决定于25日准备完毕开始行动,决定暂时不打兴化及韩之所在地,在外交上仍望韩派代表与我谈判。

11月24日,刘少奇、陈毅率新四军、八路军华中总指挥部机关移驻盐城,以便对曹甸战役的指挥。

根据敌情,华指于11月26日下达了曹甸战役的第一个正式攻击命令:"八路军第五纵队、新四军一、二纵队主力以主动的战略攻击中堡、沙沟、安丰、射阳、曹甸、平桥等处之顽军，并控制该地区，打通与皖东联系。”规定各参战部队的任务是：八路军第五纵队第一支队的三个团为右军，由盐城进击大纵湖以北之顽军，得手后直取射阳、安丰两镇，并追至曹甸，攻占平桥；新四军第二纵队的三个团及第三纵队第八团为中击军，由兴化、盐城等地进击中堡、沙沟两镇，得手后续占陶家林，切断曹甸、安丰与兴化城的联系；新四军第一纵队为左击军，攻占兴化南部的塘子镇、周庄、大垛等地后待命行动。

此时，中共中央仍通过重庆周恩来向蒋介石交涉停止汤、李调动和霍、莫之进攻，于 26 日电示刘少奇、陈毅：“攻击淮安、宝应间地域望继续作充分准备，待命实行。”接中共中央电报后，刘少奇等于当日复电“我对韩攻击已全部准备好，决于明日（27 日）晚向沙沟、射阳攻击，解决该地之韩部（保留兴化不打），否则再迟，东北军南下，桂军东进，我即无解决韩之可能，且造成全局之危殆，难以挽救，如何，望即复。”中共中央于 27 日复电“同意你们意见，惟不得攻击兴化”。

11 月 29 日，八路军第一支队率先进入战斗，在大纵湖以北地区向顽军的第一道防线进击，迅速击溃顽军保安第十旅主力。战役于 11 月 30 日拂晓发起，五纵队一支队首先占领蒋营，击溃韩之保安旅。新四军二纵队进逼沙沟东北，一纵队占领大垛镇等地。12 月 1 日，各部队继续扩大战果。一支队渡过射阳湖，攻克射阳，纵队攻击兰亭、陶家林等据点，向射阳会合。八路军、新四军密切配合，很快将韩八十九军军部及其主力击溃，余部及韩之主力向曹甸方向溃退。华指参战部队一鼓作气，乘胜追击，断顽军平桥与曹甸及安丰之联系，并完成对该据点的包围。以上为战役第一阶段，八路军、新四军参战部队英勇顽强，士气旺盛，给顽军以大量杀伤。韩顽军猝不及防，溃败不支，不得不将兵力收缩在曹甸、安丰一线，以图最后顽抗。可是，与此同时，新四军第二纵队在大纵湖以南地区的作战十分艰苦。由于中堡、沙沟四面环水、工事坚固，顽军保安第十旅残部逃至沙沟，更加强了第八十九军独立旅的防守力量，新四军第二纵队在船只不足的情况下，渡水作战，影响了攻势的展开，虽然屡次突破顽军阵地，消灭大量敌人，但终未能按预定计划攻占中堡、沙沟两镇。因此，新四军第二纵队也就无法及时向陶家林进击。

曹甸战役打响后，韩德勤起初采取了增兵堵击战术，急调三十三师主力南下增援。12 月 2 日，顽军第九十七旅第一九四团赶往射阳镇增援第三四九旅，重点兰亭等地，第一九三团则赶向陶家林，增援第三五零旅。

由于新四军第二纵队攻击中堡、沙沟未得手，华指于11月30日下达补充命令，要求新四军第一纵队迅速北移增援新四军第二纵队，八路军第一支队分兵突击，攻占射阳镇、陶家林，新四军第二纵队迎战顽军第一九四团。12月2日，新四军第二纵队第九团与八路军第一支队第一团出敌不意袭击射阳镇，据顽军战报称，八路军转向射阳六九七团攻击，该团奋力抵抗三小时，卒以弹药用尽，南街发现便衣兵百余，手轮炸弹，集中抛射。同时，另一部向我阵地侧击，姜师黄旅增援不及，该团阵地遂被突破。八路军第一支队第一团攻克射阳镇后，又和第二团配合攻占天平庄，歼灭顽军第六九八团大部，缴获也很大。12月3日，八路军第一支队第三团与第二团向陶家林、苗家林两地的顽军发起攻势。顽军则烧毁桥梁，依托坚固的工事实行抵抗。八路军采取两面夹攻的战术，迫使顽军向北溃退，当晚攻占陶家林，这样就突破了顽军重兵设防的第二道防线。

射阳镇、陶家林等地相继失守，使韩德勤十分惊慌。他看到堵击战术已失效了，如继续派兵增援，不但不起作用，反而有被各个击破的危险。于是他很快改变战术，12月3日下令第三五零旅和第九十七旅当即向曹甸、安丰之线转移，与霍师确保联系，集中兵力。顽军在接到撤退命令后，顿时混作一团，撤退变了溃退。八路军、新四军各部队则进行截击，捉到大批俘虏，缴获大量武器弹药。

在顽军改变战术以后，八路军第一支队第三团乘胜追击，12月4日，连克宝应蛤拖沟、崔堡等地。顽军保安第二旅等部只稍加抵抗即向北撤逃，被八路军歼灭数百人。八路军还将设在崔堡的国民党中央军校驻苏训练班歼灭一部，比较顺利地突破了顽军的第三道防线。与此同时，新四军第二纵队除一部继续围攻沙沟、中堡外，主力进击陶家林，肃清顽军残余武装；新四军第五支队第十团东渡运河，向宝应泾河发起猛烈攻势；八路军第五纵队第二支队攻占淮安蚂蚁甸，并向平桥镇进击。

八路军、新四军各参战部队采取猛打猛冲、分兵突进的战术，在短短五天时间里连续突破顽军三道防线，并且在射阳镇、兰亭、陶家林等地战斗中重创顽军，这样较好的实现了华中总指挥部下达的打通与皖东联系的主要作战目标。另一方面，由于顽军在堵击战术失败后，收缩兵力，固守安丰、曹甸、平桥一线阵地，并与东北军第一一二师确保联系，这就使得八路军第一支队无法按原定计划攻占安丰、曹甸等地。这是曹甸战役的第一个阶段。

顽军撤往安丰、曹甸、平桥一线集中后，将兵力作了重新部署：曹甸及其附近村庄驻第八十九军军部、军部特务营、工兵营山炮排、机炮排、中央军校驻苏训练班、第九十七旅及第三四九旅残部；曹甸以东的安丰镇和金吾庄分别驻第三五零旅和第九十九旅第一九七团，曹甸以西的松树庄和许圩分别驻保安第二旅和保安第七旅。此外，在曹甸以北的车桥、泾口一线驻第三十三师和东北军第一一二师，随时准备增援曹甸一线。

曹甸是宝应县东北的一个集镇，面临高宝湖，周围是水网地带，易守难攻。韩德勤主力在曹甸精心修筑坚固据点，负隅顽抗，因此曹甸成为华指消灭韩德勤部的最大障碍。

根据当时敌情，华指于12月4日下达了第二道作战命令，即韩主力已向西北曹甸方向溃窜，估计有可能与车桥、泾口之东北军靠近并有向北逃窜之可能。该军粮款无济、弹药甚缺，军心动摇，为歼灭该军之良机。规定各参战部队的任务是：新四军第二纵队除一部继续攻击沙沟、中堡外，主力于陶家林一带肃清顽军残余武装，巩固后方；八路军第一支队向安丰、曹甸攻击，求得在曹甸地区歼灭韩军主力；新四军第一纵队配合八路军第一支队攻击曹甸之敌，并确实控制平桥及运河交通；八路军第二第三支队继续监视东北军第一一二师，与各方机动配合，并防止淮安日伪军出扰。同日，华中总指挥部要求各参战部队在曹甸一线会合，攻击前进，以求得在曹甸地区歼灭韩之主力。此时中央得知苏北战况后，专门指示：只待曹甸、安丰等地占领，此次战役即可结束，仍留兴化、高邮及他处不打，保存韩德勤与蒋介石讲价钱。12月5日，八路军第一支队第一团、第三团向曹甸发起猛攻，由于顽军工事坚固，炮火猛烈，河流阻碍，两团苦战一夜未能奏效。华中总指挥部根据顽军固守待援的战术，及时修正了原来的计划，加强第一线的攻击力量，同时向各点顽军发起攻势，先将曹甸、平桥与车桥间敌之各小据点消灭后，再集全力会攻曹甸。

12月6日，新四军第二纵队主力经一整夜激战，攻占金吾庄，歼灭顽军第一九七团，截断了曹甸和安丰之间的联系。同日，顽军保安第二旅迂回崔堡、高土地，企图从侧背偷袭八路军第一支队。八路军第一支队第一团将其击溃，并乘胜追击，在松树庄附近再创保安第二旅。

12月7日，八路军第一支队第二团向驻小官庄、许圩一带的顽军保安第七旅发起攻击，突破部分阵地，歼灭顽军一部，俘虏70余名。顽军在战报中记载“该粮食弹药均告罄，阵地据点已有一部突破”。同日，新四军第一纵队主力向驻安丰的顽军第三五零旅发起攻击，激战竟夜，杀伤大量顽军，但未能突破顽军阵地。

在曹甸西北的塔儿头，双方的争夺战更加激烈。12月8日，顽军第三十三师代师长姜云清率第一九五团、第一九八团南下增援，东北军第一一二师也派一个团配合行动，向塔儿头、祝舍一线进袭。曹甸守敌第一九四团、军特务营乘机出扰邵庄，使八路军第一支队两面受敌。第二团第一营及时从祝舍转移崔堡，第三团也从邵庄后撤崔堡。同时，第一团、第二团主动迎战，先占蔡桥，再攻塔儿头，顽军损失重大，于 12 月 9 日晚向北撤，八路军当即进占塔儿头。新四军第二纵队也同时将邵庄出扰之顽军击溃。

12 月 9 日，新四军第五支队第十团已攻占并控制了平桥、泾口河一线。华中总指挥部陈毅亲抵曹甸西北的小马庄指挥作战，与彭明治、朱涤新、韩振纪、粟裕等人共同研究战局进展情况，再次调整了部署。就在八路军、新四军从东、南、西三面围困曹甸之际，顽军于 12 月 10 日夜秘密将主力第三十三师等部撤出曹甸，集结于曹甸以北的后堆一带，曹甸留有顽保二旅一部（还有 2000 余人在安丰）、八十九军三十三师之一九三团、一九四团、军直属队炮营、工兵营、特务营，另有在陶家林、射阳等被打散的残六九七、六九八、六九九、七零零团，共有顽军 5000 余人，武器装备较好，且有坚固工事，而韩德勤本人又率保六旅残部及独六旅在兴化附近，保十旅在沙沟，加上独立旅亦有 5000 多兵力，随时可以策应曹甸。

为了减少不必要的伤亡，黄克诚致电陈毅、粟裕并报刘少奇及中共中央，提出曹甸、安丰、车桥、泾口 4 据点有长期工事建筑，有纵深多层水网，有相当多兵力和火力，已成为十分坚固的据点。我军无攻击武器，猛打猛攻不但胜利把握不大，且有招致重大消耗伤亡可能。我的意见是用持久作战的方法攻击，其战法：1. 首先在 4 个据点间构筑据点，截断其联系与增援。2. 肃清 4 据点周围，小攻据点及附近村落中敌人，将其完全逼入 4 据点内。3. 逐步筑垒掘沟前进。4. 用小部队不断接近，消耗其弹药，增加其疲劳 5. 派小组潜入，放火烧其房屋。6. 探悉到有弱点可乘时，即以主力猛攻而消灭之。我如决强攻，请集中新四军、五纵队全部迫击炮、小炮轰击之。黄克诚的意见未被采纳。在华指的直接指挥下，12 月 12 日，下达了总攻曹甸的命令：我军以攻占曹甸，彻底消灭固守顽军为目的，以八路军第一支队（欠二团）、新四军第一、第二纵队与 13 日晚攻击之。另以八路军第一支队第二团、第二支队第七团、第三支队第八、九两团控制于杨桥、蔡桥一带，准备消灭可能由车桥增援曹甸的顽军。各攻击部队的任务是：新四军第一纵队以一个团攻击曹甸东北部，另一个团控制于金吾庄附近监视安丰顽军；新四军第二纵队以一个团攻击曹甸东南部，另一个团控制于适当地点为预备队；八路军第一支队第一团攻击曹甸西北部，第三团攻击曹甸西南部。华指在同日致新四军第三纵队的电报中对以上部署的意图作了明确说明:“我们 13 日总攻曹甸,一面攻击一面打援,两方独立负责,同时统一指挥联系,是有把握的。曹甸攻下,安丰、许圩等处即可不战而屈。”在总攻曹甸时,新四军一纵队、二纵队、八路军五纵队一支队轮番攻击冲锋,战士们英勇顽强,战斗异常激烈。15 日,五纵队一支队突破顽军前沿阵地,攻入曹甸北堡垒,并利用此炮楼射击顽军,掩护自己部队攻入外围。但因顽军凭内围坚固工事拼死顽抗,曹甸终未能攻下,部队被迫撤出战斗。为了应付以后更紧张的战斗环境,陈毅命令部队撤至曹甸外围,一面监视顽军,一面整训。12 月 16 日,韩德勤亲率兴化、中堡各地守兵三团北上,一面电令霍守义亲率马旅由车桥南下夹攻。在此情况下,刘少奇电告中共中央及新四军军部、八路军总部:“我攻曹甸未下,此次战役我伤亡约 2000 余人在车桥、泾口、安丰、曹甸一带……此次战役大概只能如此结束。”

曹甸战役历时 18 天,歼韩德勤主力 8000 余人,是继黄桥战役后对韩德勤反共顽固派的又一次沉重打击。由于曹甸战役进一步削弱了韩德勤在苏北的反共力量,迫使韩德勤反共气焰不得不有所收敛,苏北出现了相对稳定的局面。

### 6. 苏北抗日根据地的政权建设

苏北是华中抗日根据地的主要地区之一,在战略上具有非常重要的意义。首先,它是新四军军部和中原局领导机关所在地,其次,它靠近上海、南京,是华中和华北的结合部,是连接苏中、淮北、山东等抗日根据地的重要通道,又是江苏粮、棉、肉类、盐等农副产品的主要产区之一;此外,苏北广大农村日伪力量相对较弱,对坚持敌后抗战具有十分有利条件。坚持苏北,亦可粉碎日伪企图分割八路军与新四军、根据地与根据地之间联系的阴谋。以刘少奇为书记的中共中央中原局连续召开了三次会议,讨论贯彻执行中共中央发展华中的指示,并向中央提出了最有大发展希望的是苏北,是我军战略突出方向的建议。1940 年 10 月 23 日,中共中央发出对华中工作指示:“目前重心在苏北,其次才是淮北、皖东。”根据中央指示,刘少奇在苏北把开展敌后抗日游击战争,广泛开展民族统一战线工作,创建抗日民主根据地和抗日民主政权当做首要任务。他说:凡是八路军、新四军所到之处,只要有可能的话,就不能不建立抗日民主政权,不能不实行三民主义的民主政治,不能不建立抗日各阶级的统一战线,最有力的打击敌人,赢得抗战的最后胜利。刘少奇认为,在敌后根据地建立抗日民主政权,是领导中国抗战与革命到最后胜利的最好最有力的形式。他还用通俗形象的语言反复教育广大干部，打鬼子要有枪，有了枪还要有个家，这个家就是敌后根据地，就是抗日民主政权，深刻的揭示了开展游击战争和加强根据地建设与抗日民主政权建设之间的辩证关系。

建立抗日民主政权，刘少奇根据革命运动的发展规律及其地区的不同情况，对实施的工作方针和具体步骤，提出了明确的指导意见。刘少奇认为，由于敌人的占领，旧政权已经瓦解，或者由于顽固派搞磨擦被我们粉碎，原来的政府已经不在了，在这些地区，我应立即先成立临时政府，以安定社会秩序，在发动群众的基础上，再产生正式政府。这种临时政府的任务：(1)大量武装人民，动员人民参加抗日斗争。(2)下令保障人民民主权利，实行减租减息(战地免租)、免税、增加工资等，改善人民生活。(3)肃清汉奸，取缔一切阻碍群众运动的豪绅等。(4)颁布县区乡政府民主制的组织法、选举法、筹备选举，产生正式政府。

在成立各级临时政府的时候，由于旧政权或伪政府已经解体，情况在发生迅速的变化，刘少奇指出要采取大刀阔斧的工作方式，敢于委任新的县长、专员，成立行政公署或边区政府，建立新的抗日秩序。

新四军、八路军华中总指挥部成立前后，华中地区，特别是苏北各县，在新四军、八路军的帮助下，大部分县都建立了党的领导机构。在苏皖边区，就建立了四个地委：第一地委辖泗县、泗东、五河、泗阳、宿迁；第二个地委辖邳南、睢宁、铜山、灵南；第三地委辖泗县、淮阴、涟水、沭阳、灌云、东海;第四地委辖阜宁、盐城、淮安等县。各县均已成立县委，党员数量在6000到1万人。在政权建立上，在津浦路东计有、灵泗边区、盱凤嘉边区、邳县南部、铜山东部、灵璧北部、泗县宿迁(一部分由顽固派把持)、淮阴、涟水、龚集、灌云、东海一部、淮安、宝应、阜宁、盐城等县都建立了县、区、乡、保政权；在苏中地区，即二分区所辖的东台、兴化、泰东等县，很快成立了中共县委和县人民政府。1940年11月底成立了泰东行署。四分区所辖的南通、如东、海门、启东等县，在11月新四军三纵队东进苏北以后，仅仅一两个月的时间，就相继建立起了县政府。

1940年11月15日，苏北临时参议会在海安举行。会议前夕，刘少奇强调指出：要认真贯彻“三三制”原则，在苏北地区，必须争取赞成抗日的国民党员，争取有正义感的知识分子和开明士绅，如韩国均、朱履先等，要把他们吸收到参议会里来。会议讨论通过了施政纲领，选举著名开明士绅韩国均任名誉会长，黄逸峰为会长，朱克靖、朱履先为副议长，并选举了苏北临时行政委员会，管文蔚为主任。会议闭幕前,刘少奇又到会祝贺,并讲了话。

在苏北各县抗日民主政权相继建立以后,刘少奇于1940年12月在《江淮》杂志发表《论抗日民主政权》,文章指出:"抗日各阶级联合的抗日民主政权,是抗日民族统一战线的最高形式。它只有在平等原则上,采用完全的民主制度,才能组织成功。这也是领导中国抗战与革命到最后胜利的最好最有力的形式。没有这种政权的建立,没有抗日统一战线的大大巩固与扩大,不实行民主政治,抗日战争是不能胜利的。我们在敌后所要建立的抗日民主政权,是抗日民族统一战线性质的。这种政权应该是抗日民族统一战线的最高形式,是赞成抗日又赞成民主的人们的政权,即是几个革命阶级联合起来,对于汉奸反动派的专政。它与地主资产阶级的专政相区别,不只是保护工农利益。它的方针与任务是:反抗日本帝国主义,保障抗日各阶层人民的利益,改良工农生活及镇压汉奸反动派。当各阶层人民内部发生利害冲突与斗争的时候,它就去调解这种冲突与斗争,注意使工农的要求能够满足,同时又照顾到抗日的地主与资本家的利益。它要调节抗日各阶层人民相互间的利益,但是对于汉奸,对于反对民主的反动势力,就实行不客气的专政。根据抗日民主政权的这种性质,政府的组织必须实行民主集中制,实行各级民主政府的委员制、代表会议制,实行普遍的选举,实行少数服从多数的制度。在政府人员中,共产党员应只占三分之一,非党进步分子与中间分子占三分之二,这就是在八路军、新四军活动区域抗日民主政权的'三三制'。这些非共产党人员,不问他们有无党派关系及属于何党何派,只要他们抗日并愿与共产党员合作就可以参加。当然,投降分子、顽固的反共分子是不能参加这个政权的。这个政策保障一切抗日人民的民主权利,如人民的言论、集会、结社、出版、居住、营业、思想的自由。任何人只要没有勾结敌寇和汉奸的行为,没有破坏与反对抗日军队的行为,没有违犯政府法令的行为,不论他是属于何党何派,属于哪一阶级、阶层,政府一律保护。一切党派只要抗日、不反对民主,一律有合法地位。"

刘少奇认为,建设和巩固抗日民主政权,主要依靠我们实行灵活的正确的政策和策略,坚持抗日民族统一战线的方针,少树敌,多交朋友,团结、争取中等阶级和开明士绅,是抗日民主政权建设的一个基本任务,也是孤立顽固派的一个重要步骤。刘少奇经常邀集开明士绅和党外人士开座谈会,或与他们个别谈心,倾听意见,争取他们参加抗日民主政府及其他抗日工作。1940年11月29日,刘少奇和陈毅出席盐城县政府召开的士绅座谈会。有些士绅对税收统一、处理匪患、救济贫民、粮食调剂及教师待遇等方面工作提出了意见,刘少奇听了之后一一作了回答和解释。

为了宣传党的方针、政策,刘少奇、陈毅还十分注意报刊的出版和发行工作。1940 年 12 月 2 日,中原(中华)局机关报《江淮日报》创刊。刘少奇兼任社长,王澜西任副社长兼总编。在此前后,还发行了《江淮》杂志和《抗敌周报》。盐城县各界救国会还联合创办了《老百姓报》,刘少奇写了报头,并题词"老百姓报要为老百姓讲话"。这些报刊的出版和发行,在当时对团结人民、教育人民、打击敌人都起了很大的作用。在教育工作方面,计划并开始着手下列一些工作:第一,以抗战教育为中心,第二,切实改善中小学教师的待遇,第三,不干涉学校的行政制度,主张内部的民主改革,第四,组织学生的抗敌协会和教员的抗敌协会,使师生参加抗敌活动,第五,教育与社会生活打成一片,第六,提倡社会文化教育。这些工作刚刚开始就出现了一个较好的起步,奠定了以后苏北教育工作的基础。

苏北地区新开辟的抗日民主根据地,土匪、恶霸甚多,为了巩固地方治安,华中总指挥部成立后,立即着手清剿匪霸。仅以盐阜区而言,恶霸地主顾豹岑拥有土匪武装 600 多人,在八滩一带打家劫舍,无恶不作。12 月 5 日,顾豹岑匪首指使匪徒袭击八滩区公所,杀害区长徐锐等 13 位同志,随即纠集土匪、流氓、地主、帮会等各类匪徒千余人,占领季家圩,修筑工事,还自称剿共司令。不久,八路军五纵队一部,在八滩区队和模范班的配合下,以迅雷不及掩耳之势向季家圩发起猛攻,击毙了匪首顾豹岑及其 200 多名匪徒,其余全部被俘。盐阜区一带有名的匪首左祥吾、左耀东、宋一亮、彭宽富、王鹤臣等也先后被人民政权捕办伏法,从而维护了地方治安,巩固了地方政权。在剿匪反霸的同时,刘少奇、陈毅等还从部队抽调一批干部,组成民运工作队,分头下乡访贫问苦,宣传党的抗日救国纲领,发动群众开展抗日斗争。

# 第七章 重建军部

## 1. 皖南事变

1940年下半年,蒋介石及其顽固派为迎合日本侵略者的诱降活动,紧锣密鼓,积极策划第二次反共高潮。是年初冬,蒋介石反共分裂的矛头直指大江南北的新四军,使得皖南新四军军部危在旦夕。

1940年12月3日,何应钦亲笔上书蒋介石,提出第三战区应将江南新四军立予解决。10日,蒋介石密令国民党第三战区司令长官顾祝同:该战区对江南匪部,应按照前定计划,妥为部署并准备,如发现江北匪伪竟敢进攻兴化,或至期限(本年12月31日止)该军仍不遵命北渡,应立即将其解决,勿再宽容。根据蒋介石的命令,国民党第三十二集团军于29日在宁国正式制定了《进剿匪军计划》,规定:皖南方面进剿队,应于12月31日以前,秘密推进至南陵、泾县、茂林村、铜山徐、小河口、水东翟、包村、乔木湾、钱家桥、了山镇之线,扼要构筑工事,确取联系,对匪区严密警戒,随时防止匪军乘隙逃窜,并防其以各个击破之手段集其主力向我反攻。攻击开始后,两翼军协力进击南陵、戴家会、峡山口之线,尔后向北压迫,务于长江南岸歼灭之。为了实现这一聚歼新四军计划,蒋介石调集7个师近8万人之众,以国民党第二十五军军长张文清指挥该军(欠四十师)担任"剿匪"右翼军,展开于南陵、泾县永济桥、丁家渡之线,向戴家会、三里店、汀潭附近新四军攻击,尔后向繁昌方面追剿;以国民党第三十二集团军副总司令刘雨卿指挥"剿匪"左翼军的第四十师、一四四师、新七师等部展开于湾滩、茂林村、苏口、包村、乔木湾、钱家桥、了山镇之线,向云岭、何家湾、沙土角(戴家会西北四公里)各附近新四军攻击而占领之,尔后与右翼军协力向旧县、获港、坝埂头江岸"追剿";以国民党第二游击区兼总指挥上官云相、副总指挥冷欣指挥第八十八军、忠义救国军第六十三师、挺进二纵队及苏南地方武装等部堵住皖南新四军东去之路;以第七十九师位于太平石埭间、六十二师位于榔桥河镇三溪间堵住新四军南去之路。这些顽军,分别在1941年1月3日之前到达了指定地点，构筑了碉堡工事，形成了对皖南新四军袋形包围夹击之势。

在这种形势下，中共中央十分担心皖南新四军的安全，连续电令项英提高警惕，尽快北移。

本来中共中央早就对皖南新四军的发展做过明确指示。1940年10月8日，毛泽东等给叶挺、项英的指示已明确提出："军部应移动到三支地区。如顽军来攻，不易长期抵抗时，则北渡长江。如移苏南，尚有可能也不移苏南，向南深入黄山山脉游击，无论在政治上、军事上是最不利的。"12日，毛泽东等更明确指出：军部应乘此时速速渡江，以皖东为根据地，绝对不要再迟延。皖南战斗部队，亦应以一部北移，留一部坚持游击战争。但项英却答复中共中央：军部北移困难，也不便转三支区域（地区太小，敌人进攻无法住），仍以军部所在地作基点较为有利，以便与三支地区连成一片，作准备已相当完备，拒绝执行皖南新四军北移指示。12月3日，毛泽东根据项英对国民党一贯存在的幻想麻痹情绪，要项英回答以下问题：一、军部及皖南部队被某方袭击时，是否有冲出包围、避免重大损失的办法。其办法以向南打游击有利，还是向东会合陈毅为有利。渡江向北是否已绝对不可能。二、党内干部是否已有应付某方有可能袭击的精神上充分准备。三、皖南江南地区各友军中，是否有坚持抗日同情我党的高级中级进步军官与进步部队，在突然事变时，是否有掩护我军与我军一致行动的可能，我在附近友军统一战线工作如何。四、某方在第三战区的意向如何，顾祝同等中央军态度如何，黄邵雄态度如何，东南局领导下的地方共产党是否有保存干部、积蓄力量、应付突然事变的精神上和实际上的准备。鉴于项英迟疑不动，中共中央书记处又于12月14日再次命令项英于本月内尽可能移毕。，并命令叶项二人均随主力去皖东。24日，，中央又明确命令叶、项："（一）你们必须准备于12月底全部开动完毕。（二）希夷率一部分须立即出发。（三）一切问题须于20天内处理完毕。"但项英始终不肯放弃其南留的打算，下不了北移的决心，而且还一再寻找借口拖延北移。为此，中央书记处于26日严厉批评了项英："你们在困难面前屡次向中央请示方针，但中央远在一年前即将方针给了你们，即向北发展，向敌后发展，你们却始终借故不执行，全国没有一个地方有你们这样迟疑犹豫无办法无决心的。似此毫无定见，毫无方向，将来你们要吃大亏的。"同时再一次告诫他们："不要对国民党存在任何幻想，不要靠国民党帮助你们任何东西，把可能帮助的东西只当做意外之事，你们要有决心有办法冲破最黑暗最不利的环境，达到北移之目的。如有这种决心办法，则虽受损失，基本骨干仍可保存，发展前途仍是光明的。如果动摇犹豫,自己无办法无决心,则在敌顽夹击下,你们是危险的。在移动中如遇国民党向你们攻击,你们要有自卫的准备与决心。”

1941 年 1 月 3 日,中共中央再令项英:“你们全部坚决离开苏南,并立即开动。”4 日晚,在中央一再督促下,全军才不得不正式转移。1 月 7 日,正当转移中遭到顽军的伏击。新四军广大指战员,在顽军三面包围之下,进行了英勇的抵抗,终因寡不敌众,且已弹尽粮绝,除一部分部队在群众的支持掩护下突围或保存下来以外,整个部队遭到重大损失,叶挺被俘,项英、周子昆突围后被叛徒刘厚总杀害,袁国平英勇牺牲。项英在领导皖南新四军期间,不听中央指示,背离了党中央的正确方针,犯了右倾的错误,在国民党顽固派阴谋进攻之下,招致了皖南的重大损失,自己也遭到了牺牲。

1940 年 1 月皖南事变以后,1 月 17 日蒋介石发布了通令,公然宣布新四军为“叛军”,宣布撤销新四军番号,将叶挺交军法审判。同时,命令汤恩伯、李品仙等数十万大军进攻新四军各部。从而使第二次反共高潮发展到了顶峰,把国内局势推向全面破裂的边缘。

在皖南事变发生的日子里,刘少奇不顾日机轮番轰炸新四军、八路军华中总指挥部驻地的危险,经常守候在译电室,了解电台与延安、皖南联系的情况,度过了八个不眠的日日夜夜。他按照中共中央指示打电报给皖南被围困的项英,要他想法突围到江北。但项英未能过江,打算重建一支部队交给共产党。刘少奇立即电告项英:你不能离开党中央,离开中央指挥,你个人是一事无成的。1 月 9 日,当得知皖南部队被围,项英在紧急关头不辞而别离开部队的消息后,刘少奇当即致电中共中央,提议明令撤销项英职务,建议皖南新四军在政治上由饶漱石负责,在军事上由叶挺负责,以打破反共顽固派的围攻,同时他指示被围困的皖南部队“极力支持,挽救危局,全力突围走苏南”。10 日,刘少奇决定派曾希圣、黄火星回皖南的繁昌、芜湖一带组织皖南独立支队,负责收容事变中走散的武装人员,并开展敌后抗日游击战争,建立根据地。11 日,刘少奇与陈毅联名致电新四军各部队,通报了皖南事变的情况,要求各部队向各方呼吁,并通过各种统战关系向国民党政府提出抗议,要求立即制止围攻新四军的行动。12 日,刘、陈向党中央建议,速向重庆国民党政府交涉,要求停止对新四军皖南部队的包围,让其安全转移。为对付突然变化的形势,刘少奇于 12 日至 15 日,在盐城召开各战略区党政军负责人紧急会议,针对国民党发动第二次反共高潮,研究华中形势和部署今后工作。14 日,中共中央发出《关于政治上军事上准备反攻的指示》,“决定在政治上军事上迅即准备作全面大反攻,救援新四军,粉碎反共高潮。”15 日又指出“中央决定发动政治上的全面反攻,方能打退蒋介石的挑衅与进攻。必须不怕破裂,猛烈反击之。”中央征询各地对反攻的意见。当日,刘少奇致电中共中央提出了重要建议:“叶项已被捕,皖南新四军已全部歼灭。中央决定在政治上、军事上准备作全面的大反攻,这里的同志于义愤之余,亦有立即反攻之主张。然根据各方面情况,平心静气一想,我们有下列意见,望中央细心考虑。”

第一,全国局面,国民党尚未投降,仍在继续抗战,对共产党仍不敢分裂。因此,此时我党亦不宜借皖南事件与国民党分裂。

第二,华中地区,在国民党反动高潮期间,敌伪乘机骚扰,我部队需要休整,根据地需要巩固,因此建议:“以在全国实行政治上全面大反攻,但在军事上除个别地区外,以暂时不实行反攻为妥。”为此刘少奇建议中共中央:一、向国民党提出严重抗议并发宣言提出具体条件;二、如我之条件不能完全答复,即宣布皖南事件为彻底解决前,华中我军决不再考虑北移,并宣布国民党如再向我华中进攻,即认为国民党正式与我党破裂;三、在全国实行大的政治反攻,宣传抗议皖南事件,揭露国民党分裂行为,以孤立顽固派。中共中央认真考虑当时的国内外形势和刘少奇等的意见,最后确定了“政治上取全面攻势,军事上取守势。”

1 月 18 日,中共中央发出《关于皖南事变的指示》。刘少奇向全国发出《关于驳斥国民党顽固派发动皖南事变借口的通报》,深刻揭露了国民党顽固派蓄意制造皖南事变的阴谋诡计。同时致电罗炳辉等,要他们尽量收容皖南失散武装人员,设法到铜陵、繁昌一带或暂上山打游击,建立根据地与民主政权。

1 月 20 日,中共中央革命军事委员会发布重建新四军军部命令,用以对抗国民政府军事委员会 1 月 17 日发布的反革命命令。22 日,毛泽东以中央军委发言人名义发表《谈话》提出了中共关于解决皖南事变的 12 条办法:一、悬崖勒马,停止挑衅;二、取消 1 月 17 日的反动命令,并宣布自己是完全错了;三、惩办皖南事变的祸首何应钦、顾祝同、上官云相三人;四、恢复叶挺自由,继续充当新四军军长;五、交还皖南新四军全部人枪;六抚恤皖南新四军全部伤亡将士;七、撤退华中的剿共军;八、平毁西北封锁线;九、释放全国一切被捕的爱国政治犯;十、废止一党专政,实行民主政治;十一、实行三民主义,服从《总理遗嘱》;十二、逮捕各亲日派首领,交付国法审判。1 月 25 日,周恩来将 12 条办法当面交给国民党代表张冲转交蒋介石。

12 条提出后，使蒋介石在政治上处于进退两难的境地，如果接受 12 条，就无疑向全国人民承认了自己的反革命罪责，承认自己是完全错了，而且要自己惩办自己。但是又提不出理由来拒绝 12 条。如果无理由拒绝 12 条，就进一步向全国人民暴露了他投降分裂的反动面目，而新四军在遭到国民党残酷迫害以后，提出这样的 12 条，又完全是理直气壮的，能够得到全国人民的同情和拥护。中共中央指出："只有这样尖锐对抗的政策，才是目前唯一正确的政策。因为，只有这样尖锐的政策，才能团结全党全军，才能团结全国人民，才能争取中间派，才能孤立已经反动了的大地主大资产阶级，才能抵抗日寇与亲日派的联合进攻，才能抵抗蒋介石发动的反革命步骤，才能经过一个严重的斗争过程之后，克服蒋介石的反动，达到争取新形势下的时局好转之目的。"1 月 25 日，中共中央给刘少奇、周恩来的通报指出："政治上取全面攻势，军事上取守势"。"我们 1 月 20 日的策略，可以对付两种情势之中任何一种：如蒋业已准备全面破裂，我们便是以破裂对付破裂；如蒋并未准备全面破裂，我们便是以尖锐对立求得暂时缓和。"

### 2. 重建新四军军部

皖南事变后，于蒋介石宣布取消新四军之时，刘少奇、陈毅在苏北盐城一面指示《江淮日报》对 12 条内容条条发表社论，揭露国民党顽固派以友为敌破坏抗战，一面根据中共中央指示精神，积极运筹成立新军部。1941 年 1 月 18 日，刘少奇、陈毅致电中共中央，提出皖南事变后的工作部署，建议在苏北成立新四军军部，提议陈毅为代军长。1 月 19 日，中共中央复电："蒋介石宣布新四军为叛逆，将叶挺交付审判似有与我党破裂决心。其背景似以日德为多，我们决定在政治上、军事上、组织上采取必要步骤。"1 月 20 日，中央军委发布重建新四军军部命令，任命刘少奇为新四军政委、任命陈毅为新四军代军长、张云逸为副军长、赖传珠为参谋长、邓子恢为政治部主任。同日，中共中央又发布了成立新四军军分会的通知，刘少奇为军分会书记，邓子恢现在安徽工作，以饶漱石为代理政治部主任，中原局改为华中局。

中共中央的英明决策得到新四军广大指战员的热烈响应。1 月 23 日，刘少奇、陈毅、张云逸等新四军将领发表就职通电，通电说："当此寇氛弥漫秦桧横行之际，陈毅等誓遵三民主义，服从总理遗嘱，与万恶敌人日本帝国主义及其走狗中国亲日派奋斗到底。"

1 月 24 日，刘少奇、陈毅、张云逸、赖传珠、邓子恢、张鼎丞、粟裕、傅秋涛、管文蔚、叶飞、谭震林、罗炳辉、周俊鸣、戴季英、李先念、彭雪枫、张爱萍等人发表了《新四军将领声讨亲日派通电》:“四年以来中国共产党与八路军、新四军为团结抗战之大局,耗尽心血,为抵御敌寇,撑持最艰苦之最前线。乃枪声发于后方,暗算施于俄顷;我忠勇之新四军将士被歼灭矣;我领导全军为国奋斗之叶军长被击伤,被交付审判矣。试问此鲜红之血,果因何而洒?为谁而流?朝有秦桧,岳飞不得不死,今之秦桧果何人也?然而秦桧误矣!今日何日?乃民族必然复兴,汉奸必然歼灭,日寇必然打到,帝国主义制度必然崩溃,三民主义又必然实行,世界革命必然胜利之日也。夺去一叶挺,必有千百万叶挺以继其后,覆灭一万新四军战士,必有数百万千万忠于民族国家之新战士以继其后,而一切丧心病狂倒行逆施之徒,虽逞志于一时,必难逃于覆没,所谓事有必至理有固然者,此类是也。然秦桧之全部阴谋,今始见端,我民族之大难,万兴未已,朱彭叶项于佳电中所曾申述者,今已开其端矣。以内战代抗战,以投降代独立,以分裂代团结,以黑暗代光明。乃秦桧辈之全盘计划,盖反共之极,势必至于投降,而投降之前,尤必猛力反共。国人慎勿谓今固犹未降日,须知翻手为云者覆手可以为雨,行见今之日寇,将被尊为太上皇,今之秦桧,则正准备为袍笏登场之儿皇帝。而其对我八路军、新四军之阴谋计划,则为所谓各个击破,先消灭新四军,再消灭八路军,清除投降之道路,准备贝当之前途,固已肺肝如见矣。毅等今对此辈秦桧已无丝毫之要求,盖昔日之希望今已完全绝望矣。惟毅等认为叛变抗日者仅属若干大地主大资产阶级,除此以外,例如民族资产阶级与开明士绅及一切不参加投降反共之人,仍须团结一致,坚持抗日。毅等完全相信,中华民族之神圣抗日战争,无论经历何等艰难困苦,必须争取最后之胜利。惟望全国同胞,努力奋斗,坚持不懈,勿使无法无天之秦桧得行其志,则国事犹有可为。迫切陈词,诸祈共鉴。”

1月25日,一个振奋人心的消息伴随着早春的瑞雪飘向全国抗日战争的各个战场:“皖南事变19天后,新四军军部在苏北盐城重建了。”

这天下午,盐城大众戏院里,春意盎然,人声鼎沸,新四军重建军部大会在这里召开。会场上布置的庄严而又隆重,主席台上悬挂着新四军军部重建大会的红布横幅,会场四周悬挂的是指挥若定、义旗高举等鲜红的锦旗。新四军各部队干部战士代表、盐阜区各县政府、各县乡参议会、各学校、各民众团体和各地方先进人士以及盐城的工人,农民,妇女及其他阶层和党派代表1000余人,济济一堂。当刘少奇、陈毅、赖传珠等登上主席台时,会场上欢呼雀跃,群众高呼“拥护党中央,重建军部!”

"拥护刘少奇政委！""拥护陈毅代军长！"等口号，欢呼声此起彼伏，场面壮观，情绪热烈，激励着每个代表的心。赖传珠主持会议，刘少奇宣读了中共中央军委关于重建军部和新军部领导人的任命命令后，全场响起了雷鸣般的掌声，整个会场沸腾了！接着，陈毅发表就职演说：今天是各界同胞、抗战军队在这里举行庆祝新军部成立的大会，这在中国抗战中、革命史上以及将来都是一件大事。我想只要是抗战的爱国的同胞，听到新四军军部的恢复，一定会像诸位一样的欢迎与热烈的庆祝，仇恨的只有日本帝国主义、反共顽固派与亲日派。因此，今天新四军军部的恢复，是直接有利于国家民族的前途。接着，他指出：新四军是一支特殊的人民军队，有着四年的光荣历史，它具有百折不挠，一往无前的精神，具有坚不可摧，不可战胜的力量。皖南事变后，重庆当局发出一个反革命的命令——取消新四军，我们可以置之不理。我们拥护中国共产党中央革命军事委员会的命令——恢复军部。我们拿革命的命令来反对反革命的命令，拿抗战的命令，打倒破坏抗战的命令！顿时，全场掌声雷动，经久不息。

由于刘少奇刚来盐城不久，而且第一次由胡服的化名公开为真实姓名，陈毅特地向大家介绍说："刘少奇是我们中国共产党领导之一，他有二十多年的斗争历史。他到华北，华北抗日运动就有了大发展，到皖东北，他同样展开了大的局面，到苏北也一样如此。但是代表中共中央到这里来直接指导我们的。新四军直接在中央和刘少奇同志领导下，我们一定会胜利的。陈毅铿锵有力的讲话，激励着每一个新四军干部和战士，鼓舞着每一位爱国志士和广大人民群众。

接着，刘少奇讲话，他慷慨激昂，愤怒地斥责国民党顽固派破坏团结抗战，发动皖南事变的滔天罪行，深刻揭露了国民党顽固派制造分裂，准备投降日本帝国主义的阴谋。指出新四军是真正抗战的力量，是人民的军队，是植根在人民之中，敌人的阴谋诡计虽能给我们造成一时的损失，但想消灭我们是痴心妄想，我们是越打越强。原来我们只有几个支队，现在他一打，就打出我们几个师来！讲到这里，会场顿时响起一阵热烈的掌声。最后，刘少奇号召全军团结，军民团结，为建立和发展我们的抗日民主根据地，争取抗日战争的胜利而努力奋斗。他的话刚刚讲完，全场立刻爆发出山呼海啸般的口号声：

"坚持团结抗战！"

"反对分裂投降！"

"粉碎国民党顽固派的一切罪恶阴谋！

“打倒日本帝国主义！”

“把抗日战争进行到底！……”

新四军重建军部，大振了军威，极大地鼓舞了华中广大军民的抗日斗志，有利的打击了国民党顽固派的反动气焰，保证了中共中央的抗日方针在华中的进一步实施，奠定了长期坚持华中抗战直至胜利的基石。从此，新四军在刘少奇、陈毅等领导下，从一个胜利走向又一个胜利。

### 3. 为建设正规化党军而奋斗

新四军新军部成立之时，全国虽然还保持着国共合作抗战的局面，但是，蒋介石为了实现其驱逐华中新四军至黄河以北，以配合日军聚而歼之的罪恶目的，又命令汤恩伯、王仲廉、李品仙、顾祝同等，率领反共大军继续东进、北上，向豫皖苏、皖东、皖中、苏南敌后抗日根据地进攻。盘踞在曹甸、车桥地区的顽军韩德勤残部万余人蠢蠢欲动，企图接应反共大军深入苏北；在泰州、兴化地区的顽军李明扬、李长江及陈泰运等部万余人也准备策应，并以一部实行所谓曲线救国政策，投降日军，为虎作伥。

日军为求迅速解决中国问题，巩固占领区，准备向太平洋扩张，一面积极诱迫蒋介石投降，一面加紧进攻各抗日根据地。在华北，日军反复向八路军进行“扫荡”；在华中，则进一步扶植南京汪伪政权，并趁国民党制造皖南事变的机会，调整和部署兵力，扩大伪军，向新四军疯狂进攻。日军华中派遣军所辖第十一、第十三军团，共 14 个师团，21 万人，其中用于对新四军直接作战 11 万人。华中伪军总数 15 万人以上（大部都是国民党军队整军、整师投敌的），在国民党顽固派策划和日军、汪逆的驱使下，全部对新四军作战。

此刻，八路军和华北各根据地广大军民，正在对敌伪的“扫荡”和“三光”政策展开英勇顽强的斗争。华中军民已基本上完成了发展敌后地区的战略任务。但根据地创建不久，各方面尚不巩固、不健全。在敌顽夹击的严重形势下，中间人士表示动摇、悲观，汉奸特务、土匪、反动地主等乘机破坏、捣乱。皖南事变所产生的不利影响，在军队和根据地人民中还未完全消除。新四军主力部队自 1940 年以来连续进行对日伪顽作战，也没有得到适当的补充、休整；又因项英在过去执行了右倾的建军路线，致使新四军在政治上、思想上和组织上也存在着一些问题，急需加以解决；在地方军和人民武装力量的发展上，更是一个薄弱环节。华中的工作，与共产党、新四军担负的坚持华中敌后抗战的历史使命显然是不相适应的。

针对上述形势，1941 年 1 月 20 日，中共中央军委总政治部发出了关于《皖南事变后八路军、新四军紧急工作指示》，要求八路军、新四军必须用一切努力巩固党军，加强军区、军分区建设，扩大地方部队，发展群众抗日武装，以保证坚持原地区抗战的需要。要在全军党员、干部、战士中做好思想上、精神上的充分准备，立即在广大群众中掀起反对分裂的政治运动，以提高抗日反投降的情绪。“巩固我党领导的 50 万大军，是决定今后胜利的第一重要的任务。”

与此同时，中共中央、毛泽东号召全党和各敌后根据地军民，顽强坚持抗战，竭力争取国共关系进一步好转，并指示中原局和新四军迅速整编部队，继续坚持抗日民主统一战线政策，可独立自主的长期坚持华中敌后抗战，动员全体指战员化悲痛为力量，反对国民党顽固派的投降分裂活动，坚决击退反共军的进攻。中共中央还指示，在日、蒋矛盾未解决之前，反共大军要大举深入华中敌后，全面向我军进攻，还有一定困难；华中敌后将是长期性的三角斗争，敌顽我任何一方均不能迅速达到自己的目的。我军战略部署应适应这一根本情况，作长期打算，并要求新四军将战略指导中心着重于巩固长江以北、津浦路以东基本根据地，击退反共军进攻，粉碎敌伪扫荡，聚集力量，以此为基地，大力经营苏南，坚持皖南，发展皖中，准备于条件成熟时向西、向南发展。

遵照中共中央和毛泽东指示，刘少奇、陈毅一面领导新四军广泛开展声讨国民党顽固派斗争，学习形势与任务，进一步坚定全军指战员克服投降逆流，坚持抗战到底的信心；一面采取切实措施，抓紧统一整编部队。1941 年 1 月 26 日，刘少奇和陈毅向中共中央报告：“为整理与统一新四军编制，拟将新四军部队整编为四个师，以苏北部队为第一师，皖东为第二师，李先念部为第三师，苏南为第四师，在师以下设旅、团均以三三制编制。”2 月 1 日，中共中央答复，同意他们的提议，并指示，外加黄克诚、彭雪枫两部各编为新四军的一个师，共有六个正规师。不久，中共中央再一次致电刘少奇，决定“以皖南部队编成新四军第七师”。

2 月 16 日，刘少奇、陈毅发出了“利用目前时机巩固抗日根据地并扩大、休整队伍”的指示，新四军将士积极拥护，迅速落实。经过整编，新四军扩编为七个师和一个独立旅，共 9 万余人。2 月 28 日，中共中央军委正式任命了新四军所属各师军政负责人：

粟裕为新四军第一师师长，刘炎为政治委员，钟期光为政治部主任。

张云逸为新四军第二师师长，罗炳辉为副师长，郑位三为政治委员，郭述申为政治部主任。

黄克诚为新四军第三师师长兼政治委员，吴文玉为政治部主任。

彭雪枫为新四军第四师师长兼政治委员，肖望东为政治部主任。

李先念为新四军第五师师长兼政治委员，任质斌为政治部主任。

谭震林为新四军第六师师长兼政治委员。

张鼎丞为新四军第七师师长，曾希圣为政治委员。

扩编后的各师兵源及活动范围是：

第一师，由原苏北指挥部所属部队编成，原第一、第二、第三纵队依次编为第一、第二、第三旅，活动于苏中地区，东至黄海，西迄运河，南到长江，北达盐城。第二师，由原江北指挥部所属部队编成，第四、第五支队改编为第四、第五旅，原江北游击纵队与淮南津浦路西部分地方武装合编为第六旅，活动于淮南地区，东至天长、六合、高邮湖，西抵淮南路寿县南，南至合肥、巢县之线，北至新黄河、洪泽湖南。第三师，由原八路军第五纵队编成，原第一、第二、第三支队依次编为第七、第八、第九旅，活动于苏北地区，东至黄海，西至运河，南至盐城，北抵陇海。第四师，由八路军第四纵队编成，原第四、第五、第六旅依次编为第十、第十一、第十二旅，另辖肖县独立旅，活动于淮北地区，东至运河，西至津浦，南至新黄河，北抵陇海。第五师，由原豫鄂挺进纵队编成，原属部队分编为第十三、第十四、第十五旅及第一、第二纵队，另辖豫鄂边区抗日保安司令部，独立活动于鄂豫皖边区，东至黄梅、广济、西至襄河，北抵信阳、桐柏，南至武汉及长江。第六师，由江南新二支队所属部队和江南人民抗日救国军编成，辖第十六、第十八旅，活动于苏南地区，东至京沙路东，西至南京、溧阳，南抵太湖，北迄江都、高邮、仪征线。第七师，由无为游击纵队、原第三支队挺进团及皖南突围部队编成，辖第十九旅及挺进团，活动于皖中地区，东至淮南路南段，西至潜山之线，北抵巢湖、舒城、南迄江南繁昌、铜陵之线。独立旅由八路军教导第五旅编成，旅长梁兴初、政委华罗生。军部直辖抗大第五分校（后改为华中抗大总分校）和特务团，活动于苏北盐城一带。

与整编工作同时，中原局和军分会分别于 1 月 24 日和 28 日召开了高级干部会议。会上，刘少奇首先作了关于皖南事变的工作报告。在报告中，深刻的总结了皖南事变的沉痛教训，会议根据皖南事变后的形势及中共中央指示，讨论确定了新四军今后的任务：坚持华中敌后抗战，阻止反共军的进攻，迅速加强根据地各项建设，积聚力量，准备与敌伪、反共军进行长期斗争；第二、第四师分别在淮河南北，巩固津浦路东，坚持津浦路西，加强对西防御，随时准备迎击反共军的进攻；第五师独立坚持鄂豫皖阵地，并以一部沿江而下，打通与第七师的联系；第七师发展皖中，坚持皖南敌后游击战争，积极打通与第二、第五、第六师的联系；第六师坚持苏南，阻止反共军北渡；第一、第三师坚持苏北，建设巩固根据地，建立强大的地方武装，以便主力机动作战。至此，华中新的战略布局形成。

随着新的新四军军部成立和华中地区各部队番号的公布，整个新四军部队的机关为之气象一新，部队虽然受了损失，但战斗的士气提高了，对国民党顽固派的真面目进一步认清了，政治警惕性加强了，他们在随时准备打退顽固派的进攻。特别是日军飞机轰炸盐城，使人们更加看清了敌顽相勾结，反共是顽固派投降的前奏，要坚持抗战，反对投降就必须抗击顽固派的反共分裂活动。其后，各地区相继成立了抗日民主政权。各地区的专员公署和县区政权及各级参议会都陆续建立起来，大量开明士绅和中间人士被推选参加参议会的工作，各地的群众运动也更加活跃，工、农、青、妇的各级抗日救国会组织也更加健全了。特别是地方人民武装的组织和训练工作更为加强，他们准备配合主力作战或补充主力部队开往前方。新四军的整编与发展，使日伪和国民党顽固派坐卧不安。日军匆忙调整军事部署，将侵华日军七分之一的 18 万兵力部署在华中地区，以加强对华中的控制，新四军面临繁重的对敌斗争任务。

国民党顽固派则宣布取消新四军，调集 30 万大军进攻华中根据地，妄图驱逐新四军于黄河以北。除原部署在豫南、皖北的第十二军、骑兵第八师等部外，又从豫西调来汤恩伯第三十一集团军，兵临豫皖苏边，虎视全华中抗日民主政权。桂系顽军亦向鄂中、皖中、皖东进攻。三战区顾祝同部在苏南、皖南加紧对新四军压迫、“清剿”。在消极抗日、积极反共的既定政策下，国民党顽固派锋芒毕露，相煎甚急，成为新四军坚持敌后抗战的主要障碍。

然而，新四军高举抗日旗帜，坚持华中敌后抗战，担负着伟大的责任。“由于其艰苦的斗争与为民族为国家英勇牺牲的赤诚，它已成为敌寇不可摧毁的抗日部队，已壮大成为独立强大的力量。”但另一方面，新四军也有很多弱点和跟不上形势发展需要的地方，主要是：(1)新四军军部的重建是在突发性事变后仓促进行的，所属部队在陆续整编中，发展很不平衡，有的编制不全，干部不足，兵额武器不充实，有的名不符实，全军未形成整齐划一。(2)新组部队来自不同系统，指挥不统一，战斗配合不默契。(3)全军未能形成思想上政治上的高度一致性,特别是前军部的某些错误指导思想的影响仍然存在,妨碍了部队建设。(4)不少部队不能适应从游击兵团向正规兵团转化,各自为政的游击习气仍有表现。(5)缺乏对军事理论的研究和正规的战术训练与教育,战术技术不能适应战争的需要。(6)供给、卫生、军工等部门的建设比较薄弱。这些成为新四军急待解决的问题。

新四军活动范围东濒黄海,西至汉水,北达陇海,南跨长江三角洲,面积约25万平方公里。中原鄂、皖、苏、鲁、豫五省主要作战区,大部分在敌后,受日伪顽夹击,敌我犬牙交错。江淮地区地形复杂,战斗环境艰苦,不提高部队战斗力,新四军在华中就无以立足、无以生存、无以发展,更不能担负敌后抗战的重任。

为适应华中敌后抗战形势发展的需要,新军部在统一整编新四军部队,划分中原各大战略区的基础上,继续进行全军整顿工作。1941年5月6日,新四军军部召开了高级干部会议,刘少奇指出,目前军队建设应解决好三个问题:一、充实兵源。二、加强对干部的训练、配备和培养工作。三、抓紧整训,使之正规化。5月16日,中共中央中原局高级干部会议在盐城召开,部分师及区党委的主要负责同志参加了会议。会议认真分析了新四军的历史与现状、性质和任务,讨论了重建新四军队伍的具体工作计划。确定新四军的建军方向应是"建设一个正规化的党军"。会议明确:全军必须抓住加强政治委员制度和政治工作制度,健全党的组织,加强党的领导,加强军事训练和司令部工作建设,加强行政管理,健全后勤工作等。会议传达了中共中央《关于项、袁错误的决定》,由刘少奇就皖南事变的内外原因、经过及经验教训作了总结报告。刘少奇引证党内两条路线斗争和党在华北工作的经验,对照华中工作历史发展的具体过程,从根本上清算了项、袁右倾机会主义路线的错误。刘少奇在报告中指出,皖南事变的主要经验教训:第一要学会在复杂情况下,根据形势的变化具体的确定工作方针。第二必须坚持统一战线中的独立性。要懂得统一战线是统一性与斗争性两个方面的统一,统一战线的保持、巩固、扩大和发展,非要经过斗争不可,没有斗争就没有统一战线。但是,我们与同盟者斗争,不是斗争到不要统一战线。第三加强党员的党性教育与学习。在部队中工作的同志特别要注意,必须坚决执行党中央的指示,遵守党的纪律。与会同志一致表示,坚决拥护党中央的决定,坚决服从党中央和中原局的领导,加强党性锻炼。这次会议使华中全党全军的高级干部全面彻底的认清了项、袁右倾机会主义路线的本质及其严重恶果,提高了贯彻执行中共中央和毛泽东正确路线的自觉性,从而使华中全党全军统一了思想认识，走上了健康发展的道路，也为新四军全面贯彻毛泽东正确的建军路线、加强政治思想建设创造了条件。

根据中共中央将东南局与中原局合并为华中局的决定，1941 年 5 月 20 日，中共中央华中局在盐城正式成立，刘少奇任书记，陈毅、饶漱石、邓子恢、赖传珠为委员。在华中局组成前后，刘少奇按照战略区的划分，分别组成了苏中、淮海、盐阜、淮北、皖东、皖西、苏南、豫皖苏、豫鄂边九个区党委，并整顿了华中各级党委，充实了一批党的优秀干部，从组织上保证了党的方针、政策的正确贯彻执行。

华中局和华中军分会成立后，为了彻底清算项英的错误，加强新四军的政治思想建设，迅速提高全军素质，战胜困难，担负起坚持华中抗战的重任，使华中全党全军更加坚决的贯彻执行党中央和毛泽东的正确路线。6 月 6 日，中共中央军委华中分会又召开了扩大会议。刘少奇、陈毅分别在会上作了建军工作的报告，全面总结了新四军党的领导、政治、干部、教育、锄奸、敌工以及供给、卫生等部门的工作，提出了改进措施，系统的论述了建军工作的必要性，全面制定了建军工作计划，强调整训和扩大主力兵团，进一步提高全军的政治、军事素质。号召全军为建设正规化的党军而奋斗。会议根据中共中央、毛泽东的历次指示，检查和总结了新四军成立以来的建军工作，并进一步清算了项英在建军工作中削弱党的领导、削弱政治工作，过早实行“精兵主义”，追求形式上的正规化等错误。为了贯彻执行毛泽东的建军路线使新四军进一步发展壮大，胜利的完成党所赋予的艰巨任务，会议强调指出，建设正规化党军的基本目标是加强党对军队的绝对领导，保持和发扬我军无产阶级的本质及优良传统，使我军成为党的驯服工具。会议根据刘少奇、陈毅的报告精神，规定了新四军建设正规化党军的具体要求：第一，保证党对军队的绝对领导，养成全军服从党的领导的天性和执行党的政策的完整性。第二，有高度的军事素养和坚强的战斗力。第三，有模范的军事纪律和群众纪律。第四，有严格的管理制度，积极负责的工作精神和科学的工作方法。第五、有积极热情、好学上进的作风。遵循严肃、活泼、紧张、团结的生活训条，锻炼全军具有远大的眼光、广阔的胸怀、丰富的学识、健全的体格、充分的学习精神和严格有规律的生活。新四军军分会扩大会议的召开，揭开了新四军建军工作的序幕。

皖南事变后，新四军建军工作的主要特点是突出了党的政治工作建设，即保证党对军队的领导权。政治建设是建军的中心，主要内容包括提高了干部的党性，强化政委制度，加强政治工作，健全军队党的组织工作，支部建在连队，加强全军政治教育。

在长期残酷的敌后游击环境中,物资供应困难,武器装备、军事技术的提高和部队编制受到严重限制,新四军只有充分发挥政治优势,才能同占有军事优势的敌人抗争。为此,刘少奇、陈毅等特别强调政治建设的重要性,要求从加强党的领导、坚持我军的独立性着手,用党的强有力的领导和政治工作保证其他方面的建设,防止单纯军事观点和单纯技术建军的倾向。他们指出,正规化党军的第一个要求,就是在政治上保证党在军队中的绝对领导,养成全军服从党的天性,执行党的政策的完整性,执行命令的坚决性,强化并巩固政委制度及政治工作制度,保持和发扬党军的革命优良传统。

在华中局和军分会的领导下,新四军自上而下迅速地健全了政治委员和政治工作制度。一方面赋予政治委员对军队中一切工作有领导权和最后决定权;另一方面对政治委员的配备采取审慎严格的态度,要求政治委员以政治远见、民主方式、模范生活、坚定的立场去建立自己的威信。

在建军工作中,刘少奇积极贯彻中共中央提出的主力兵团地方化,地方兵团群众化的方针,广泛的同军队干部进行交谈,分析认识这个方针的重要意义。他和陈毅一起采取措施,把新四军主力部队以营为单位分散到各地,帮助发展县、区、乡武装和各边区游击队,并派出必要的人员,配合地方党和政府动员新兵补充主力部队。

自新四军军部重建至1941年6月,全军团以上干部基本配备完毕,各级分别建立了主力团、主力营、主力连。健全司令部机关,加强参谋工作,提高了机关效能。但由于全军编制扩大,新兵大量增加,一大批干部走上了军事指挥岗位,这些干部虽有一定的实战经验,但大多数没有经过正规化的军事训练,军事理论基础较差,同时也缺乏文化。为了改变这一状况,新四军军部指示各师、各根据地都要建立抗大的教育系统,以抗大为训练军政干部、创造军政干部的中心,并明确军属抗大华中总分校以训练团营干部,师属抗大以训练连排干部,各旅团教导队以训练班排级干部为中心任务。根据这一指示,全军先后建立起抗大第四、五、八、九、十等分校和华中总分校以及各训练班,以分期分批轮训军事干部。军部领导人十分关心抗大工作,抗大五分校和华中总分校成立后,陈毅兼校长和政治委员。刘少奇经常向师生们作形势、党的建设、党员修养等报告。通过抗大的教育,迅速培养出了一大批军事指挥员,源源输送到各部队。同时,军部还开办了华中卫生、财会等学校以及各类训练班，以培养军队急需的各类专业干部。

为了提高全军的战斗力，新四军还在全军开展普遍的学军事运动，号召全军将士对运动战、游击战、阵地战三种战法，均应学习和研究。既要总结实战经验教训，又要学习军事基础理论，要求学习和掌握运动战、游击战的战法，熟悉夜战、河川战、反骑兵战、平原战等。其间向全军推广有关师在对敌斗争中创造出的山区、丘陵地区、平原和河网地区的典型作战经验，力求全军广大指战员将旺盛的战斗情绪、勇猛顽强的攻击精神与科学的军事技术、作战艺术结合起来，完成建立一支铁的党军的任务。建设正规化党军的口号是对全军提出的，由于各师情况不同，刘少奇、陈毅等军部领导又认真分析研究，具体提出不同的要求。如一师、三师等主力部队，基础较好，战斗力较强，武装装备较充足，又有相对稳定的根据地，军部对他们提出了建立“正规化模范党军”的要求。六师坚持的苏南地区，敌顽我犬牙交错，处于劣势，军部指出：“由于六师的环境和任务跟一、三师不同，因此在建军方面不应抄袭一、三师的建军方法。”六师要建成党的模范游击兵团，要建立几十个到几百个铁的模范游击队，遍地都是，等到时机一到，一声集合，便是 10 万、20 万，便可建立正规化的模范党军了。第五师坚持鄂豫边区，长期孤悬敌后，形成独立的战略单位。根据这一特点军部要求五师以游击战为主，建立正规化的游击兵团，又要能进行较大规模的运动战，以担负独立作战的重任。这些不同的建军要求，符合部队实际，为不同环境下的部队的生存、发展和壮大指明了方向。

在刘少奇等军部首长的关怀与指导下，部队后勤保障工作也得到改善和提高，全军加强了供给部门的力量，严格制定了财粮征收分发制度、税收制度、预算制度等。供给部门普遍进行了经济纪律教育，贪污、携款潜逃等现象基本得到控制。军、师设卫生机关，有些师建了后方医院。军部聘请了一些医学专家，包括奥地利泌尿科专家罗生特到新四军工作，使医疗保健水平有了明显提高。

皖南事变后，国民党当局停止供给新四军武器弹药。新四军军部把军工建设列入军事建设，规定军工建设的方针是：自力更生，扩大生产，提高技术，保证供给。军部专门成立军工部，管理军工生产，建立炮弹加工厂、手榴弹厂、子弹翻造厂、铸造厂、机械厂等，形成三四百人的专业队伍。一些师也成立了军工部及各种兵工厂，自己解决武器弹药，改善部队装备。

由于种种原因，新军部成立时华中地区的地方军队工作还处于初创时期。1941 年 5 月，在华中军分会上，陈毅强调了这项工作的重要性。他说：我们现在的主力部队是七个正规师兵团，但是如果离开数量庞大的地方武装、地方群众的人民自卫武装，那这主力部队是孤单的，执行任务要受到阻碍。所以现在我们要确立这样一个原则，要有强大的主力必须有多量的地方武装做他的后备，做他的基础。建军工作中，军部对地方建设的基本要求是：逐渐提高，努力扩大，注意巩固和精干，一年内达到同主力军相等的数量，分担主力现有地方任务之一部或全部，建立地方军团。

军部特别强调地方武装必须有独立的建制与指挥机关。根据军部指示，华中先后建立了淮海、苏中、盐阜、淮北、淮南、皖江等军区及苏南保安司令部；军区下设若干军分区，军分区下设若干独立团，下面又设许多独立警卫大队和各级游击队。为了充实地方军，提高地方军的战斗力，新四军军部于 1941 年 9 月指示各师，都要将一部主力军地方化，加强地方的对敌斗争，作为坚持该地区的主力。为了保卫华中党政军领导机关，维持军部所在地的社会治安，军部还设立了盐城卫戍区，并任命洪学智为司令，统辖盐城的地方武装。军部强调“地方军必须真正地方化，其主要成份、主要干部应当是本地的，地方军的斗争方法、政治工作、服装等，均应适应本地的情况（即尊重地方性、游击性），不应把主力军一套机械的搬到地方军建设当中”。为华中地方武装的发展指明了方向。在以刘少奇为首的新四军军部领导下，华中抗日根据地的地方军迅速发展壮大起来。据统计，1941 年初，华中地方军数量不足万人，到年底已达 1.9 万多人，其中苏中区就达 1.2 万余人。军区工作系统的建立，不仅统一了主力军与地方军的领导，而且为主力部队准备了强大的后备兵源。同时，也造就了一支坚持华中敌后抗战的生力军。

在建立地方武装的同时，刘少奇、陈毅等又遵照中共中央关于建立人民自卫军的指示，向华中各师、各根据地提出了大量发展人民武装的任务。刘少奇指出：如果没有民兵、自卫军的大发展，既无法扩大主力，又无法建立巩固的根据地。并提出了抗日全民武装、武装男女壮丁、农村军事化、党员军事化、武装保卫家乡、就地游击、就地坚持等口号。要求在全华中组织与训练 150 万到 200 万的人民武装，各地县、区、乡都成立人民武装委员会，建立和健全各级自卫军、民兵领导机构，抽调军政干部从事人民武装工作。军部还要求对民兵的编组，应以家乡为单位，每乡以党员、贫苦农民为骨干，组织民兵基干队，其余青壮男女编为普通民兵，各乡支部书记担任指导员。军部对民兵的任务还做了一些具体的规定：一是抗日防匪保家乡；二是保卫新民主主义秩序；三是作主力军和地方军的后备；四是团结各基层共同抗日等等。在上述方针的指导下，华中地区的民兵组织迅速发展，到 1942 年底发展到 62

万余人，其中苏中区达16万余人，盐阜区达10万人。

总之，新四军军部一建立，就全面贯彻了中共中央的建军路线，加强了主力军的建设工作，将原属游击兵团的军队提高到正规化兵团的阶段，数量、素质都有较大提高，新四军的阵容较皖南事变前更充实、更壮大了。华中根据地的地方抗日武装、人民武装也从无到有，从小到大，迅速发展起来，与新四军主力联合组成了一堵坚不可摧的铜墙铁壁，为坚持和巩固华中敌后抗战打下了牢固的基础。

#### 4. 全军反“扫荡”、反“清剿”

1941年1月下旬，日军将原驻苏南镇江地区的第十二旅团调至苏中沿江和运河沿线，并侵占黄桥镇，又加紧引诱泰州地区的国民党地方部队李长江部投降，以纠集力量，准备大举进攻海安、东台、盐城等地，围歼新四军军部及新四军主力。此时，国民党顽固派也乘机进攻。在蒋介石的部署下，汤恩伯对豫皖苏边区的进攻迫在眉睫；韩德勤为策应汤部东进，窃据了皖东根据地，并准备以其苏北残部从背后袭击新四军，李品仙准备向皖中、鄂中大举进攻；顾祝同加紧对皖南的清剿，并准备进攻苏南地区。日、伪、顽汇成反共逆流，严重的威胁着华中根据地。

刘少奇正确分析了当时形势，认为：粉碎日、伪“扫荡”“清乡”，打退国民党顽固派的进攻，新四军所面临的任务是艰巨的。但是，华中新四军在击退国民党反共高潮的斗争中，已开创了独立坚持敌后抗战的新局面，建立了集中统一的领导，大大加强了主观力量，广大军民的抗战信心更足，热情更高，彻底打退反共逆流是具有许多有利条件的。为此，军部制定了新的战略方针，即粉碎日伪“扫荡”，坚决打击反共投降，阻止国民党顽军进攻，积聚力量，保卫现有抗日根据地，并努力扩大根据地，准备与敌人作长期斗争。

1941年2月上旬，日军为了掩护李长江部投降，在扬州、高邮、南通、如皋等地集结重兵，准备对苏中、苏北进行大规模的“扫荡”。新四军军部指示一师，在李长江公开投降前应大力进行争取工作，并迅速在苏中适当地点集结，以待李长江投降面目公开暴露，及抓住时机予以痛歼。2月中旬，李长江终于在泰州城公开投敌。新四军军部于2月18日发出关于《讨伐李逆长江命令》，任命粟裕为讨逆总指挥，叶飞任副总指挥，刘炎为政治委员，组成了讨逆作战指挥部。在讨逆指挥部指挥下，隐蔽在海安以西的 师主力当即发起讨逆战役，沿海、泰公路向西横扫，直逼泰州城。20日攻克泰州，歼灭李部主力，共俘李部官兵5000余人，并争取了两个支队战场反正，沉重地打击了反共投降势力，迫使日军推迟了“扫荡”苏中、苏北计划。3月20日，刘少奇给苏中区党委书记陈丕显和一师负责人粟裕、刘炎等写信，认真分析了苏中当前的形势及任务，强调指出，必须抓住目前时机，坚决反对敌人和汉奸伪化苏中，保卫苏中抗日民主根据地成为你们苏中人民目前唯一的直接任务。4月10日，刘少奇又在新四军营以上干部会上作了《关于目前政治形势和任务》的报告，号召全军将士认清当前严峻的政治局势，团结一致，努力抗战，坚决的彻底的粉碎敌人的“扫荡”，保卫抗日民主政权，巩固各抗日根据地。

6月1日，华中局发布了刘少奇亲自起草的《关于组织根据地内人民大多数的决定》，指出今后党在华中敌后地区的基本任务是巩固现有各根据地，华中党组织及新四军应遵照党中央、毛泽东《论政策》的指示，正确执行统一战线政策，广泛开展群众运动，进行减租减息，实行合理负担，改善群众生活，将根据地人民的大多数，尤其是百分之八十以上的工农群众组织起来，共同抗日，建设巩固的抗日民主根据地。针对敌人的疯狂“扫荡”，6月4日，刘少奇主持召开了中共中央华中局和新四军军部领导人会议，认真讨论并制定了保卫盐城的工作部署。

华中局高干会议和华中军分会扩大会议以后，华中全党全军在战斗频繁，极为紧张的环境中，进行了一系列艰苦的工作。各根据地党组织初步加强了各级抗日民主政权建设工作，按照各阶层人民合理负担抗战经费的政策，颁发了公粮、田赋和税收等财粮制度，使新四军军需给养得到了保障。苏中、淮北、淮海等根据地及盐城地区，在刘少奇亲自指导下，抓紧夏、秋收时机，采取大刀阔斧的方式，初步开展了群众减租运动。

在群众运动中，全华中发展了农民抗日救国会会员104万多人，组织了脱离生产的地方武装和不脱离生产的自卫军30余万人，为全面开展反“扫荡”奠定了基础。

1941年7月20日，日伪军1.7万余人由东台、兴化、射阳、陈家洋等地分四路同时出动，向盐城合击。华中局、军部机关早已撤离盐城，向湖垛镇(今建湖县城)北之高作一带转移，后又移至阜宁县境内的侉周、停翅港一带。新四军主力在盐城外围地区予来犯之敌以阻击杀伤后，分别转入日伪侧后活动。22日，敌占盐城，却一无所获，又转向盐城外围“扫荡”，寻找新四军主力作战。此时，正值梅雨后期，河水猛涨，敌又以百余艘装甲汽艇穿梭于河道之中，到处搜索，跟踪军部机关，并以成批飞机低空盘旋轰炸。

为牵制日伪配合盐阜军民反“扫荡”，苏中一师根据军部指示，对敌发动了攻势，围攻和袭击了泰兴、靖江、如皋、南通等地的十几个日伪据点。接着又围困泰州、泰兴、姜堰，攻克天星桥、黄桥、古溪等较大的日伪据点，并对南通、如皋境内的日伪据点和盐城至东台的敌交通线进行袭击和破坏，使敌人首尾不能相顾，得之于北而失之于南。7 月底，敌人大部分兵力被迫南撤，转向苏中进行报复“扫荡”。军部又指示苏北第三师主力在敌仓皇撤退之机，发起攻势作战。7 月 29 日，收复阜宁城。8 月 1 日攻克东沟。8 月 7 日，三师展开五路攻势，收复湖垛、上冈等重镇。军部特务团、一师二旅和抗大五分校等部也袭击了刘庄、冈门、南洋岸等地。二旅先攻克了盐城东南重镇裕华镇，歼守敌两个小分队，继又攻克秦南仓等据点。盐城日、伪极为恐慌，为巩固其占领区，敌被迫将“扫荡”苏中的兵力北调。日、伪对新四军大规模的“扫荡”，在苏中苏北军民密切配合打击下，终于被彻底粉碎。在一个多月的反“扫荡”中，新四军共作战 130 余次，毙伤俘日、伪军 3800 多人，击沉敌汽艇 30 余艘，取得了辉煌战果。

日伪在对苏中、苏北“扫荡”的前后，对华中各根据地都发动了较大的“扫荡”“清乡”，在华中局和新四军军部领导下，都被华中军民粉碎。

淮南地区：1941 年 3 月 18 日至 25 日，新四军二师击退敌 7000 余人的进攻，并于 4 月中旬向津浦路东日、伪发动攻势，连克仪征北之谢家集、天长南之金家集等据点。敌于 5 月下旬至 6 月初出动 5000 余人，进行报复“扫荡”，二师又予以敌以重大杀伤。11 月，敌由明光镇（今嘉山县城）、滁县、来安等据点出动 2000 余人，向定远地区“扫荡”，亦被淮南军民所粉碎。

苏南地区：1941 年 5 月，汪精卫在南京成立了“清乡”委员会。7 月 1 日，日、伪出动 1.5 万余人对苏州、常熟、太湖地区进行大规模的“清乡”。由于敌我力量悬殊等原因，军部指令该区主力六师第十八旅留下一部坚持原地斗争，其余渡江北移。10 月，日、伪对澄（江阴）锡（无锡）虞（常熟）地区“清乡”。军部指令六师作了充分准备，在反“清乡”斗争中保存了主力。

鄂豫边区：1941 年 12 月 7 日至 1942 年 2 月 4 日，新四军五师对敌进行了侏儒山之战，经大小十余次战斗，歼灭伪定国军第一师，击溃第二师，毙伤日军百余，俘伪军 950 余人。其后，又多次粉碎敌人的“扫荡”“清乡”。1942 年 11 月 20 日至 12 月 13 日，敌对鄂东、鄂中、鄂南进行“扫荡”，并集中 1 万余人对应城、安陆、礼山、大小悟山等地进行大“扫荡”，鄂豫地区军民英勇作战，坚守了抗日阵地。

淮海、淮北地区:1941 年 11 月中旬,敌出动 5000 余人对淮海地区进行分割,分区“清剿”。与此同时,敌另一部 6000 余人向淮北区新四军四师活动中心区青阳、半城合击,反复“扫荡”“清剿”。淮海、淮北军民作战多日,予敌以重大杀伤。在淮北朱家岗战斗中,三师九旅二十六团指战员扼守村寨,激战终日,击退千余敌 10 次冲锋,毙伤敌人 280 余人。

在军部领导下,华中军民在进行反“扫荡”、反“清乡”斗争的同时,也多次击退了国民党顽固派军队对根据地的猖狂进攻。

1941 年 7 月,日军大规模“扫荡”苏北时,苏北顽军韩德勤部加紧了反共活动。韩先以保安第三纵队一部侵占泗阳西北之重镇程道口,又以一一七师、三十三师各一部先后侵入淮海区之大兴庄、张官荡地区,并沿六塘河向西继续扩展,企图以程道口为中心,控制运河西岸,进而向西扩张,东接曹甸、车桥、西达津浦路,构成一条横贯淮北、淮海抗日根据地的东西走廊,以配合、接应国民党顽军汤恩伯部进攻豫皖苏边区,再东进苏北,为汤恩伯部准备东进通道。为了狠狠打击反共顽固派的嚣张气焰,军部于 10 月初作出决定:收复程道口,打击韩顽,再集中兵力迎击东进反共军。为了打好这一仗,军部作了周密的部署,陈毅亲临前线指挥作战,以军部独立旅全部及二师四旅、三师七旅各一部共六个团主力,为攻击程道口的突击兵团;以二师五旅、三师九旅主力集结于皖东北地区,准备阻击东进反共军;以四师十旅及骑兵团位于淮阴以北,三师八旅位于淮阴、涟水之间,阻击韩德勤部向程道口增援。10 月 14 日,程道口战斗发起,新四军各部队首先对程道口形成包围,并肃清了外围据点,然后经过数日近迫作业,发起总攻。21 日,程道口被攻克,俘顽军 600 余人。接着,新四军乘胜扩大战果,横扫了附近地区的顽匪。程道口战斗的胜利,不仅沉重打击了韩德勤接应汤恩伯部东进的企图,而且对巩固淮海与皖东北根据地都有重要意义。

10 月,桂顽为策应汤恩伯部东进,以一部兵力先后侵入广兴集、周家岗、大桥镇等地,企图迫使新四军退出淮南津浦路西根据地。根据军部指示,二师四旅发起大桥战斗,歼桂军一个团的大部,打破了桂顽计划。

在新四军部领导下,华中军民不仅胜利的保卫了抗日根据地,而且还在敌顽的夹击中,恢复和扩大了根据地。

1941 年初, 中共中央指示华中党和军队应将战略指导重心放在巩固长江以北,津浦路以东基本区,并坚持皖南、发展皖中,于条件成熟时向西向南发展,开辟

新区。同时,要求中原局、新四军军部加强对浙东、闽浙赣边地方党的领导,向这些地区发展,创立根据地,华中地区党和军队坚决贯彻执行了中共中央这一指示。

新四军军部重建后,决定以皖南突围部队和原在江北活动的数支地方武装近2000人组成第七师,并要求七师积极发展皖中,坚持皖南游击战争。根据军部指示,七师以皖中巢湖无为为基本区域,打击日伪,扩大游击区,取得了丰硕战果,大大鼓舞了皖中、皖南人民。军部曾致电七师,高度赞扬七师健儿的顽强作战精神。9月,七师派出一部由皖中开进皖南,与当地游击队合编为七师五十七团;1942年2月,七师五十六、五十七两团各一部进入含和地区,新组了七师含和独立团;五十七团的另一部沿江西进,在贵池、东流地区展开了敌后游击。至此,七师初步创建了皖中、皖南敌后游击根据地,并打通了与二师、六师的联系,胜利的完成了军部交给的任务。

1941年4月,日军进犯浙、闽沿海,大片地区沦为敌后。军部根据中共中央指示和浙东形势作了部署,决定开展浙闽沿海敌后游击。6月,坚持在浦东抗日的淞沪游击队五支队分批渡海,进抵浙东三北地区,不久另一部武装亦到达三北,展开了开辟浙东游击战争。1942年5月,浙赣战役爆发,国民党军纷纷溃退。华中局和军部又确定了进一步发展浙东敌后的方针:争取有利时机,扩大与发展武装,运用华中初期开辟敌后根据地的经验,大刀阔斧的进行工作,创立敌后根据地。同时决定成立浙东区党、政、军领导机构,并派谭启龙等率领一批干部前去浙东,加强浙东工作的领导。7月,浙东区党委与三北游击司令部成立。随后,又成立了总办事处。10月,浙东新四军挺进四明山区,至此,浙东游击根据地初步建立。

在这期间,新四军三师九旅根据军部指示,于1942年2月由淮海区西返,在敌、顽夹击中,经40天连续作战,恢复了皖东北根据地的中心区;第二师五旅也清剿了白马湖、高宝湖的顽匪。5月间,二师五旅、三师九旅、四师十旅各一部在军部指挥下,横扫了长期盘踞在洪泽湖地区危害人民的顽匪,并击退了日军的增援,彻底清除了洪泽湖区的匪患,扩大和巩固了根据地。

总之,华中根据地在日伪与国民党反共军的夹击下,斗争非常艰苦。但是,华中军民在华中局和新军部领导下,进行了艰苦复杂、激烈的斗争,连续粉碎了敌人在华中发动的大小“扫荡”和“清乡”,同时,也打退了国民党顽固派的猖狂进攻。据统计,仅1942年,新四军对日伪共作战1700多次,毙伤俘敌22900余人。而新四军则在斗争中不断发展壮大,1941年初全军总人数约9万,到年底已发展到13.5万余

人。华中军民不但胜利的保卫和坚持了华中抗战阵地，而且开辟了新的战略区。1941 年初，华中根据地（包括游击区，下同）总面积为 17 万多平方公里，至年底以增加到 187698 平方公里，1942 年又进一步扩大。所有这些，都为全面深入的建设巩固的华中根据地创造了有利的条件。

### 5. 巩固和发展华中抗日根据地

华中地区是日本帝国主义对中国进行整治、军事、经济、文化侵略的重点地区。为了达到灭亡中国的目的，日本侵略者在疯狂进攻华中根据地同时，竭力推行其“以华制华”“以战养战”的侵略政策。在政治上，扶植汪精卫在南京成立了伪政权，并将侵华派遣军总司令部设于苏南；经济上，进行所谓“新经济建设”，大肆掠夺华中经济资源，破坏根据地建设；思想文化上，开展所谓新国民运动，推行法西斯教育、奴化教育，并进行大规模的思想“清乡”、文化“清乡”，妄图将华中建成大东亚战争的屯兵场、和平反共的“模范地区”。同时，国民党顽固派及各种反共势力也不甘心共产党新四军在华中发展抗日民主事业，千方百计的进行捣乱。因此，要建设巩固的华中根据地，就必然要与日伪顽进行复杂的斗争。华中局和新军部抓住战争的间隙，根据中共中央指示，从政治、思想、经济、文化等方面对日伪顽展开了针锋相对的斗争，加强了根据地各方面的建设工作，并取得了很大成绩。

在党的建设方面。1941 年初，刘少奇、陈毅等多次召集会议，商讨华中党的统一领导问题。经中共中央决定，中共中央华中局成立后，明确了华中党组织的领导系统及隶属关系，设置了苏中、盐阜、淮北、皖东北、淮海、津浦路东、豫皖苏、鄂豫边、苏南等九个区党委，任命了各区委主要负责人。各区党委也分别建立和健全了下属各级党委。到 1941 年底，各区党委、地委、中心县委、县委、区委等各级党组织基本建立。为了发展党的组织，壮大党员队伍，华中局和军部指示从各地、各部队抽调了一大批干部组成民运工作队，深入基层，宣传抗日，开展各种斗争，培养和发展积极分子，吸收其加入党的组织。据盐阜、苏中、路东、淮北等四个区党委的不完全统计，1941 年就发展了新党员 2.5 万多名。在这同时，各区党委还分别建立党校，各地各县开办党训班，分批分期的轮训党员干部。从 1942 年起，各地党组织又普遍开展了整风学习运动，从而大大提高了党员干部的思想觉悟和理论水平。刘少奇极为重视党员的教育工作，在战争频繁的恶劣环境里，却花了不少时间和精力放在办好党校、培养干部问题上，并积累了不少宝贵经验。刘少奇高瞻远瞩，在华中总指挥部

成立之后，就着手抓干部的培养教育工作。1940 年底，刘少奇找新四军政治部宣传科长兼《抗敌报》主编冯定谈话，指出："我们党的事业在苏北又有一个大发展，需要培养很多干部，现在要办抗大分校，马上还要办党校"。并要冯定着手筹办抗大五分校。接着，刘少奇又要新四军江北指挥部政治部所属抗敌剧团团长孟波等筹办鲁迅艺术学院华中分院。1941 年春，又决定要苏北盐阜区党委书记温仰春等筹办华中党校。在抗大分校、鲁艺分院相继开学以后，华中党校也筹备就绪，于 4 月在盐城正式开学。刘少奇兼任校长，华中局宣传部副部长彭康任副校长，温仰春任教育长（后任副校长）。第一期学员 300 多人，编成一个总队，下分 3 个队。学员大多数是部队团以上干部（也有部分营级干部）和地方上的县、区干部，还有来自沦陷区和国民党统治区的知识分子党员干部。5 月 2 日，抗大五分校第一期学员毕业，在毕业典礼上，刘少奇亲自为该期学员题词："为正义，为自由，为民族与社会的解放而战斗到底。"6 月 1 日，抗大五分校召开总校成立五周年庆祝大会，刘少奇到会讲话，号召学员努力学习，百分之百的完成学习任务。7 月中旬，日军发动对盐阜区的第一次大"扫荡"，华中党校第一期提前结束。党校工作人员随新四军军部转移到阜宁县的汪朱集。日军"扫荡"结束后，党校第二期于 9 月初在汪朱集开学，学员 300 人左右，年底前结束。刘少奇从华中党校创办第一期开始，到第三期开学以后，都曾对党校工作做过许多指示，并亲自授课。党校怎么办？坚持什么样的办学方针？这是办好党校首先遇到的一个问题。刘少奇明确指出："党校是马克思列宁主义的学校，要用马克思列宁主义教育干部。"并且强调在教学中要始终坚持理论联系实际的方针。

刘少奇十分重视在党校的马克思主义理论教育。党校第一期开学以后，当时在党校任课的宋亮（孙冶方）曾给刘少奇写了一封信，建议在党校对学员加强马克思主义理论教育。刘少奇接信后给宋亮写了回信，肯定宋亮的意见是对的。他在信中首先批评了两种错误思想：一种是过分强调实践，轻视理论的重要性，轻视理论对实践的指导作用；另一种是过分强调理论，轻视实践的重要性，轻视实践对理论的基源性和优越性。他们都没有把理论与实践的关系正确解决与正确联系。然后，他特别强调党员在党校学习理论的重要性。中国党有一极大的弱点，这个弱点就是党在思想上的准备、理论上的修养是不够的，是比较幼稚的。……因此现在提倡党内的理论学习，就成为十分必要的。党员在党校中学习，从事理论研究的时候，主要的任务是理论上的深造和把握，而不是学校生活的锻炼。这时候，学生应当埋头读书，埋头从事理论研究。华中党校就是根据刘少奇的指示，把马克思主义理论学习和研

究摆在十分重要的地位。

党校重视和加强学员的理论学习，是符合学员的实际情况和形势发展需要的。党校的学员大多是新四军团以上干部和地方县、区干部，他们长期在游击环境中坚持斗争，没有机会接受系统的马克思主义理论教育，对马克思主义基础理论知之不多，知之不深，因而理论水平、政策水平不高，这对他们所担负的重大而艰巨的任务很不相称。因此，在党校加强对学员的马克思主义理论教育就是完全必要的。

刘少奇强调党校要重视马列主义理论学习，并不是那种脱离实际的学院式的学习。他明确指出：离开实践的理论研究，轻视实践，而不将理论与实践联系，结果，将马克思主义的理论变成死板的教条，而不能成为实践的指导。这当然是错误的，应该反对的。华中党校在理论学习中，按照刘少奇的指示，紧密联系抗日斗争的实际和学员的思想实际、工作实际，引导学员运用马克思主义的立场、观点和方法来分析、说明和解决实际问题。

刘少奇不仅为华中党校确定办学方针，而且亲自过问党校的教学工作，亲自为学员讲课。他在一、二期的党校教学中，多次到党校为学员讲课，前后达三四个月之久。特别是党校第二期开学以后，刘少奇在繁忙的领导工作和指挥作战的情况下，为了能以更多的精力来教育干部，干脆打起背包，住进党校。自 1941 年 11 月 2 日到 12 月 4 日共达 30 多天。在党校所讲的课，计有《党的战略与策略》《论党内斗争》《论党员在组织上和纪律上的修养》《反对党内各种不良倾向》《民主精神与官僚主义》《民主集中制》《人为什么会犯错误》《哲学的范畴》《唯物辩证法》《统一战线问题》以及形势和任务等重要报告。

为了系统地提高党内的理论水平和政策水平，刘少奇在讲授中，还专门讲了党的战略策略问题。他说，党的战斗的战略策略，就是发展进步势力，争取中间势力，孤立顽固势力，打倒当前最主要的敌人日本帝国主义，并且把革命进行到底。在完成民族民主革命以后，经过必要的步骤，毫不停顿的转向社会主义革命。他指出：马克思主义者学习阶级斗争或民族斗争的战略策略，不是背诵马克思列宁主义的词句，而是运用它的精神实质来解决中国革命的实际问题。马克思主义的灵魂就是具体分析和解决革命问题。他还尖锐的批评了那些仅仅背诵马克思列宁主义经典读物上的词句，而在实际工作中就一筹莫展的思想懒汉。

为了帮助学员们加深理解，提高执行党的正确路线的自觉性，刘少奇还以生动例证，用对比的方法阐明毛泽东思想的正确性，批判右倾或“左”倾机会主义。他说：

陈独秀的右倾机会主义路线在和资产阶级联合中就是一切联合，否认斗争，让出了无产阶级的领导权，遭至了革命的失败，王明在抗日战争时期的一切通过统一战线的右倾路线，实质上是投降主义，遭受到皖南事变和某些地区的重大损失，而在十年内战时期，“左倾”路线的一切斗争否认联合，不讲策略，没有科学分析的盲动，也给革命带来了极其严重的挫折。毛泽东同志正是在和右的、“左”的两条路线的斗争中，确立了既不是一切联合否认斗争，又不是一切斗争否认联合，而是综合联合和斗争两方面的政策，巧妙的运用了利用矛盾，争取多数，反对少数，各个击破，有理有利有节，使革命力量获得了空前的发展壮大。刘少奇的这些论述，使大家受到一次深刻的马克思主义战略策略的教育。

刘少奇在华中党校，把党的作风问题作为党的建设的一项重大课题来讲。他把这一问题提到党性和世界观的高度，同党的政治路线联系起来，发表了许多精辟见解。

首先，刘少奇论述了党的干部领导作风问题。指出，领导作风问题，本质上是党和群众的关系问题。党的各级领导干部以身作则，是搞好党风，克服不良作风的决定因素。党的领导干部的地位和责任，决定了他们的言论和行动对于党员和群众有巨大影响，如果我们的干部，在工作、学习、生活及社会活动等方面能够坚持党的原则，按照党的政策的要求和共产主义道德指导自己的行动，依靠人民群众来监督，那么这样的干部就会得到党员和群众的信赖和爱戴，他就为党增添了光彩和威信。为此，他要求华中党的各级干部永远保持密切联系群众的作风，关心群众的疾苦，切实解决群众的困难，保持党同人民群众的血肉联系，防止由人民公仆变成人民的老爷。1941 年冬，刘少奇住在苏北阜宁县城单家巷，得知群众李世芳的男孩患臌胀病，生命垂危，亲自请来随新四军工作的奥地利著名医生罗生特为其诊治，还派华中局党校女学员日送三餐饭菜，终于使病孩恢复健康。刘少奇这种关心群众疾苦，为群众排忧解难的优良作风，成为根据地广大党员的楷模。

其次，刘少奇强调指出，党的各级领导机关的负责人，对于自己领导工作中的缺点与错误，必须首先进行充分的自我批评，同时必须充分的接受下级批评的精神准备，千万不可在遇到下级批评时，就冲动暴躁，或采取压制打击的错误办法。他认为，党实行认真的自我批评，除了失掉错误之外，什么也不会失掉，而所得到的，却是党的巩固、团结和发展，是广大人民群众的拥护，是无产阶级事业的胜利。

再次，刘少奇提出了发扬民主精神，反对官僚主义，改进工作作风的重要思想。

在《民主精神与官僚主义》一文中,他运用历史唯物论的观点分析民主问题和官僚主义问题,提出和论证了如何处理党内关系、人民内部关系的一些重要原则。指出,由于中国长期处于封建社会,又有广大小生产的社会基础。因此,中国是一个缺乏民主的国家,一般人没有经过民主的训练,而我们党内也有很多人不了解民主的意义,一些党的干部缺乏民主作风。他说:我们要以民主精神教育中国群众,甚至在党内也有实行教育的必要。他特别强调,要扩大党内民主,不只是形式上执行一些民主手续,更要紧的是提倡民主的工作精神。一切工作制度、组织制度,要实行民主。他同时认为,党内有官僚主义等不良作风,因此,共产党员特别是在政府中工作的党员要学习法律,培养法制观念,养成与党外人士民主合作的好作风,反对关门主义包办垄断的作风。在刘少奇的领导下, 华中地区党政机构实行民主集中制的原则,共产党员必须发扬民主作风,遇事同党外人士商量,在取得多数同意下,然后再带领大家去做,这种政治制度的民主化,促进了华中抗日民族统一战线的巩固和发展。

刘少奇十分重视从加强党性修养来提高党员的素质。1941 年 6 月,在华中党校作了《人的阶级性》的报告,明确指出:人的阶级性,就是人的本性、本质,是由人的阶级地位决定的。共产党员的党性,是无产者的阶级性的最高而集中的表现,也是无产阶级利益的最高而集中的表现。因此,共产党员的党性锻炼,是党员本质的改造。

刘少奇还认为,要建设一个好的党,在首先着重从思想上政治上进行建设的同时,必须从组织上进行建设。为此,他专门作了《论党员在组织上和纪律上的修养》的报告,明确指出:中国共产党不是许多党员在数量上的简单的总和,而是几十万党员按照一定的组织形式和一定的规则结合起来。党也不是各个地方党部的联合组织,而是不同的党员,不同的组织部门结合成的一个集体性的整体。这种结合的组织形式和规则就是民主集中制,其原则是:少数服从多数,个人服从组织,下级服从上级,全党服从中央。

正确处理党内矛盾和开展党内斗争,是搞好党的建设的一个重大问题。对此,刘少奇在反"扫荡"的转移途中,还专门挤出时间向党校学员作了《论党内斗争》的演讲,系统地分析了我们党产生的社会历史条件和党内斗争中存在的偏向,特别是王明左倾错误开展过火斗争的沉痛教训, 全面地论述了正确进行党内斗争的原则和方法,从理论和实践的结合上解决了如何正确进行党内斗争这个重大问题。

怎样正确进行党内斗争？刘少奇在总结正反两方面的历史经验的基础上，提出了七条重要方针和方法。

第一，要有正确的立场和态度，努力做到四个必须，即必须有最严肃最负责的态度，必须完全站在正确的党的立场上，为党的利益工作、进步，必须实行系统的调查研究，搞清事实真相，同时还必须是有组织的、有领导的、有准备的去进行。

第二，要弄清党内斗争的实质和采取正确的方法。由于党内斗争基本上是党内不同思想不同原则的斗争，因此在斗争方式上应该尽可能完全采用诚恳坦白的态度，多数正面的教育，去求得思想上、原则上的一致。只有在不得已的时候，在十分必要的时候，才可以采取对抗的斗争方式与组织手段。

第三，要正确运用批评的武器。强调对党的组织、对同志、对工作的批评要适当，要有分寸，并且对被批评者的成绩要全盘的估计，批评别的错误要抓住中心，要着重最重要的问题，而不要纠缠于枝枝节节或简单粗暴了事。

第四，要弄清开展党内斗争只是一个手段，目的是为了教育党与教育犯了错误的同志，达到党内的和平统一。因此，应该首先对事，然后对人，并且明确指出，要坚决停止斗争会的举行，在党内斗争中，对干部和同志的打击政策，攻击别人与打击别人的政策，不是我们的政策。

第五，必须给被批评处罚的同志以一切可能的申诉的机会。

第六，党内斗争应于党外斗争有明确的界线。不要利用党外的力量和条件来向党进行斗争与恐吓。

第七，禁止党内无原则纠纷。因为它是离开我们党与无产阶级的革命利益之共同立场和原则的。

刘少奇论述了党的民主集中制原则，从理论上阐明了民主与集中、党员与领袖、自由与纪律的辩证统一关系。刘少奇认为，民主集中制是保证党在组织上思想上统一的具体形式，也是无产阶级政党的根本组织原则。他严肃地批评了党内种种违背民主集中制原则的言行，如关于不服从党的决定的问题，指出不允许对党的决定取自由主义态度，民主集中制的执行是带有绝对性和无条件的。

刘少奇还强调，要正确处理民主与集中、党员与领袖的关系问题。他说民主与集中是统一的，没有民主就没有集中，同时，没有集中也就不可能有民主。只有民主或只有集中都不能达到统一团结，统一不只是集中，而是民主的集中。他反对民主是手段、集中是目的的这种把民主与集中对立起来或割裂开来的说法。关于党员与领袖的关系,他指出一方面党员决定了领袖,另一方面党员又必须服从领袖。一方面领袖服从党员与组织的支配,同时又必须支配党员,党内没有不受党组织支配的任何个人。他认为一个党员,不论名望多大,职位多高,都必须以一个普通党员的身份在党内起作用,决不能凌驾于党组织之上。刘少奇特别强调代表党的领导机关的负责人要身体力行,全面正确的执行民主集中制原则。

在思想建设上,刘少奇特别强调共产党员的模范作用,要吃苦在先、享受在后,先天下之忧而忧,后天下之乐而乐。他尖锐的批判了党内存在的非无产阶级思想倾向:名利思想、自由主义、闹无原则纠纷等。刘少奇还反复强调学习毛主席学说。他说,毛主席学说是马列主义普遍真理和中国革命具体实践相结合的原则,过去由无数历史事实证明,中国革命在毛泽东同志及其学说指导之下,革命就胜利,就发展,而当革命脱离了毛泽东同志及其学说的指导时,革命就失败,就后退。刘少奇的报告,使全体党员干部受到了极为深刻的思想教育。

刘少奇在华中的三年多时间里,为办好党校,培养党的干部,倾注了大量的心血,不仅亲自讲课,还写了许多重要书信、文件、电报,分别在中原局机关报《江淮日报》、党内刊物《真理报》上发表。这些论著同《论共产党员修养》《论党》等名著一样,都是刘少奇对党的历史经验的总结,不仅大大提高了华中全党的政治理论水平,而且丰富发展了马克思主义的理论,特别是关于党的建设的理论学说。由于华中党组织加强了党的建设工作,改变了过去在指挥上不协调、领导上不统一的状况。党的各级组织的建立、健全,全党队伍的壮大,党员的政治、思想素质的提高,也大大加强了党对华中抗日斗争的领导。

在抗日民主政权的建设方面。1941 年初,中原局和新四军发出指示,要求各地迅速动员发动根据地人民,建立起各级抗日民主政权。指出:如果不这样就不能长期坚持敌后抗战,最有力的打击敌人,赢得抗战的最后胜利。军部还根据华中敌顽准备进攻根据地,但还未进行的情况,指示各部队,利用目前时机,迅速进行巩固根据地的工作,要动员部队干部突击地方工作。3 月 27 日,刘少奇致电彭雪枫,提出建设和巩固抗日民主根据地,主要依靠我们实行灵活、正确的政策和策略,少树敌人,多交朋友。9 月 16 日,刘少奇又致电谭震林,反复强调,建立和巩固抗日民主政权,必须坚持抗日民族统一战线,彻底实行“三三制”。要达到朋友越多越好,敌人越少越好的目的。即使对大地主大资产阶级,对顽固派,一般也不用消灭、打倒的绝对斗争的方式,而是采用一打一拉(一面反击,一面联合),又打又拉的策略,打的要得当，拉的要及时。在以刘少奇为首的中共中央华中局和新四军军部的指示下，华中各地抓紧了抗日政权建设工作。首先，各地方党先行建立了县级以上的政权机构，成立抗日民主政府，为初步改造农村基层政权作好了准备工作。干部不足的，分别从地方党和各部队中抽调一些有地方工作经验的干部到政府部门任职或协助工作。接着，由乡以上的抗日民主政府充分行使职权，发布施政纲领，保留原有的乡保政权和组成人员，建立起带有临时统一战线性质的基层政权。在这基础上，通过广泛发动群众，吸收各阶层、各党派人士参加政府工作，依照“三三制”的原则，选举产生各级行政委员会和民主政府，从而改变了基层政权仍为封建势力所操纵，基本群众尚未参加政权管理，民主制度尚未确立的状况。通过这些工作，华中根据地基本完成了彻底改造基层政权，建立起实行“三三制”和民主集中制的抗日民主政权的任务。华中地区还普遍进行了重新划分行政区，建立新乡制，废除保甲制度等工作，更便利了人民管理政府。

1941 年 5 月 4 日及 7 日，刘少奇曾特别致电中共中央，汇报了淮海区及皖东北根据地建设的略况：去秋 7 月，主力东进淮海，开始建立政权。专员公署已建立，领导 7 个县政府。原各县统治范围共 48 个区，在淮海内 35 个区，现能统治 22 个区，基本区只三分之一。……各级政府人员、专署及县区政府大多是新的，乡政府改造五分之三。党员及进步分子在专署、县、区占优势。

皖东北区党委直辖 7 个单位，计：泗南、泗北、淮泗边、泗宿边、泗五灵凤边、盱凤嘉边、宿东，共 25 个分区。党员，去年 3 月只 300 余，秋季减租发展了一批，现已达 3000 余。去年 3 月，盛子瑾走后，我即建立政权，下辖 9 个办事处（等于县政府），灵璧县政府仍在灵泗边活动。山东 3 个区，政权无总的组织，共计 20 多个区政权，专署仍沿用安徽省第六区名义。专署、县、区一级干部，大多系党员，县级在基本区改造三分之二。由此可见，在刘少奇为书记的中共中央中原局（华中局）的正确领导下，华中抗日根据地的政权建设，按照“三三制”的原则，日益加强与完善。

从 1942 年起，还开展了精兵简政工作，大大提高了政府的工作效能，减轻了人民的负担。根据政权工作的建设，改变了千百年来的封建阶级对广大劳动人民的统治，提高了人民的社会、政治地位。同时也团结了各抗日阶层，巩固了抗日统一战线，在敌后实现了新民主主义的社会秩序。

在发动群众方面。1941 年 6 月初，华中局向各地发出了关于组织根据地内人民大多数的决定，全华中迅速掀起了以大刀阔斧的工作方式发动群众的热潮。各地一般是以民运工作为重点,集中力量,突破一点,带动其他:从减租减息、减租增资,切实改进民生入手,自上而下的建立组织,自下而上的发动或召开群众大会等方式来发动,建立了各级各类的抗日救国团体。华中党政军领导人十分重视这一工作。

1941 年春暖花开的时节,在新四军军部所在地的盐城县召开了一个盛大的全县农民代表大会,刘少奇亲自指导和组织了这个大会。

在这次会议中,刘少奇非常形象的讲农代会的重大意义。做群众工作,主要是在下层做扎实的发动群众、组织群众的工作,但又要善于不失时机的在上面搭架子,有时搭起架子反而可以推动下层群众工作的发动和组织,也可以在建立各级组织中,发现和培养一大批群众骨干。他说,苏北的稳定局面是不会持久的,艰苦斗争的阶段即将到来。敌、伪、顽随时可能向我根据地发动进攻。我们现在还是立脚未稳,我们不能慢腾腾。所以,现在要先搭架子,大刀阔斧开展群众运动,使广大贫苦农民组织在我党周围,建立巩固的农村抗日根据地,使其成为我党、我军、我们政府在农村牢靠的依托。这样,就是敌人一旦来攻,我们也可以立于不败之地。刘少奇的指示,使大家对开展农运有了明确的指导思想,同时也教会一些基本的工作方法。

会议胜利结束的当天晚上,还举行了一次盛大的提灯游行。游行队伍浩浩荡荡,灯火齐明,整个盐城倾城而出,群情振奋,全城军民坚定了抗日和革命必胜的信心。

不久,刘少奇又亲自给苏中区党委写信,强调农运工作的重要性,并详细的介绍了盐城农运工作的经验。信中指出:“我们要建立巩固的苏北抗日根据地,除开军事问题以外,民众运动——民众组织与武装及其抗日积极性的发扬,就成为我们建立根据地与长期抗战的基础,所谓兵民为胜利之本,也就是这种意思。只有民众积极起来,保护其本身利益的时候,民众才会或才能以同样的积极性来保卫国家民族。未有对于本身利益尚不知或不敢起来保护的民众,而能起来积极保护国家民族利益的。所以我们今天发动民众起来,积极的、适当的保护其本身的利益,也就是直接的发动民众起来积极的保卫国家民族的利益,而走上抗日的战场。故我们在任务上来讲,目前要大大提高民众的抗日积极性,而为了要达到上述任务之目的,在地方工作上,我们必须抓紧目前的民生问题。解除民众中若干迫切的疾苦,就成为我们目前发动民众抗日积极性与提高民众民族觉悟、阶级觉悟的中心一环。”

“根据盐城的经验,工作是这样开展起来的:他们首先确定以两个区为中心工作地区,在这两个区中又确定两三个乡为中心区,其他各区或者确定一个乡为中心工作区或者暂时放着，在中心工作乡又以几个保为中心，以保为单位，有四五个民运工作者工作，他们决定第一步是保中访问，在访问中了解情况，了解民众要求，根据民众这些要求提出适当的口号。这样访问几天(大约两三天)之后，即经过保长召集农民大会(有的召集保民大会)，由民运同志报告农民的痛苦和要求，及成立农救会之必要等，再有一些农民出来说话，讨论要求与成立农救会问题，这样就选举农救会负责人，成立该保农救会。”

“在几个保中同时进行这种工作，几个保的农救会都成立了，如是就开乡农救会，成立乡农救会。在乡农救会议上讨论农民的要求及如何达到要求的办法，就切实的进行保护农民切身利益的工作。”

“当这些工作在一定的几个乡中进行以后，农民的积极性就大大发扬起来，影响也迅速扩大，附近区乡的农民，均群起要求组织农救会，从数十里以外派人来请我们的民运工作同志去办农救和借粮，以致弄到我们的民运同志忙的不可开交，我们的民运同志认为工作做到这样的程度还不能算完结，还只是在开始，目前认为他们的工作第一是从中心区向四周扩展工作地区范围，第二是深入中心区的工作使之达到巩固的程度。”

“为了深入组织工作巩固中心区的农救会，我们的同志对农民特别是农民中的积极分子，要进行教育工作，这种教育工作的内容是关于反扫荡的民族教育及关于农民解放的阶级教育。”

“农民起来以后，地主中之最坏者，眼看着正面阻止农民起来的企图是失败了，但他们还不甘心，还要继续与农民为敌，他们就换了一套方法，即收买农救会负责人及打入农会内部来破坏或操纵农救会，某些地主甚至可以请客、给钱、分给财产、甚至与农救会负责人定亲等办法来影响与收买，以便使农救会仍服从地主的利益。在这一方面，应该预先对农民加强教育，组织群众的监督，打击那些已被收买或动摇的分子，公布与依法处罚那些行贿的地主等办法，来和地主的收买破坏政策斗争，在这方面，盐城中心区的同志已经注意到了。”

“现在中心区的农救会是①继续进行保护群众利益的工作，如减息，办合作社，准备减租等。②进行深入的正规的组织工作，建立各级农救会的经常工作。③进行深入的与广泛的教育工作，对积极分子深入的教育，对一般会员广泛的教育。我们相信，如果继续这样工作下去，不发生什么特殊的变动，在夏收以后，建立盐城根据地的工作，是能够很大的开展起来的”。

在刘少奇和华中局的领导下，盐阜区的群众运动发展的尤为迅速，到 1942 年夏，各类救国团体已有会员 50 万。整个华中地区在同年初，农救会员达 110 万，工救会员 3 万多。其他的青救、妇救、学救会等组织也已拥有一定数量的会员。群众运动的兴起，进一步促进了根据地的各项抗日事业的发展，为建立巩固的华中抗日根据地打下了扎实的基础。

在建立巩固的统一战线方面。华中局和新四军军部重建后，加强了根据地内统一战线工作的开展。《华中局关于扩大交朋友工作的指示》中指出："在发展华中之战略任务基本完成后，根据地的各项建设工作，尤以正确执行中央统一战线政策，广泛开展群众运动，从组织上团结根据地内一切抗日的人民共同抗日，为目前工作之中心一环。"各地在广泛发动群众的基础上，通过积极动员和组织各阶层人士、地主士绅参加抗日工作，贯彻党的抗日民族统一战线政策，对他们的经济利益做到充分照顾，政治上给予充分的信任，思想上也做了大量的工作。各地方党政领导同志通过登门拜访，向他们宣传党的抗日政策，消除他们的疑虑，广泛和他们交朋友，鼓励他们积极投身于抗日的洪流中，进而吸收他们参加参议会、参政会，参加抗日政权工作，成立抗日民主政府的咨询机关和民意机关。在建立巩固统一战线的斗争中，刘少奇、陈毅等也做了大量的工作。

刘少奇亲自领导盐阜区党委，用了很多时间和精力听取盐阜区党委主要负责人刘彬、喻屏、曹荻秋以及宋乃德、唐棣华的汇报并指导他们的工作，从而加强了各级抗日民主政权。为了充分动员和发挥上层人士的抗日积极性，还召开了盐城第二届参议会，广泛的建立起苏北地区的抗日统一战线，团结了各阶层的抗日人士，如著名老教育家宋泽夫、绅士计雨亭、唐碧澄等，都积极参加抗日活动和反对国民党顽固派的斗争。陈毅也亲自参加领导参议会工作，和这些上层人士交朋友。

1941 年 6 月 3 日，刘少奇在盐城第二届参议会上作了《我们在敌后干些什么？》的重要报告，深刻的阐明了党的基本政策，首先对国民党近几个月前还在不少人中间传播的反共谏言加以驳斥。并指出：将要失败的不会是主张坚持抗日的民主党派和抗日军民，而是那些顽固反对抗日的造谣者自己。我们和国民党合作，是有过许多争论，而且打过十来年，我们为什么争论呢？我想中国人民有弄明白的必要。弄明白以后，人民就应该以主人翁的资格在国共两党之间来下一个肯定的判决。我们争论的问题很多，但主要的是在两个基本问题上争论。第一个问题，是中国应该不应该完全独立，可以在某种程度上依附某些帝国主义国家，可以保留中国那种殖民地、半殖民地的状态呢？第二个问题，是中国应该不应该民主，应该不应该成为完全民主的国家，保障人民有一切民主的自由权，还是保留那种一党专政的独裁政治，剥夺人民一切的自由权呢？很早我们就主张，中国应该独立，应该努力脱离一切帝国主义对于中国的各种束缚和压迫，改变中国半封建的落后状态使中国完全成为完全民主的国家。但是最近国民党中的主要领导人物，对于上两个基本问题，和我们原则不同或相反。他们认为中国不可以独立，可以依附于帝国主义国家，他们又主张中国不应该民主，人民的一切权利均应该剥夺。国共两党近年来的一切争论，都是以上两个问题为中心。这是关系中国存亡问题的关键问题，也是刘少奇这次重要报告的根本问题。

刘少奇说：我们在敌后干什么呢？答复是只干两件事，一件干抗日，一件干民主。换句话说，就是为三民主义的彻底实现而奋斗。也就是说：要为新的中华人民共和国、真正的中华民国而奋斗。因此，就要提倡人民组织抗日民主政府，以别于其他不抗日不民主的政府。这种抗日民主政府是抗日民族统一战线的性质，是所有抗日各阶层人民的联合政府。凡赞成抗日又赞成民主的人均可以参加这个政府。它不是资产阶级一个阶级一党专政的政府，也不是工农民主专政的政府，更不是共产党一党专政。所以，我们在抗日民主政府中实行“三三制”，即共产党员在政府中最多不超过三分之一。这种政府，要保护各阶层人民的利益，反映各阶层人民的欢呼声和要求，也和各阶层人民代表，在抗日与民主大目标下，来共同管理和决定一切的事务问题。最后，这种政府还要由各阶层人民选举他们所相信的代表来组织。这种政府我们叫民主政府。

刘少奇还对共产党和各阶层代表之间的关系和工作方法作了许多说明，这些都具有很强的说服力，大大增强了各抗日阶层的团结，态度即是明确的又是诚恳的，引起到会代表强烈的反响。对各阶层都起了很强的教育作用。报告记录在《江淮日报》上发表之后，比在会上反应更为强烈，报社编辑部收到很多读者的来信，有的来信甚至表示要求参加党所领导的各种工作，说明党的主张是完全符合人民利益和光明正大的。同时，还进一步驳斥了所听到的各种谣言。刘少奇这次讲话大大提高了苏北群众的革命觉悟和对党对抗日政府的认识。盐城著名士绅宋泽夫先生在党的政策感召下，出任了盐阜区参议会副会长，参加了抗日工作，后被逮捕，受尽摧残，在被敌放回后，伤势恶变，于弥留之际，还叮咛告诫家人：一条路，共产党！抗日杀汉奸！1941 年夏，日、伪对苏北大“扫荡”时，盐阜区几乎没有地方上层人士投靠敌方,充当汉奸。在共产党领导下,华中各地区的统战工作都取得了出色的成绩。中共华中局和军部在发展国际反法西斯主义统一战线方面,也做了许多工作。在华中地区曾先后建立由日俘组成的反战组织,如"在华日人反战同盟"淮南、苏北、苏中、淮北、鄂豫边、苏浙等支部以及"日本共产主义者同盟"华中、苏中等支部,建立了由朝鲜革命志士组成的朝鲜义勇军华中支队、新四军第三师朝鲜青年联合会苏北分会等抗日组织。军部还发动了分布在世界各国的外籍华人捐钱捐物,支援抗日,发动在华的外国友人参加抗日工作。1941 年曾动员和帮助了知名的奥地利医生罗生特、美国《太平洋事务》驻远东特约记者汉斯希伯与其夫人秋迪从上海来苏北参加抗日工作。在美国驻华第十四航空总队对日作战期间,新四军各部还营救了不少盟军飞行员。如五师、三师分别营救了美方机组人员,使九名飞行员虎口逃生。为此,美航空总队司令陈纳德将军曾致电朱总司令表示感谢。国际统战工作的进行,使新四军赢得了一大批反法西斯主义的正义人士的信任和支持,对建立巩固的华中根据地起到了一定的作用。

在经济建设方面,中原局、新军部要求各地努力发展生产,以保障供给和改善根据地人民的生活。刘少奇在 1941 年 5 月召开的中原局高级干部会议上强调说:人力、财力、物力加上马克思主义等于胜利。假使没有饭吃、没有衣穿,那么军事、政治工作就没有办法做。为此新军部成立了财政经济部,以统筹整个华中地区的财经工作。在中原局和新军部领导下,华中根据地着重开展了以下几项工作:一是成立江淮银行,筹备发行了华中地区通用的"江淮币",各地也建立了地方银行,印发了地方货币,废除了日、伪发行的各类军用券、储备票等票券,打破了敌人对我根据地的经济掠夺。二是废除苛捐杂税,建立完整的税收制度,统治根据地的对外贸易,设置关卡,收缴进出口关税,从而限制了抗敌物资的外流,同时也扩大了抗日政府的财源。三是大力开展减租增资运动,帮助农民春耕秋收,指导农业生产,鼓励开荒垦荒,调动各方生产积极性,提高农业生产率,从而大大促进了农业的发展。四是进行了整理田赋,登记田亩工作,实行交纳粮赋累进制度,以既照顾到广大农民的实际负担能力,又使地主、士绅在生活上能过得去。五是发动部队、地方机关工作人员开展生产运动,种植粮食蔬菜,自力更生,力求自给自足。另外还采取了藏粮于民,藏粮防荒,发展土纺土织,保护工商,反贪污浪费等措施。通过这一系列的工作,彻底打破了敌人对我根据地经济掠夺和封锁,保证了军需,在一定程度上也改善了人民生活。

在文化教育方面。中原局和新四军极为重视根据地的学校教育、社会教育工作。新军部成立前后，中原局和新军部在盐城除开办了抗大、党校等学校外，还出版了机关报《江淮日报》，开办了大众书店。1941 年 2 月 8 日，在刘少奇关怀下，鲁迅艺术学院华中分院正式成立，刘少奇兼任院长。之后，又建立了一所叫江淮大学的综合性大学。刘少奇经常到鲁艺分院给师生作抗战形势报告，鼓励他们好好学习，为抗战文艺献身。4 月 16 日，苏北文化协会在盐城成立，刘少奇到会作了关于《苏北文化协会的任务》的报告。刘少奇要求文协的同志，要努力工作，积极发展苏北抗日民主根据地的新文化事业。4 月 12 日，刘少奇亲自为盐城县农救会出版的《老百姓报》题词："老百姓报要为老百姓讲话。"华中局成立后，为统一领导华中文化、教育工作又专门成立了华中文化教育委员会。

6 月 11 日，华中局召开会议，专题讨论宣传、文化教育工作。刘少奇在会上作了重要讲话，反复强调，新闻、出版、教育工作很重要，必须加强。

在党的领导下，华中各地首先进行了学校教育工作的开展。不仅恢复了因战争而停办的县、区、乡立中小学，改造了私立学校和私塾，还开办了一些中小学，广泛招收农民子弟和失学青少年就读。并集训了师资、印发了新文化课本，大力推行现代教育和新民主主义文化教育。同年底，苏中区已拥有中学 44 所，小学 1600 余所，在校生达 10 万以上。各地还开展了社会教育工作，通过组织农民俱乐部、抗建室、识字班、冬学、夜校和举办黑板报、出版通俗刊物等多种形式，组织广大农民学习文化，学习抗日救国的道理。在此基础上在发动他们参加各项抗日工作，收到显著成效。同年夏，日伪对苏北大"扫荡"前，鲁艺分院的一个中队深入盐城近郊的农村，运用群众熟悉的各种形式，如办墙报，书写墙头诗，出刊油印小报发给群众，到田头、村头、场头进行文艺宣传，号召农民武装起来，保家卫国，三四天内就在三个乡动员了数千名农民参加了抗日自卫队。此外各地也抓紧了对基层党、政、武装干部以及群众工作干部的培训教育工作，以提高他们的文化程度和思想觉悟，使他们更好地贯彻执行党的抗日方针、政策。

此外，在刘少奇和陈毅的领导下，华中各地还进行了拥军优属、拥政爱民、瓦解敌军、锄奸、镇压土匪等运动，这对建立一个巩固的华中抗日根据地，都起到了极大的作用。

刘少奇在盐城期间，领导华中军民胜利地坚持了敌后抗战。在打退国民党顽固派第二次反共高潮中，新四军不顾蒋介石反动命令，摆脱其限制、束缚，重建军部，重整旗鼓,独立自主地坚持了华中敌后的抗日斗争,沉重地打击了日本侵略者。这不仅牵制了华北战场、国民党战场上的侵华日军,配合了八路军和国民党军对日作战,而且牵制了太平洋战场上的日本侵略势力,配合了世界反法西斯人民的正义斗争。不仅建立和巩固了华中抗日根据地,而且发展和壮大了人民民主力量。这就准备了雄厚的军事力量和广阔的战场,为新四军在解放战争中迎击国民党军向解放区的大举进攻,为全国的统一和解放奠定了基础。

附录

# 刘少奇主持中原局大事记

## 1938 年

9 月 29 日至 11 月 6 日，中共中央在延安召开扩大的六届六中全会，会议决定撤销长江局，成立以刘少奇（胡服）为书记的中共中央中原局。

11 月 9 日，中共中央政治局发出通知，胡服、朱瑞、朱理治、彭雪枫、郑位三为中原局委员，所有长江以北河南、湖北、安徽、江苏地区党的工作概归中原局指导。

11 月 23 日，刘少奇、朱理治、郭述申、李先念、谭希林一行离开延安奔赴中原，次日晚到达西安七贤庄八路军办事处。

11 月 28 日，刘少奇、栗在山一行十多人，离开西安绕道潼关，改乘火车，当天到达渑池八路军兵站。

12 月 20 日，豫西特委在渑池兵站召开特委及所属各中心县委、县委负责人参加的重要会议。会上刘少奇传达了党的六届六中全会的主要精神和重要意义。

12 月下旬，豫西特委各中心县委及县委负责人依次向刘少奇汇报了各地的工作情况。根据豫西党的状况，刘少奇决定作一次大的调整，取消豫西特委，成立豫西省委，刘子久任省委书记、席国光任组织部长。各中心县委改为地委。

12 月 26 日，朱理治、李先念等到达河南竹沟镇。接着召开了河南省委扩大会议，传达了六届六中精神。

12 月底，河南、湖北省委撤销，成立豫南省委，朱理治兼任书记，向明任副书记。同时召开豫南省委扩大会议，决定加强对军事工作的领导，随即成立省委军事委员会，朱理治任主任，李先念、王国华任副主任。

## 1939 年

1 月上旬，李先念、王国华在竹沟镇北窑主持召开豫南省委军事会议，决定成立豫鄂独立游击支队。

1 月上中旬，豫西省委利用渑池兵站举办了有地、县、区、支部书记四级干部参加的党员训练班，刘少奇为训练班作了《论共产党员的修养》和《形势与党的建设》的报告。

1 月 17 日，豫南省委和竹沟镇干部群众在东门外广场举行欢送李先念独立游击大队南下大会。

1 月 21 日，八路军副总司令彭德怀到渑池同刘少奇见面后，遂带着毛泽东给卫立煌的亲笔信，乘坐卫立煌派来迎接的蓝皮火车，前往洛阳，代表党中央和八路军做卫立煌的统战工作。

1 月 25 日，刘少奇及随从人员自洛阳坐拉木炭的汽车去南阳，当日抵达，夜宿城东关路北交通旅馆。

1 月 25 日，中共豫西南特委代表王澜西和豫西南特委副书记郭一青，在交通旅馆向刘少奇汇报了豫南省委贯彻六届六中全会精神的情况及同国民党十三军军长张珍的统战关系。刘少奇听完汇报，对豫西南特委的工作作了重要指示。

同日，竹沟新四军四支队留守处参谋胡林，率领 65 人武装到南阳迎接刘少奇。

1 月 27 日，刘少奇一行从南阳经唐河到泌阳，豫南省委统战部长刘贯一、中共泌阳县委书记高子扬前往迎接。

1 月 28 日，泌阳县殷楼地下党支部用牛车拉着电台、行李向竹沟进发。当天下午，刘少奇一行到达竹沟。

1 月 29 日，朱理治、陈少敏等向刘少奇详细汇报了豫鄂边游击大队组成情况及活动方针。

1 月 30 日，刘少奇、朱理治向党中央报告了豫鄂边游击大队组成情况及活动方针。

2 月上旬，鄂中区党委书记钱英和鄂中特委书记杨学诚到竹沟向刘少奇汇报工作，同时要求中原局派干部到鄂中开展敌后抗战。刘少奇听后，决定派遣 10 多人，带一部电台，随去鄂中组织群众武装，建立根据地。

2月13日，刘少奇致电中共中央书记处，报告鄂东抗日武装发动情况。

3月初，日军攻占湖北钟祥县城，进至汉水一线。刘少奇立即电示鄂西北区党委，要迅速完成建党工作，部分地区要抓武装，准备打游击。

3月18日，刘少奇奉命返回延安。

3月21日，朱理治致电新四军江北指挥部指挥张云逸，皖东工委书记刘顺元，豫鄂皖省委书记郑位三及周俊鸣、林凯、郭述申，提出打开皖东局面，加强党的工作的五点建议。

3月23日，朱理治向刘少奇、中共中央书记处提出派部队向应城地区发展的意见。

4月5日，刘少奇致电朱理治，在适当的方式下，给顽军的进攻以坚决的打击，坚决实行一切进步的办法创立根据地。

4月9日，朱理治致电刘少奇和中共中央书记处，详细汇报了中原地区反顽斗争和信阳、应山、随县、桐柏等地武装斗争的发展情况。

4月24日，中共中央书记处致电中原局转新四军四支队八团队，发出关于建立皖东抗日根据地的指示。

4月30日，根据刘少奇指示，陈少敏、栗在山率竹沟留守处与信阳挺进队武装400余人，南下鄂中。

5月1日，刘少奇电示朱理治，对发展中原游击战争和确立我党在中原长期抗战中的巩固地位与基础做出具体指示。

5月17日，刘少奇致电朱理治，对豫南省委及各地党组织尽快发动抗日武装做出重要指示。

5月21日，中央书记处指示彭雪枫、朱理治，八路军今后发展的主要方向是华中。如可能时，抽派一部兵力并地方干部去滁州东南宿县、灵璧一带地区活动，侦察苏皖边区情况，并在当地开展工作，以便南与周俊鸣、西与彭雪枫取得联系。

6月2日，彭雪枫电告北方局和刘少奇：皖东北六区专员盛子瑾处，已派苏鲁豫支队进至朝阳集，距离所在地泗县不远。前已派豫皖边省委书记张爱萍赴县协助盛子瑾开展地方工作。关于该地党的组织系统，请北方局决定。

6月12日，李先念、陈少敏在京山养马畈召开会议，讨论豫南、鄂中抗日武装整编与扩大问题，根据中原局决定，陈少敏任鄂中区党委书记。

6月19日，刘少奇、朱理治电示陈少敏、李先念、杨学诚，就鄂中区党的中心任务,和在长久磨擦之下给鄂中顽固派严厉打击做出五条具体规定。根据中原局的决策,统编豫南、鄂中党的武装,成立新四军豫鄂独立游击支队。

7 月 4 日,刘少奇针对国民党天水行营调查第一战区八路军活动事宜,电令前总并刘子久,按五方面原则答复顽固派的查询。

7 月 7 日,鄂中区党委致电刘少奇报告鄂中顽固分子的活动情况。

7 月,刘少奇在延安马克思列宁学院作《论共产党员的修养》的演讲。

7 月底,中原局派豫南省委副书记向明前往周口,帮助豫东特委,揭穿了国民党顽固派妄图吃掉西华抗日部队的阴谋,由胡晓初等带部队 3000 多人东渡新黄河后编入彭雪枫部队。

8 月初,中原局指导安徽地方党广泛开展反磨擦斗争,打开了皖北局面。

8 月下旬朱理治在竹沟召开豫南省委扩大会议,做出应付逆转形势的决定。

9 月 1 日,国民党鄂中游击总指挥程汝怀部倾巢出动,猛攻新四军五大队,制造了震惊鄂东的“夏家山事件”。朱理治得知后,立即致电中共中央、刘少奇,并做出了统一豫鄂边指挥的提议。

9 月 10 日,彭雪枫致电刘少奇,已进军淮上,发展很大,请速派干部支援。

9 月 15 日,刘少奇带领秘书刘彬及徐海东、刘瑞龙等干部大队,再次告别延安,向中原挺进。

9 月 17 日,中共中央电示鄂中、鄂东、豫南、竹沟各部队,提高警惕,充分做好战斗准备,在严格自卫的立场上,向敢于进攻我之国民党顽军以应有的反击,争取新四军的存在与发展。

9 月 18 日,刘少奇一行到达西安七贤庄八路军办事处。当日,朱理治致电刘少奇,提出中原局关于创建鄂东、豫南、鄂中抗日根据地的意见。刘少奇同意朱理治的部署意见。

9 月 21 日,刘少奇一行从洛阳经叶县、舞阳到达竹沟。

10 月初,刘少奇到竹沟后,根据党中央指示,决定将中原局撤离竹沟。刘少奇去华中领导豫皖苏、鄂豫皖及苏北地区敌后抗战,朱理治到豫鄂边区工作。

10 月 8 日,刘少奇致电中共中央军委,报告彭雪枫、李先念等部活动地区及全部活动情况。

10 月下旬,刘少奇率中原局及徐海东、刘瑞龙在内的干部大队、教导队学员 300 余人武装,离开竹沟。

10 月 12 日，刘少奇向中共中央书记处报告了中原局对豫鄂边根据地的工作部署。

10 月 18 日，朱理治率竹沟留守处司令部、政治部、教导大队等 600 余人武装，第二批离开竹沟，转移南下。

10 月底，刘少奇一行到达豫皖苏边界的界首镇与彭雪枫派出的接应部队会合。

11 月 3 日，刘子久到竹沟主持河南省委工作。

11 月 4 日，刘少奇一行到达新四军游击支队司令部所在地——安徽省涡阳新兴集。

11 月 11 日，刘少奇就彭雪枫部已逐渐正规化的情况致电中共中央书记处并朱德、彭德怀、张云逸，要求速派一批干部到彭部。同时，向朱、彭建议，今后凡到陇海路南活动之部队，统归彭雪枫指挥。

国民党第三十一集团军少将参议耿明轩纠集确山、泌阳、信阳 3 县保安团计 1800 多人，向竹沟发动突然袭击，惨杀抗日军民、伤病员 200 余人，制造了骇人听闻的确山惨案（又称“竹沟惨案”）。

11 月 18 日，刘少奇、彭雪枫向中共中央报告了确山惨案的情况，并向卫立煌提出抗议。当天，刘少奇电示朱理治，派部增援竹沟突围部队。

11 月 20 日，朱理治向中共中央、刘少奇详细报告竹沟事件经过。

11 月 21 日，刘少奇致电朱理治，作出关于确山惨案交涉的指示，要求严惩凶犯，对信、确、泌三县长撤职查办，并处罚率部进攻竹沟的长官。

11 月 23 日，刘少奇、徐海东电告党中央，提出津浦路东八路军部队应归彭雪枫指挥。

11 月 27 日，刘少奇、徐海东再电朱理治，组织部队回竹沟附近活动，番号仍称新四军留守部队。张云逸也电示王国华，派留守处交际副官王恩九率少数武装去确山与县长交涉。

12 月 1 日，刘少奇作出竹沟事件一切行动原则，为着争取交涉胜利的指示。

12 月 14 日，刘少奇向中共中央报告徐海东、戴季英到新四军四支队任职和四、五支队工作情况。

12 月中旬，刘少奇在定远县瓦屋薛村主持召开了中原局第一次会议，主要解决组织问题和发展方向。

12月19日，刘少奇向中共中央报告发展华中地区的意见及工作部署。

12月26日，中原局向中共中央及山东分局并彭雪枫、张爱萍通报成立苏皖边军政委员会的情况。

12月27日，中共中央致电刘少奇、项英和北方局，作出关于华中及江南工作的指示。

12月31日，刘少奇电告中共中央，提出增加张云逸、徐海东、刘子久为中原局委员。

## 1940年

1月3日，刘少奇、张云逸、徐海东、邓子恢致电中共中央并项英，报告李先念部近况。

1月中旬，刘少奇在定远县藕塘镇三黄家主持召开中原局第二次会议，研究在华中、首先在皖东建立抗日根据地的方针和任务。

2月7日，中原局向彭雪枫、张爱萍、江华、金明发出关于建立苏北、皖东北根据地的指示。

2月下旬，刘少奇在定远县大桥镇湾杨村主持召开中共中央中原局第三次会议，针对国民党顽固派李品仙和韩德勤部加紧准备向皖东进攻的形势，研究确定了坚决进行反磨擦斗争的方针、策略。

3月6日，新四军江北指挥部召开了各团连以上主要干部参加的动员反顽斗争会议，刘少奇作了反顽斗争动员讲话。

3月17日，淮南地区建立第一个抗日民主政权——定远县抗日民主政府，刘少奇等派魏文伯去任县长。

3月22日，中原局和新四军江北指挥部电示新四军第五支队动员和组织一切力量，坚守半塔，待路西主力挥戈东援，歼灭韩德勤部。

3月28日，刘少奇致信张爱萍、江华、刘瑞龙等，提出建立皖东北根据地的方针和政策。

3月29日，中原局和江北指挥部指挥江北新四军各部，开始对韩德勤部进行全线反击，半塔集保卫战取得胜利。

4月1日，刘少奇、张云逸、赖传珠等率领中原局、江北指挥部由津浦路西经滁县曲亭、盈福寺过津浦路到达来安县复兴集，5 日到达来安半塔集与第五支队司令部会合。

4 月 10 日，刘少奇向中共中央报告粉碎韩德勤部队进攻新四军的情况。

4 月 16 日，刘少奇在半塔集向江北指挥部和地方党政干部作了抗日民主政权建设问题的报告。

4 月 19 日，项英屈从国民党当局的无理要求，主张将江北新四军南调。刘少奇从发展华中的战略全局出发，于 4 月中旬、19 日两次致电中共中央并项英，坚决不同意新四军江北部队南调。

4 月 21 日，刘少奇离开半塔集赴皖东北视察，在盱眙检查了第五支队第十团及盱眙县委的工作，对解决部队粮食问题做了重要指示。

4 月 28 日，刘少奇北渡淮河抵达皖东泗县罗岗村新四军第六支队，第四总队部，听取张爱萍、刘瑞龙、金明、江华等有关皖东北工作的汇报。

5 月 1 日，新四军第六支队第四总队部在罗岗召开大会，欢迎刘少奇。会上，刘少奇作了目前形势的报告。

5 月 2 日，驻泗县、五河的日伪军同时出动，合击罗岗村。第四总队保护刘少奇冲出合围圈，并给日伪狠狠打击。

5 月 2 日至 14 日，韩德勤乘日伪“扫荡”之际，派常备七旅王光夏部从东面进攻皖东北根据地腹地。刘少奇、张爱萍亲自指挥新四军第四总队常备团、八路军陇海南进支队、苏鲁豫支队一大队坚决进行自卫反击。经 13 天激战，将王光夏部赶回运河以东地区。

5 月 5 日，刘少奇致电中共中央，报告了皖东北根据地的军事、政权以及日、伪、顽各方面的情况。同日，毛泽东、王稼祥致电刘少奇，指明八路军三四四旅与彭雪枫、吴芝圃所部新四军六支队的指挥关系。

5 月 6 日，彭雪枫致电朱德、彭德怀、刘少奇，请求速令三四四旅南下增援。

5 月 11 日，毛泽东、王稼祥专电刘少奇，指示李先念部应向北发展。

5 月 17 日，陈毅关于贯彻党中央“五四指示”、发展苏南的布置致电中共中央。

5 月，刘少奇致电苏北党组织作出坚决粉碎顽固派的进攻的指示。

6 月 6 日，刘少奇向毛泽东详细报告了江北新四军各部活动情况。

6 月 7 日，刘少奇致电李先念，襄樊失陷后，豫鄂挺进纵队应暂向平汉路西发展。

6月10日，刘少奇离开皖东北，南渡淮河，经盱眙县，于12日返回原住地半塔集附近大田郢。

6月16日，为增强广大干部对形势的认识，新四军江北指挥部召开干部会，刘少奇到会作了《关于目前政治形势及抗日民族统一战线问题》的报告。强调指出：只有坚持斗争，坚决反磨擦，统一战线才不会破裂，但在斗争中要掌握好有理有利有节的原则。

6月中旬，中原局和新四军江北指挥部决定整编江北游击纵队。整编后，江北游击纵队逐步接替津浦路西防务，坚持津浦路西斗争。

6月22日，刘少奇致电毛泽东、王稼祥、朱德、彭德怀，对华中部队统一指挥问题提出了具体建议，并请中共中央从速决定。

6月27日，毛泽东、王稼祥等关于部队合编及任务复电刘少奇、彭雪枫等，同意刘少奇的建议，并决定现在华中部队统归刘少奇指挥，苏北、淮北之部队归彭雪枫、黄克诚指挥。

6月28日，国民党顽军李长江部纠集13个团万余兵力，大举进犯郭村的新四军挺进纵队。纵队2000多名官兵在叶飞等指挥下积极防御，坚守阵地。

6月29日，刘少奇、邓子恢就部队合编问题致电彭雪枫、黄克诚并报毛泽东等，对皖东北部队进行合编提出非常具体的贯彻执行意见。同日，彭雪枫、黄克诚向刘少奇报告，部队已遵令合编，并详报了合编的情况。

7月1日，中原局和新四军江北指挥部，在半塔集附近的大田郢召开了干部大会，纪念中国共产党建立19周年。会上，刘少奇作了《做一个好党员，建设一个好的党》的报告，并指示新四军四、五支队分别召开党代会，总结战斗和工作，讨论建军问题。

7月2日，刘少奇致电彭雪枫、黄克诚，并报毛泽东等，同意新四军第六支队和黄克诚所率八路军南下部队合并，用八路军四纵队名义活动，合编后的八路军第四纵队，由彭雪枫任司令员、黄克诚任政治委员、张震任参谋长、肖望东任政治部主任。

7月3日，陈毅亲自到郭村指挥战斗。在泰州唾手可得的情况下，陈毅下令直逼泰州城下的新四军撤至塘头镇，造成继续“联李”的有利条件。

7月20日，刘少奇向中共中央提出关于发展苏北抗日根据地的意见。

7月26日，刘少奇作出了开辟淮宝地区的部署，决定集中五支队八团、十团和四支队七团，在罗炳辉指挥下，和八路军黄克诚一部配合，向淮宝进军。

同日，遵照刘少奇指示，黄克诚率新二旅两个团和三四四旅第六七八团及纵队部和教导营，从豫皖苏边区出发，越过津浦铁路，进入皖东北地区。

7月底，按照刘少奇的指示，津浦路东联防办事处建立了财政经济委员会，加强对财经工作的建设与管理。

8月1日，在中原局和新四军江北指挥部的领导下，成立了皖东津浦路西各县联防委员会办事处，统一领导路西根据地的各县抗日民主政府的工作，加强政权建设。

8月2日，刘少奇命令罗炳辉、张劲夫等发起强渡三河，向淮宝进军的战役。15日，开辟淮宝地区的战役胜利结束，打开了通向苏北的通道。月底成立了淮宝办事处。

8月上旬，根据刘少奇指示，为配合新四军第四支队保卫皖东根据地和扩大津浦路西根据地，解决财政困难，八路军第四纵队主力再度向淮上进军，打击敌伪，建立了部分政权。

8月14日，刘少奇在半塔集召集华南地区及新四军出席中共第七次代表大会的代表开会，作了《关于华北华中抗战工作的总结》的报告，提出了建设巩固的抗日民主根据地，发展并统一华中武装，组织广大群众，建立真正的抗日民主政权等七个方面的任务。

8月16日，中共中原局根据中共中央指示，决定将淮河以北，津浦路以东，我党所领导的各部队，统一编为八路军第五纵队，归属中原局指挥。同时成立了以黄克诚为书记，金明、刘瑞龙、张爱萍等七人为委员的苏皖军政委员会。

同日，黄克诚过淮河，经盱眙县到大田郢，刘少奇向他交代了向东发展的各项任务。

8月中旬，新四军江北指挥部军政干校举行结业典礼，刘少奇到会作《坚定的政治方向，灵活的工作作风》的讲话，并在学员的结业证书上题词："终身为无产阶级事业服务到底"。

8月25日，津浦路东召开各县县长会议，刘少奇到会作了民运工作报告。

8月31日，刘少奇致电中共中央、八路军总部，并告彭雪枫、黄克诚、李先念，报告了皖东财政情况。

8月，津浦路东各县联防办事处向各县、区、乡民主政府，转发了刘少奇《对政府工作同志的几句话》，明确提出对政府工作人员的要求。在刘少奇的关心指导下，津浦路东联防办事处和路西联防办事处，分别决定开办了路东各县联合中学和路西联合中学，培养根据地各方面建设人才。

9月5日，南京、扬州等地日伪军万余人，分7路“扫荡”津浦路东抗日根据地。中原局和新四军江北指挥部路东军民开展反“扫荡”，历时12天，大小战斗65次，毙伤日伪军600余人，粉碎了日伪军这次大“扫荡”。

9月29日，刘少奇根据苏北的情况致电毛泽东、朱德、王稼祥等，提出防备日顽夹击新四军的意见。

9月30日，中共中央根据刘少奇的意见，制定了关于发展苏北根据地的方针。

同日，新四军撤出姜堰，通知李明扬、陈泰运接防。

10月6日，新四军取得黄桥战役的胜利。

10月8日，毛泽东、朱德、王稼祥致电叶挺等，询问新四军军部及皖南部队移动方向，并明确指出军部应移动到三支队地区，尚有可能也可移苏南。

10月10日，八路军五纵队一支队三团一营，与新四军苏北指挥部二纵队五团，在白驹镇胜利会师。

10月11日，陈毅、粟裕率领新四军部队与黄克诚率领的八路军南下部队一支队在刘庄南、白驹北的狮子口会师。之后，苏北、苏中抗战形势发生了根本变化。

刘少奇向中共中央建议，一鼓作气，乘胜继续向兴化，彻底消灭韩德勤部，建立抗日民主政权。

10月12日，毛泽东、朱德、王稼祥再电叶挺等，提出新四军行动方针：军部应乘此时速速渡江，以皖东为根据地，绝对不要再延迟。

10月31日，刘少奇一行到达阜宁县的益林、东沟，与黄克诚率领的八路军第五纵队会合。黄克诚主持欢迎大会，刘少奇在会上讲话。

11月4日，刘少奇一行从阜宁县东沟出发，经盐城，5日到达海安与陈毅会师。

11月7日，江北指挥部召开俄国十月革命23周年纪念大会。粟裕主持大会，刘少奇作了《目前形势和任务》的重要报告。

11月10日，刘少奇电告中共中央：为统一华中军事指挥，建议中央任命陈毅为八路军、新四军华中各部的总指挥，如叶挺到华中，即由叶任总指挥，陈任副总指挥，华中各部统一编制。

11月12日，中共中央书记处复电刘少奇，同意建立华中八路军、新四军总指挥部。并特别指出,对外交涉仍以新四军军部名义。

11月15日,苏北临时参议会在海安召开,刘少奇到会作了报告。

11月17日,八路军、新四军华中总指挥部在海安县城召开成立大会,刘少奇宣布了中共中央军委关于成立华中总指挥部的决定及领导任命。

同日,刘少奇与陈毅、粟裕、赖传珠等一起讨论了苏北形势,统一了认识。

11月18日,华中总指挥部向中共中央报告了华中敌我双方的力量及新四军的打算与部署方案。

11月22日,刘少奇、陈毅向中共中央报告攻占沙沟、射阳、安丰、曹甸、平桥等地区的准备工作及军事部署,决定25日准备完毕开始行动。

11月24日,刘少奇、陈毅率华中总指挥部机关移驻盐城。

11月26日,中共中央电示刘少奇、陈毅"攻击淮安、宝应等地县城望继续作充分准备,待命实行。"刘少奇、陈毅立即复电:对韩攻击已全部准备好,决定27日向沙沟、射阳攻击,解决该地之韩部(保留兴化不打)。

11月27日,中共中央复电刘少奇、陈毅,同意你们意见,惟不得攻击兴化。

11月29日,刘少奇、陈毅出席了盐城县政府召开的士绅座谈会。到会士绅对税收统一、处理匪患、救济贫民、粮食调剂以及教师待遇等方面的工作提出了意见,刘少奇听后一一作了回答和解释。

12月2日,华中党的机关报《江淮日报》创刊。刘少奇兼任社长,王澜西任副社长兼总编辑。

12月3日,毛泽东根据项英对国民党一贯存在的幻想麻痹情绪致电项英,具体询问了皖南新四军是否已作应付突然事变的各项准备,令其及时答复。

12月5日晚,在刘少奇、陈毅指挥下,八路军第一支队第二、三团向曹甸发起猛攻。

12月9日,陈毅根据曹甸战役进展情况,重新调整作战方案,并亲临作战前线——小马庄,指挥曹甸战役。

12月12日,华中总指挥部下达总攻曹甸的命令。

12月12日至15日,刘少奇在盐城主持召开各战略区党、政军负责人紧急会议,针对国民党发动第二次反共高潮,研究了华中形势,部署了今后的工作。

12月14日,中共中央电示叶挺,项英,对皖南新四军北移作了具体部署。要求他们在本月内尽可能移毕。

12月16日，刘少奇电告中共中央、八路军总部和新四军军部，曹甸战役因敌我力量悬殊，消耗甚大，部队被迫撤出战斗，曹甸战役结束。

12月，刘少奇在中原局宣传部办的刊物《江淮》创刊号上，发表了《论抗日民主政权》的重要文章。

## 1941年

1月3日，毛泽东、朱德致电叶挺、项英，明令他们全部、坚决开到苏南，必须立即开动。

1月4日，叶挺、项英率皖南新四军正式转移。

1月6日，皖南新四军转移途中，在茂林地区突然遭到国民党顽军伏击。在顽军三面包围之下，新四军广大指战员虽英勇顽强作战，历时8天但终因寡不敌众，伤亡7000余人。军长叶挺被骗俘，项英、周子昆被杀害，袁国平英勇牺牲。这就是震惊中外的皖南事变。

1月9日，刘少奇致电中共中央，提议撤销项英职务，政治上由饶漱石负责，军事上由叶挺负责。同日，刘少奇致电皖南新四军，要饶漱石、叶挺极力支持，挽救危局。

1月10日，刘少奇派曾希圣、黄火星向皖南繁昌、芜湖一带组织皖南独立支队，负责收容事变中失散的新四军指战员，开展敌后游击战争。

1月11日，刘少奇、陈毅联名致电新四军各支队，要求各方呼吁，通过各种关系向国民党政府抗议，立即制止围攻皖南新四军的行动。

1月12日，中原局在盐城召开了高干会议，刘少奇、陈毅致电中共中央，建议速向重庆国民党政府交涉，让皖南部队安全转移。

1月15日，刘少奇就政治、军事大反攻问题向毛泽东等提出建议：在全国要实行政治上全面大反攻，但在军事上除个别地区外，应暂时不实行反攻。

1月18日，刘少奇、陈毅致电中共中央，提出皖南事变后的工作部署，建议在苏北成立新军部，提议陈毅任代军长。

1月19日，毛泽东、朱德、王稼祥致电彭德怀、刘少奇，决定在政治上、军事上、组织上采取必要步骤，壮大新四军。

1月20日，中共中央军委发布重建新四军军分会及华中局的通知，任命刘少奇为政委,陈毅为新四军代军长。

同日,中共中央发布成立新四军军分会及华中局的通知,任命刘少奇为军分会书记,饶漱石为代理政治部主任。

中共中央军委总政治部发出关于皖南事变后八路军新四军紧急工作的指示,要求八路军新四军必须进行以下紧急工作:一、精神准备。二、巩固我军。三、坚持中原地区。四、把握党的政策。五、团结干部。

1月22日,毛泽东亲自起草的《中共中央发言人对皖南事变谈话》公开发表,《谈话》提出了我党关于解决皖南事变的12条办法,有利的回击了1月17日国民政府军事委员会的《通令》及《谈话》。

1月23日,新四军将领刘少奇、陈毅等发表就职通电。

1月24日,中共中央中原局召开高级干部会议,刘少奇作关于皖南事变的报告。会后,刘少奇、陈毅等17日联名发表声讨亲日派通电。

1月25日,新四军重建军部大会在盐城大众戏院召开,刘少奇在会上讲话。

同日,毛泽东致电刘少奇、周恩来、彭德怀,提出对蒋介石的策略,政治上取全面攻势,军事上取守势。

1月26日,刘少奇、陈毅向中共中央、毛泽东、朱德、王稼祥报告,拟将新四军编为四个师,即苏北部队为一师,皖东部队为二师,李先念部为三师,苏皖部队为四师。

1月28日,中共中央中原局和新四军军分会在盐城召开高级干部会议,刘少奇主持讲话。会议确定了新四军今后的任务,即坚持华中敌后抗战,阻止国民党反共军进攻,迅速加强根据地各项建设,积聚力量,准备与日伪和国民党反共军进行长期斗争,一俟条件成熟,即向西、向南发展。

2月1日,毛泽东,朱德、王稼祥致电刘少奇、陈毅,除同意刘、陈所提议的编四个师外,应加黄克诚、彭雪枫两部各编为新四军各一个师,共有六个正规师。随后,再次致电刘、陈,决定以皖南部队编成第七师。

2月3日,刘少奇召集孙湘等人,筹建鲁迅艺术学院华中分院。

2月8日,鲁迅艺术学院华中分院正式成立,刘少奇兼院长。

2月16日,刘少奇、陈毅在盐城发出利用目前时机巩固抗日根据地并扩大、休整部队的指示。

2月18日,刘少奇、陈毅在盐城发布讨伐李长江部的命令,任命粟裕、叶飞为讨逆正、副指挥，刘炎为政治委员。

2月28日，中共中央军委在延安正式任命新四军所属各师军政负责人。

3月20日，刘少奇写信给苏中区党委和新四军一师负责人粟裕、刘炎等，分析苏中目前的形势与任务，强调反对日伪和汉奸伪化苏中抗日民主根据地。

3月27日，刘少奇致电彭雪枫，提出建设和巩固抗日民主根据地，主要依靠我们实行灵活、正确的政策和策略，少树敌人，多交朋友。同日，中共中央书记处通知：华中局由刘少奇、饶漱石、陈毅、张云逸、邓子恢、赖传珠六人组成，军分会由刘少奇、陈毅、饶漱石、邓子恢、赖传珠五人组成。

4月2日，华中党校正式筹建，刘少奇兼任校长。

4月5日，刘少奇写信给苏中区党委陈丕显，介绍《盐城农村工作的经验》，此文于12日在《江淮日报》全文发表。

4月10日，刘少奇在新四军营以上干部会上作关于目前政治形势和任务的报告。

4月17日，刘少奇致电新四军各师负责人，指出夏收将近，各地必须切实的普遍的进行减租减息，并要求在近期内召开各县农民代表大会，讨论如何发动农民。

4月20日，盐城县召开农救会成立大会，刘少奇到会致词。

4月21日，盐城县农救会出版《老百姓报》，刘少奇为该报题词。

4月27日，中共中央决定，东南局与中原局合并，成立华中局，刘少奇为书记。

5月2日，抗大五分校第一期学员举行毕业典礼。刘少奇题词：为正义，为自由，为民族与社会的解放而战斗到底！

5月4日，刘少奇致电中共中央，汇报淮海区抗日民主根据地建设的概况。

5月6日，新四军军部召开高级干部会议。刘少奇到会讲话，指出目前军队建设应解决好三个问题：一充实兵源。二加强对干部的训练、配备和培养工作。三抓紧整训，使之正规化。

5月7日，刘少奇致电中共中央，汇报皖东北根据地建设的概况。

5月16日，中原局召开高级干部会议，历时四天。刘少奇主持会议，并在会上传达了中共中央关于项、袁错误决定，作了皖南事变的内外原因、经过及经验教训报告。

5月20日，中央书记处正式批示，中原局改为华中局，刘少奇任书记。同时成立中共中央军委华中分会，刘少奇兼书记。

6月1日，刘少奇为华中局起草《关于组织根据地人民大多数的决定》。

6月3日，盐城县参议会召开第二次会议，刘少奇在会上作《我们在敌后干些什么的报告》。

6月4日，华中局和新四军军部领导人开会，刘少奇主持会议，讨论保卫盐城的工作部署。

6月6日，新四军军分会会议召开扩大会议，全面检查总结新四军成立4年来的建军工作。刘少奇在会上提出建设正规化党军的任务。

6月11日，华中局召开会议，讨论宣传、文化教育工作，刘少奇在会上讲话，指出新闻、出版、教育工作很重要，必须加强，为抗战大业服务。

6月27日，刘少奇、陈毅致电曾希圣，祝贺新四军七师在粉碎日伪对苏南、皖南“扫荡”中收获甚大。

6月下旬，刘少奇到华中党校作《人的阶级性》的报告。

7月2日至3日，刘少奇在华中局党校作《论党内斗争》的报告。

7月9日，日伪军对盐阜区发动第一次大“扫荡”，刘少奇、陈毅率中共中央华中局和新四军军部离开盐城，向阜宁一带转移。

7月13日，刘少奇给华中局党校宋亮（孙冶方）复信，指出加强理论修养的极端重要性及革命理论对于实践斗争的指导作用。此信载华中局的内部刊物《真理》第2期。

7月29日，黄克诚率三师主力收复阜宁城。

8月1日，新四军三师攻克东沟镇。

8月7日，新四军三师主力兵分五路，收复湖垛、上岗等重镇。

8月27日，刘少奇、陈毅到中共盐阜区党委驻地，接见地方进步绅士。

8月31日，刘少奇在新四军军部干部会上作报告。

9月初，华中党校第二期在阜宁汪朱集开学。

9月7日，刘少奇在新四军军部接见盐阜区士绅。

9月16日，刘少奇致电谭震林，指出为了打破自己的孤立和多交朋友，必须正确运用一打一拉（一面反击，一面联合），又打又拉的策略，打的要恰当，拉的要及时。

10月7日，刘少奇为华中局起草《关于华中根据地内地主政策的指示》。

10月13日，刘少奇在华中党校作《无产阶级的统一性及统一战线问题》的报告。

10月14日至21日，刘少奇、陈毅命令三师策应独立旅和七旅十九团攻克程道口，粉碎了韩德勤接应汤恩伯部东进的计划。

10 月 15 日，刘少奇住新四军军部停翅港，主持华中局会议，讨论对日伪工作和交通问题。

11 月 2 日，刘少奇从停翅港迁到汪朱集，住在华中党校讲课，直到 12 月 4 日才回军部。

11 月 3 日，刘少奇为华中党校学员作《民主精神与官僚主义》的报告。

11 月 5 日，刘少奇为华中局党校学员作民主集中制的报告。

11 月 7 日，刘少奇在纪念俄国十月革命节会上讲话。

11 月 10 日至 16 日，刘少奇为华中党校学员作《辩证法》报告。

11 月 25 日至 28 日，刘少奇为华中党校学员作《战略与策略》《中国革命战略问题》等报告。

12 月 3 日至 4 日，刘少奇在华中党校作《统一战线问题》的报告。

## 1942 年

1 月 1 日，刘少奇到华中党校作《1941 年总结和 1942 年任务》的报告。

1 月 12 日，刘少奇主持华中局会议，讨论华中局第一次扩大会议议程、开法等问题。

1 月 19 日，刘少奇到华中党校作《党内思想斗争》的报告。

1 月 25 日至 3 月 5 日，中共中央华中局第一次扩大会议在阜宁单家巷召开。

1 月 25 日至 2 月 9 日，华中局召开第一次扩大会预备会，刘少奇致开幕词。随后选举了刘少奇、陈毅、饶漱石、邓子恢、曾山等九人为大会主席团成员，推选曾山为大会秘书长。

2 月 15 日，刘少奇在华中局第一次扩大会议上作《关于目前形势、我党我军在华中三年工作的基本总结及今后任务》的报告。

3 月 5 日，华中局第一次扩大会议胜利闭幕，刘少奇在闭幕式上作总结报告。

3 月 16 日，刘少奇召开华中局和华中军分会负责人会议，讨论今后工作问题。

3 月 19 日，刘少奇一行百余人从阜宁羊寨出发，沿着旧黄河堤，踏上回延安的征程。

3 月下旬，刘少奇一行到达陇海路南侧的赵庄村。

4 月上旬,刘少奇一行到达山东分局,住在一一五师师部东海县(今临沭县)朱樊村。

4 月 10 日,刘少奇在临沭县朱樊村召开山东分局与山东军政委员会联席会议,决定:一、一切领导集中于山东分局。二、一一五师师部、山东纵队司令部与山东分局合并办公。三、山东纵队一旅拨归一一五师建制。

4 月 16 日,刘少奇主持召开山东分局委员座谈会。

7 月下旬,刘少奇一行经过两次精简后,缩减到 18 人的小分队,离开山东分局,继续向西北进发。

7 月下旬,刘少奇一行宿在离夏庄不远的一座古庙,次日上午,刘少奇召集随行人员讲话,要求彻底民化,并改名许行仁,强调大家保密。

7 月 20 日,刘少奇在回延安途中,根据党中央《为纪念抗战五周年宣言》精神,给华中局、新四军负责人陈毅等写信,提出要克服困难,准备反攻,为战后建立新中国创造条件。

7 月下旬,刘少奇一行在一一五师教导五旅旅长曾国华护送下,安全度过沂河、沭河,进入鲁南册山地区。

9 月上旬,刘少奇安全到达冀鲁豫边区的观城县红庙村,听取了中心区党委的汇报,并作了减租减息的指示。

9 月下旬,刘少奇离开红庙村前往冀鲁豫沙区。

10 月初,刘少奇一行到达山西省左权县马田村,住八路军总部。

10 月 10 日,刘少奇到北方局党校作《中国革命的战略和策略问题》的报告。

11 月初,刘少奇从北方局和十八集团军总部出发,越过白晋公路和白晋铁路,到达太岳军区司令部。

11 月上旬,刘少奇等随太岳军区部队进行反“扫荡”。

11 月中旬,刘少奇一行在太岳军区参谋长毕占云护送下,越过同蒲公路,渡过汾河,到达晋中平遥县。

11 月下旬,刘少奇等在平遥县委书记成克及县武工队的护送下,从大良庄出发,越过太汾公路,到达晋西北三分区司令部。

12 月 9 日,刘少奇一行到达晋西北军区,住在八路军一二零师师部。同日,刘少奇在晋西北干部会议上作了《关于群众运动及其它问题》的报告。

12 月 11 日,刘少奇一行越过最后一道封锁线交离公路,进入高寒山区。

## 1943 年

12 月 30 日，刘少奇一行历尽艰险，10 个月行程 3000 里，终于安全返回延安。

# 后 记

为纪念中共中央中原局在竹沟设立80周年暨刘少奇诞辰120周年，按照中国中共文献研究会刘少奇思想生平研究分会和湖南刘少奇同志纪念馆编辑出版《追寻刘少奇足迹》系列丛书对文风、体例等方面的要求，确山竹沟革命纪念馆成立了《刘少奇与中原局》编写工作领导小组，明确职责，量化任务，分工协助，通力配合，努力加快编写进度。在编写过程中，查阅了大量文献资料，走访了多名知情人进行考证，本着“以时间为经，以史实为纬”的原则，力求重点突出，脉络清楚，层次井然，文约简丰，系统完整地反映刘少奇主持中原局期间的革命斗争历程，讴歌中共中央中原局建树的丰功伟绩，弘扬刘少奇矢志不渝的革命精神和崇高无尚的国家情怀。

由于我们水平有限，加上资料不足，时间仓促，难免有遗漏和不妥之处，敬请专家学者和同志们提出宝贵的意见。

编 者

2017年4月

**图书在版编目（CIP）数据**

刘少奇与中原局 / 中国中共文献研究会刘少奇思想生平研究分会，竹沟革命纪念馆编；鲁金亮主编 . -- 北京：中共党史出版社，2020.12（2021.11 重印）
（追寻刘少奇足迹丛书）
ISBN 978-7-5098-4660-5

Ⅰ . ①刘… Ⅱ . ①中… ②竹… ③鲁… Ⅲ . ①刘少奇（1898–1969）—生平事迹 Ⅳ . ① K827=7

中国版本图书馆 CIP 数据核字 (2020) 第 135884 号

出版发行：中共党史出版社
责任编辑：潘　鹏　王世英（特约）
社　　址：北京市海淀区芙蓉里南街 6 号院 1 号楼
邮　　编：100080
网　　址：www.dscbs.com
经　　销：新华书店
印　　刷：北京中科印刷有限公司
开　　本：170mm × 240mm　1/16
字　　数：240 千字
印　　张：12.25
印　　数：3001—5000 册
版　　次：2020 年 12 月第 1 版
印　　次：2021 年 11 月第 2 次印刷
ISBN 978-7-5098-4660-5
定　　价：32.00 元

---